キャリア教育の射程

日本キャリア教育学会 編

実業之日本社

はじめに

■本書について

本書は、日本キャリア教育学会のニューズレターに掲載された珠玉の原稿を加筆修正の上、書籍として出版するために編集し直したものです。日本キャリア教育学会では、情報委員会がニューズレターの企画・編集・発行を担当しており、２０１９年度からは毎年「年度の統一テーマ」を設定し、春号・夏号・秋号・冬号の年４回ニューズレターを発行しています。本書には２０１９年度から２０２２年度までの４年分、合計16号分の原稿が収録されています。扱われている内容は多岐にわたり、まさに『キャリア教育の射程』という本書のタイトルを体現したものになっています。それぞれの原稿は数年前にキャリア教育の専門家に向けて執筆されたものでありながら、その内容は現在においても色褪せることなく示唆的であり、より多くの人に読んでいただきたいものばかりです。是非とも手にとって内容を確認していただければ幸いです。

■本書の構成

本書の構成について簡単に説明しておきます。「部」は「年度」に対応しており、その年度の統一テーマを示しています。「章」は「春号／夏号／秋号／冬号」に対応しており、その季節号のタイトルを示しています。「節」は「各著者の原稿」に対応しており、各著者の原稿タイトルを示しています。

それぞれの原稿は関連し合いながらも独立しているので、基本的にどこから読み始めても構いません。目次を見て気になったものから読んで見るのもよいでしょうし、最初から順番に読み進めてみるのもよいでしょう。すべての原稿を読み終えた際には、キャリア教育の射程の範囲が想像以上に広いことを実感していただけるものと確信しています。

第1部は「キャリア教育の変化」、第2部は「キャリア教育の対象」、第3部は「キャリア教育の種類」、第4部は「キャリア教育の未来」についての内容です。以下、各年度の統一テーマが設定された当時の状況や背景について補足しておきます。

■キャリア教育の変化

第1部「新型コロナウイルス感染症によって生じた様々な変化」は、2021年度の統一テーマでした。春号は「学校における変化1（教育・学習環境）」、夏号は「学校における変化2（学生生活の変化）」、秋号は「企業における変化1（雇用・労働環境）」、冬号は「企業における変化2（採用活動の変化）」というタイトルで、各著者に原稿執筆を依頼しました。

当時の情報委員会で「コロナ禍でオンライン化を含め様々な変化を余儀なくされた1年を振り返り、記録に残しておく必要があるだろう」ということで意見がまとまり、このテーマに決まりました。背景として、2020年4月に緊急事態宣言が発令され、学校においても企業においても「対面での活動」が軒並み「オンラインでの活動」に切り替えられたという状況がありました。

第1部「新型コロナウイルス感染症によって生じた様々な変化」では、コロナ禍におけるキャリア教育の取組、とくに学校や職場における変化に焦点を当てています。パンデミックを契機にキャリア教育がどのように変化したのか、パンデミック状況下において学校や企業はどのような変化を余儀なくされていたのか、全国各所の状況や様々な工夫の事例が学べる内容となっています。

■キャリア教育の対象

第2部「キャリア教育の多様性」は、2020年度の統一テーマでした。春号は「外国にルーツを持つ子どものキャリア教育」、夏号は「障がい学生のキャリア教育」、秋号では「ジェンダーから見たキャリア教育1　性的マイノリティ」、冬号では「ジェンダーから見たキャリア教育2　女性」というタイトルで、各著者に原稿執筆を依頼しました。

当時の情報委員会で「あまり知られていないであろう対象に焦点を当て、キャリア教育の射程について再考することが重要だろう」ということで意見がまとまり、このテーマに決まりました。背景として、2019年に長崎大学で開催された日本キャリア教育学会第41回大会の大会テーマが「キャリア教育の射程を問い直す」であり、日本で暮らす外国籍の児童・生徒についてキャリア形成の視点から考える実行委員会企画シンポジウムが開催されていたという状況がありました。

第2部「キャリア教育の多様性」では、キャリア教育の対象、とくに一般的にはあまり知られていないであろう対象に焦点を当てています。外国にルーツを持つ子ども、障がい学生、性的マイノリティ、女性を対象としたキャリア教育・支援の現状や課題が当事者や支援者の視点から語られている貴重な内容となっています。

■キャリア教育の種類

第3部「キャリアの起承転結」は、2022年度の統一テーマでした。春号は「起業 〜雇われない働き方〜」、夏号は「承継 〜家業を継ぐ生き方〜」、秋号は「転職 〜働き方・生き方を変える〜」、冬号は「結末 〜第二のキャリアに向けて〜」というタイトルで、各著者に原稿執筆を依頼しました。

当時の情報委員会で「キャリアにも起承転結があるのではないか、起・承・転・結それぞれの段階(起業、承継、転職、結末=結実後)におけるキャリア教育について考えてみよう」ということで意見がまとまり、このテーマに決まりました。背景として、コロナ禍での雇用・労働環境の変化を契機に従来の働き方や価値観にも変化が生じてきたようで、会社勤め以外の様々な働き方への注目が集まっていたという状況がありました。

第3部「キャリアの起承転結」では、キャリア教育の種類、とくに起業(雇われない働き方)、承継(家業を継ぐ生き方)、転職(働き方・生き方の変更)、結末(第二のキャリアへの移行)など様々な場面(人生の転機)におけるキャリア教育の在り方に焦点を当てています。実際に起業・事業承継・転職を経験した当事者、ユーチューバーやフリーランス、ピアニストやアスリートなど、様々な働き方を垣間見ることができる内容となっています。

■キャリア教育の未来

第4部「新しい時代のキャリア教育について様々な立場から考える」は、2019年度の統一テーマでした。春号は「国家公務員・政府関係者に聞く」、夏号は「実務家・実践家に聞く」、秋号は「起業家・アントレプレナー育成関係者に聞く」、冬号は「学校現場（小中高）の担当者に聞く」というタイトルで、各著者に原稿執筆を依頼しました。

当時の情報委員会で「平成から令和に元号が変わるタイミングなので、新しい時代のキャリア教育の方向性について様々な立場からコメントをいただこう」ということで意見がまとまり、このテーマに決まりました。背景として、元号が変わって新しい時代がやってくるということに加えて、ちょうど日本キャリア教育学会の役員体制も新しくなったタイミングであり、情報委員会の新委員長の発案で「ニューズレターは年度ごとに統一テーマを設定し、春夏秋冬の年4回発行する」という方針が決定したという状況がありました。

第4部「新しい時代のキャリア教育について様々な立場から考える」では、キャリア教育の未来、とくに立場が異なる人達からの意見に焦点を当てています。国家公務員・政府関係者、実務家・実践家、起業家・アントレプレナー育成関係者、学校現場（小中高）の担当者それぞれの立場から見たキャリア教育への期待がわかり、新しい時代のキャリア教育が向かうべき方向性について改めて考えさせてくれる内容となっています。

■本書の注意点

本書を読む上で、注意すべき点がいくつかあります。第1に、著者の所属と肩書は基本的にニューズレター発行当時のものを使用しているということです。文章についても、時代の変化に応じて若干の加筆修正をした原稿もありますが、基本的にはニューズレター発行当時の原稿をそのまま掲載しています。当該ニューズレターがいつ発行されたのかについては各原稿の最後にニューズレター発行年月が記載されています。

第2に、本書は専門分野が異なる多くの著者の原稿で構成されているため、文中の表現は無理に統一せず著者の元原稿の表現を尊重しているということです。例えば、「子供」と「子ども」、「障害」と「障がい」など同じ意味で片方が漢字、片方がひらがなというケースもあるかと思います。しかし、片方の表現が著者の分野においては一般的だったり作法だったりする場合もあります。同一原稿内での表記ゆれはチェックしていますが、著者が異なる場合は表記ゆれを無理に修正・統一していませんので、予めご了承ください。

第3に、実際に発行されたニューズレターの著者総数と本書の著者総数は必ずしも一致しないということです。残念ながら連絡が取れなかった人や本書への原稿掲載許可が取れなかった人もいたので、号によっては同数だったりニューズレターより少なかったりします。

■想定される読者

基本的にはキャリア教育の関係者を想定していますが、キャリア教育に携わる方はもちろんのこと、子どものいる保護者、学校で学んでいる中学生・高校生・大学生・大学院生、部下のいる上司、企業で働いている社会人、フリーランスや新しい働き方を求めている人、起業や転職を検討している人などにもオススメです。

日本キャリア教育学会のニューズレターは、キャリア教育を専門とする会員に向けたサービスであると同時に、学術学会として広く一般市民の方に読んでいただくことも視野に入れて企画・編集されています。著者は会員のみならず非会員も含めて当該テーマの著者として相応しい人を国内外から集めています。各著者が自身の取組や体験、それらを通して得た知見や注意点、高校生や大学生の進路指導／キャリア教育を担当する教員や支援者へのアドバイスなど、エッセイ的に語っていただいた原稿なので、読み応えは十分だと思います。一人でも多くの人に読んでいただければ幸いです。

2023年5月
編著者を代表して
家島明彦

【目次】

（本文イラスト）木下寛子

第1部

新型コロナウイルス感染症によって生じた様々な変化

第1章　学校における変化1（教育・学習環境）

1. コロナ禍の中での学校行事をどう考えるか

清水弘美（東京都八王子市立浅川小学校　校長、全国小学校行事研究会　会長）

コロナ禍の中であろうが、戦時下であろうが、育てるべき子供の資質能力は変わらない。必要な教育活動を与えられた条件下でできるように工夫するのが、現場の教師の醍醐味である。

子供たちの成長は決して止まらない。だとしたら、今必要な教育活動を、今しなくてはならないのである。「子供の学びを止めない」と文部科学省は力を入れ、ＧＩＧＡスクール構想（Global and Innovation Gateway for All）を前倒しで取り入れ始めた。そこで効率の良い学習を行って失われた時間を補おうとしたり、登校しなくてもオンラインで学校とつながって1人でも学習ができるようにしようとしたりと個別最適化をめざしている。しかし子供の学びは認知的スキルだけではない。人間関係形成や自己コントロール、自信、意欲など社会情動的スキルと認知的スキルは互いに影響し合って、伸び合っているのである。

新型コロナウイルス感染症拡大防止として、学校は集まらない、触らない、しゃべらないという人間関係形成上必要なことが全て避けられ、卒業式・入学式・離任式と儀式的行事が縮小し、形だけのものとなった。これは後に子供たちの社会性の育成に大きな影を落とすであろう。遠足・集団宿泊的行事をはじめ、様々な学校行事が削減・縮小、または形を変えざるを得ない状況になった。ただの1つも、昨年通りにできた学校行事はなかったのである。

しかし、このことは、学校行事の最大のピンチであり、最高のチャンスとなったと私は考えている。学校行事にどのように取り組むか、学校ごとに大きく異なる形が生まれた。どうしたら良いかの正解もヒントもない中で、その場にいる教職員が様々に考えて工夫してつくり出していくことになったからである。いかに時間を短くするか、密を避けるか、その中で子供たちにはどんな力を付けるのか、そのために必要な活動は何であるか、必死に考えた学校がたくさんあった。例年通りで形骸化の傾向をたどっていた学校行事にとっては、起死回生の一年間といえる。

学校行事は保護者サービスでも、思い出作りでもない。保護者や地域の期待に応えることも、一生の思い出になるということも否定できないが、学校行事はエンタメではなく教育活動なのである。学校行事を通して子供たちにどんな力を付けたいのかを明確にすることで、削ってよい活動と、残すべき活動がうっすらと見えてきた。

今年の学校行事は徹底した安全管理が求められた。密を避ける工夫は、大きくまとめると、時間を分ける、場所を分ける、オンラインを活用する、の3つであろう。一堂に会することをやめて、少人数で実施する。例えば、運動会を学年ごとに1週間かけて実施したり、学芸会では教室ごとに演劇の練習をして映像にまとめたり、保護者を入れずに無観客実施をしてオンラインで配信したりした。

しかし、安全管理と同時に「育てるべき力」をきちんとねらうことも着目される。安全と教育的価値の両立を確保するためにどの方法をとるかは、ねらいをどこに置くかで変わってくる。例えば卒業式に保護者と在校生の両方を入れると危険である時、在校生は入れずに保護者を優先した学校は、子供の晴れ姿を保護者に見せたいという願いを優先した。保護者に制限をかけて在校生を入れた学校は、在校生と卒業生の作ってきた人間関係をしっかりと味わわせたいという願いを優先した。予行練習で在校生を入れて、本番は保護者だけを入れるという折衷案を出した学校もある。どれも一長一短で正解はないが、教職員が何を大事にした学校行事をつくりたいかを話し合い、納得解をつくったのであった。結果はどうあれ、この活動こそが学校ごとの教育活動を主体的に作っていく教職員の姿といえる。

そして、子供の参画を生かした例もある。子供は固定概念に縛られない。子供祭りで大人気のお化け屋敷をどうしてもやりたかった子供たちは、「青空お化け屋敷」を作り出した。お化けは暗いところに出るというのは大人の固定観念であった。子供たちは、校庭でお化け屋敷を作り大いに楽しんだ。お化け屋敷で削ってはいけないものは、お化けと仕掛け通路なのである。子供の考えることは素晴らしい。

さらに、本校では芸術鑑賞教室を実施した。世の中で芸術が軒並み中止されている中、学校で芸術鑑賞をする価値を改めて考えることができた。本物の芸術に触れるだけなら、学校でなくてもよいであろう。しかし学校での芸術鑑賞には、同じ時に、同じ場所で、同じ感動を仲間とともに味わうことで共感を得られるという仕掛けがある。これによって、集団性が高まるのである。この体験は子供たちに居場所をつくり、仲間との距離を一気に縮めることができる。芸術鑑賞教室は話す機会が少ない分、教室程度の密ならばかえって安全である。教育効果も高く、削るべきでない学校行事の1つであろう。

このように、コロナ禍の中で学校行事は、形骸化してきた部分に教育活動としての価値を再発見する機会を得ることになった。全国から新しい形の学校行事が集まってきている。

とはいえ、まだまだ、学校行事を削ったら楽になった、働き方改革には必要だったなどという本末転倒な考えもある。今後も学校行事の価値をしっかりと研究して発信していきたい。

（2021年4月掲載）

2. コロナ禍における中学校のキャリア教育

深沢享史（東京都世田谷区立深沢中学校　キャリア教育部長）

はじめに

新型コロナウイルス感染拡大は、社会の構造自体をも変化させ、学校教育にも大きな影響を及ぼした。このような過去に例を見ない状況下で、本校では、ＩＣＴを活用しながら生徒の学びを保障するため、キャリア教育の取組を模索し実践している。

本校のキャリア教育

（1）世田谷区の教育プラン

世田谷区では、新しい時代を見据えた教育プラン「せたがや11＋（イレブンプラス）」を策定し、区内の小中学校で実践している。このプランでは、子供たちのキャリア形成支援、自己肯定感や課題解決能力の育成、多様性の尊重などをねらいとした教育改革に向けて、体験型教育の拡充、ＩＣＴ活用等を通じた個別最適化教育の実現、専門家チームによる支援体制構築など11項目の重点課題が示されており、その中でも「確かなキャリア形成を促す〝キャリア・未来教育〟の推進」が中心的な活動として位置づけられている。

本校では、校内研修を通じて「キャリア教育は全教育活動を通じて行うこと」という共通理解を図り、基礎的・汎用的能力の育成を目指した教育実践をしている。

（2）本校のＩＣＴ整備環境

生徒1人に1台のタブレット端末（iPad）が配備され、すべての教室に大型拡大提示機及び実物投影機が整備されている。また、オンラインで双方向型の学習を実現させるために、ロイロノート・スクールやZoom、Microsoft 365® などが活用できるようになっている。

ＩＣＴを活用した取組

（1）Zoomを活用した職業人講話

Zoomを活用し、「夢フォーラム（職業人講話）」を行った。Zoomを活用することで、各教室で視聴できるようになり、昨年度までは1つの学年のみでの実施だったが、今年度から全校で取り組んでいる。

本校の卒業生3名を講師としてお招きし、①中学校や高校、大学時代に取り組んでいたこと、②今の仕事について（どうしてその仕事を選んだのか）、③中学生に頑張ってほしいことなどについて、講演していただいた。また、事前に生徒にアンケートをし、質問したいことを集約し、その内容についても回答してもらった。

講演後、タブレット端末（iPad）でロイロノート・スクールを活用し、感想や将来について考えたことを共有した。その後、学級単位で、生徒同士で話合い活動を行った。

（2）タブレット端末（iPad）を活用した職業調べ
タブレット端末を活用し、職業調べ後、調べた職業について学級内でプレゼンテーション活動を行った。

①調べ学習
図書室とタブレット端末を活用し、2時間調べ学習の時間を設定した。調べた内容は以下の通りである。「職業名、興味をもった理由、仕事内容、やりがい、つらそうなこと、その仕事に就くために必要な資格と力、その仕事に就くために、今の中学校の学習や生活で意識して取り組む必要があること、その仕事と特に関連性がある教科」

②プレゼンテーションの準備
1人あたり3分程度自分が調べた職業について発表するため、原稿の準備や原稿を見ないで話す練習の時間を設定した。また、自分が調べた職業が、ジョン・L・ホランド（John L. Holland）が提唱した「六角形モデル（RIASEC）」のどの分類に属しているか確認させた。自分が調べた職業がどの職業に分類されているか確認できるように職業分類のアルファベットを記入した名札を作成させた。

③プレゼンテーション
生徒に「六角形モデル（RIASEC）」の名札を着用させ、自分と職業分類が違う友達とペアになり、プレゼンテーションに取り組んだ。それぞれの発表が終わったら、わかったことや質問したいこと、ほめたいことなどについてワークシートに記述させ、伝え合う時間を設けた。これを計4回行った。

④生徒の感想
生徒1：みんな色々な仕事に興味を持っていて面白いなと思った。自分の興味のある職業をプレゼンする時に、話し方や原稿の構成など真剣に考えて取り組むことができた。この職業に興味を持っていなかった人にも興味を持ってもらえてよかった。

生徒2：友達のプレゼンを聞き、色々な分野の職業はあることを知り、もっと詳しく職業について調べてみたいと思った。

今年度検討していること

(1) Microsoft 365® を活用したアンケート調査
①職業調べ
保護者や学校関係者、各種機関に職業に関する意識調査アンケートを実施し、その結果を職業調べに活用していく。

②「キャリア・パスポート」
年度初めや年度末の基礎的・汎用的能力に関するアンケート調査を、Microsoft 365® の機能を活用して実施する。その際、学校全体や学年ごとのデータに集計結果をまとめ、生徒に個人の結果と比較させ、自分自身の学校生活を振り返らせるなど、「キャリア・パスポート」作成等に活かしていく。

(2) ロイロノート・スクールを活用したプレゼンテーション活動交流会
本校では、生徒会活動（委員会活動）で、ロイロノート・スクールを活用している。今年度は、例年、小学生が中学校を訪問する「中学校体験入学」での活用を検討している。

おわりに

世田谷区では、幸いにも様々なICT整備が進められている。職場訪問や職場体験などキャリア教育の体験的な活動実施することが難しい今、それら体験活動の代替の教育活動を模索し、目的に応じて、どのようにICTを活用していくか校内研修や各分掌会議等で検討している。

（2021年4月掲載）

3. コロナ禍で見えたキャリア教育の可能性

酒井淳平（立命館宇治中学校・高等学校　教諭）

私は高校3年生学年主任・研究主任という立場で2020年度を過ごしました。本校では2020年度は2018年度から始まった探究とキャリア教育を核とした新カリキュラムが完成する年でした。そんな2020年度を高校のリアルな実態を交えて振り返りたいと思います。

「振り返ってみれば、2年生までの私たちには当たり前の高校生活がありました」という生徒の卒業式での言葉（答辞）にあったこの文章が学校の現状を物語っています。

2020年度は大学入試改革初年度で、センター試験にかわり共通テストがはじめて実施される年でした。調査書の書式も変わり、e-ポートフォリオが必要になるかもしれないと言われていました。英語の外部試験導入が予定されていたことなど、コロナ禍がなくても高校にとっては大きな変化の年でした。コロナ禍による全国一斉の休校は混乱をより大きくしました。

2月末の総理会見から、突然休校になり、生徒や保護者への当面の連絡などをしているうちに春休みになりました。その後緊急事態宣言が出ると言われ、4月からの登校再開は無理ということが明らかになっていきました。いつ登校が再開できるのか、登校を再開するにあたってどんな準備が必要なのか、これらはまさに答えがない問いで、教員も混乱する毎日でした。混乱する中でインターハイの中止が決まり、生徒のクラブ引退をどうするかという大きな問題も浮上しました。さらに大学9月入学論が急浮上し、卒業後の生徒の進路さえもどうなるかわからない状況になりました。校内では研修旅行や高校3年生の生徒にとって最後となる体育祭や文化祭をどうするのかという大きな問題もありました。そんな先の見えない毎日に私たちは消耗し続けたというのが正直なところです。

その後、6月に登校が再開され、生徒の顔を見ることができました。ようやく高校3年生が始まった、生徒の顔が見れた、対面で授業ができるといううれしい思いはありましたが、生徒帰宅後の消毒、マスクでの授業、授業進度の遅れや成績のつけ方が不透明であることなど、やること・考えることは多く、生徒と接しているときは元気なのに夜になるとぐったり疲れるという毎日でした。文化祭や体育祭が実施できることになり喜んだものの、例年と全く違うスケジュール、感染拡大対策や何かあったらどうしようという恐怖がありました。休校にしても登校を再開しても、必ず意見の相違はあり時には苦情のような形で学校に連絡が来ます。こうした状況は本校に限りません。日本全国多くの高校が同じような状況だったと思います。こんな状況だったので、キャリア教育どころではなかったというのが正直なところかもしれません。

ただ、今振り返ると、この状況でこそ、これまでのキャリア教育の積み重ねが問われ、また本当の意味でのキャリア教育が取り組まれていたようにも思います。

本校は私学ということもあり、幸いＩＣＴ環境は整っていて生徒は全員が自分のパソコンを持っていました。そのため4月に入ってすぐにオンラインでの授業も実施できました。しかし今振り返ると、休校期間にもっとも効果的だった取り組みはＩＣＴ環境にあまり左右されないものでした。もっとも効果的だった取り組みは朝のショ

ートホームルーム（ＳＨＲ）です。時間は5分～10分程度で、各クラス担任が生徒にZoomのＩＤなどを伝え、時間になれば生徒が入室します。その後担任が出欠確認をしながら、その日の連絡（宿題やオンライン授業など）を行い、あとは各クラスで担任が少し語る時間や生徒の自己紹介などにあてるという、いたってシンプルな取り組みです。多くの生徒はスマホを持っていますし、短時間のＳＨＲを聞くだけなら、たとえ家庭にWi-Fi環境がなくてもスマホで十分参加可能です。スマホでも参加できない生徒がいても、数人なら電話でフォローすることができます。ＳＨＲを実施して生徒たちの感想で多かったのは「朝のＳＨＲで生活のリズムができた」「友人の顔がＰＣの画面越しに見えて、やる気が出た」というもので、保護者の方からも「朝のＳＨＲがよかった。おかげで学校とつながれた」という声を多くいただきました。

ＳＨＲはホームルーム活動の一環なので、特別活動に含まれます。特別活動は新学習指導要領ではキャリア教育の中核となる時間です。コロナ禍で私たちが気づいたことは、「学校が存在する一番大きな意味は特別活動があることかもしれない」ということでした。言い換えれば、私たちはコロナ禍によってキャリア教育こそが学校の存在意義であるということに気づいたように思います。

イベントだけに焦点を当てるとコロナ禍で学校はキャリア教育どころではなく、キャリア教育に取り組む余裕はなかったということになるのかもしれません。実際、大学訪問や就業体験（インターンシップ）は実施できなくなりました。しかし、こうしたイベントだけがキャリア教育ではありません。

コロナ禍で「社会が大きく変わる」という、これまで言い続けてきたことが現実になりました。「変化に対応して力強く生きていく生徒を育てる」ということはキャリア教育で大切なテーマです。また、このコロナ禍で、社会が大きく変わり予期せぬ事態に直面したときに、生徒や私たちがどうなるのかを明らかにしたように思います。今回のコロナ禍は転機への対応を私たちに問いかけましたが、この出来事をプランドハップンスタンスとして、大きく成長した生徒がいることは間違いない事実です。本校でも生徒による差が大きかったということはありますが、登校禁止期間に他校の生徒とつながり大きなプロジェクトを始めた生徒、陸上での日本一を目指して毎日走り続けながら近所の病院に手作りのマスクを届けた生徒など、いろんなところで生徒が頑張っていました。普段以上に学習を進めた生徒もいます。コロナ禍は社会的・

職業的自立に向けてキャリア発達を促すという意味でのキャリア教育が実践できていたのか、イベントだけのキャリア教育になっていなかったのかを私たちに問うたのかもしれないと思うときがあります。日常の学校教育すべてがキャリア教育である。今コロナ禍を振り返り、この言葉の重みを改めて感じています。

２０２０年度は私たちがキャリア教育の大切さに気付き、本当の意味でのキャリア教育が始まった年になっていたのかもしれません。その評価は歴史にゆだねるしかありませんが、そうなることを願っています。

（２０２１年４月掲載）

4. コロナ禍の困難を糧にPBL型の学びが加速

戸ヶ﨑勤（戸田市教育委員会　教育長）

令和２年度は、本来であれば、「昭和の学校」が終焉を迎え、小学校新学習指導要領の全面実施とともに、ＩＣＴをマストアイテム化した個別最適な学びや協働的な学びを実現すべく、希望に満ちた「令和の学校」の歩みが始まろうとしていた。そんな矢先の新型コロナウイルスの襲来で、感染予防を中心とした「学校の新しい生活様式」に関心がいってしまった。

そのような中、私は学校長に、「従前通りの活動を復活、再開させることや、失われたものを回復させるという消極的な対応ではなく、新たな学びの変革というスタートラインに立っているという意識で、叡智を結集し、新たな学びのモデルなどを構築するイノベーションのチャンスと捉えて欲しい」とお願いしてきた。各学校もそれにしっかりと応えてくれ、学校と教育委員会とがチームとなり、戸田市の教育は歩みを止めなかった。産官学と連携した教育がより一層深化し、ＧＩＧＡスクール構想やオンライン学習などが大きく進化した。

令和３年３月の時点で全国的な学校の現状を概観すると、まずは、マスコミで秋入学までもが騒がれていた授業時数不足の心配はどこへ行ってしまったのか。全国ほとんどの学校の教育課程は問題なく終わりそうである。また、新年度の教育課程を組んでいく際に、様々な教育活動を「例年通り」に戻すべきかどうか思案している学校が多い。発想の転換を図り前例踏襲をやめる絶好の機会でもある。規模の縮小や方針転換に伴う想定外の教育効果や思いがけない子供の育ちもあったはずである。「規模が大きければ大きいほど、時数や労力が多ければ多いほど、子供たちの学びや育ちが深まったり高まったりするわけではない」と多くの学校が気づいているはずである。では、授業はというと、オンライン学習はすっかり影を潜め、密を避けるとの理屈から、アクティブラーニングどころか、一方通行の授業への揺り戻しも見られている学校も少なくないようである。

前置きが長くなってしまったが、本題の「キャリア教育」について触れなくてはいけない。キャリア教育は、子供や若者がキャリアを形成していくために必要な能力や態度の育成を目標とする教育的働きかけである。キャリアの形成にとって重要なのは、自らの力で生き方を選択していくことができるよう必要な能力や態度を身に付けることにある。しかし、キャリア教育についての学校や教師の受け止め方や実践の内容・水準には、かなりのバラツキがある。勤労観・職業観を育てる教育、生き方指導としての進路指導、職業体験活動など、教育のある部分を区切り取ってキャリア教育と称するとしたら、それを除いた残りはキャリア教育ではないのかというとそうではない。

文部科学省は、「将来、社会的・職業的に自立し、社会の中で自分の役割を果たしながら、自分らしい生き方を実現するための力が求められており、この視点に立って日々の教育活動を展開することこそが、キャリア教育の実践の姿である」と示している。このことは、戸田市の各学校が産官学と連携して実施している「ＰＢＬ型の学び」のねらいと方向性が合致する。

社会に開かれたＰＢＬ型の学びを通して、自ら課題や理想を見い出し、学び続けたいと強く願い、それを協働的に解決・実現させていく姿こそが、キャリア教育の目指す子供の姿であると考えている。

このコロナ禍にあって、困難を糧に戸田市の小中学校ではＰＢＬの実践が加速している。今年度は臨時休業にはじまり、新型コロナウイルス感染症対策として対面での学びに制限が掛かるなど、ＰＢＬの実践においては非常に困難な状況であった。しかし、そのようなコロナ禍という正解のない課題に直面したことで、「未知の課題を解決し、未来を切り拓く力」を育むPBL型の学びが、やはり重要だと再認識され、休業明けから学校主体による実践が加速していった。特に、社会に開かれた学びを担保するために、外部とのコミュニケーションにおいてICTが授業でフル活用され、オンラインでのアンケート調査や学外の専門家との遠隔交流、ホームページやSNS等による発信などが行われた。

一方、子供たち主体でコロナ禍における自分たちや誰かの課題を解決するための様々なPBLが立ち上がった。例えば、林間学校に行けなかった子供たちが、「新しいかたちの思い出作り」をテーマに、プログラミングによるミニ映画を製作して鑑賞するイベントを企画した。また、臨時休業期間を経て自主的な学びの重要性を感じた子供たちが、イエナプラン※1のブロックアワーを学年内に導入し、自分たちの自主性伸長に取り組んだプロジェクトなどが行われた。その他にも、コロナ禍でも楽しめる遊びやストレスを軽減する体操を広めるプロジェクトや、夏でも快適なマスクを開発するプロジェクト、授業中に水分補給ができるよう提案するプロジェクト、地元のスーパーとコラボして免疫力を高めるレシピを置いてもらうプロジェクトなどなど、各学校で驚くほど多種多様な取組が展開されていた。

子供も大人もコロナ禍を自分事の「プロジェクト」と捉え、学びをあきらめず、各々が主体的に取り組んでいった結果、このような多くの素晴らしい実践に繋がったのだと思う。PBLが当たり前のものとなり、学校と地域社会の両輪に加え、主体性と創造性の両輪による4WDで自走しはじめる学校と子供たち。とても誇りに思っている。

※1 イエナプラン教育とは、ドイツのイエナ大学で生まれ、オランダで普及した教育。異年齢のグループで学びを進めるのが特徴で、一人一人の発達や個性を大切にし、自律と共生を重視する。
https://berd.benesse.jp/up_images/magazine/VIEW21_kyo_2020_02_ALL.pdf

（2021年4月掲載）

5. 今なぜ学校教育で1人1台情報端末なのか

堀田龍也（東北大学大学院情報科学研究科　教授、東京学芸大学大学院教育学研究科　教授）

はじめに

コロナ禍における学校の臨時休業中に、公立学校のほとんどがオンライン授業すらできなかったという現実によって、学校のＩＣＴ環境整備が極めて貧弱であることが世間に可視化された。

結果として、学校教育は歴史的な勢いで大きくデジタルシフトしている。あまりにも急速な変化に学校現場はそれなりの混乱期を迎えているが、一定の期間で落ち着くことになるだろう。

筆者の懸念は、その落ち着き先である。これからの激動の時代を見越した資質・能力の開発を目指した新しい学校教育のカタチをＩＣＴで実現しようとする学校と、慣れているので楽な従来型の授業の方法にＩＣＴを活用する程度に落ち着く学校とがあるだろう。

２０２１年１月26日の中央教育審議会答申は、確実に前者を指向している。いや、令和の時代の教育は後者であってはならないことを訴えている。しかし学校現場では、これまでＩＣＴがほとんど導入・利用されてこなかったことにより、意思決定層の50代がデジタルに弱い傾向があり、さらに多忙過ぎるという現実が思考の先送りを生んでおり、後者に落ち着こうという慣性が働きがちである。学校の設置者である教育委員会も同様である。場合によっては、少しでもこれを打破しようという教育委員会に対して、議会が後ろ向きの意見を重ねる例もある。

学校のＩＣＴ環境整備は、地方交付税交付金によって措置され、設置者である自治体の責務として行われてきた。その結果、自治体間格差は拡大の一途を辿っていた。さらに整備されたＩＣＴが学校でしか使えないようにする過剰な整備がなされることもあり、その背景には子供たちの情報リテラシー教育を前提にしない管理指向があった。

その結果、多くの人が所持しているスマートフォンでテレビ電話ができるこの時代に、またＳＮＳ等で簡単にメッセージ交換ができているこの時代に、学校教育ではコロナ禍の緊急事態にオンライン授業すらできず、公教育に対する壮絶な絶望感を生じさせてしまった。教師たちがあれだけ一生懸命だったのに、整備不十分なICTインフラが邪魔をしたのである。

ICT環境整備の遅れが子供たちの学力にもたらす影響

今や、生活の中でほとんどの人がスマートフォンを持ち歩き、タブレットを家庭でも利用し、仕事ではノートパソコンを持ち歩く時代である。生活でも仕事でも、ICTを切り離すことはできない社会である。店舗での支払いもキャッシュレスになりつつある。さまざまな行政上の手続きもさらにオンライン化が進むだろう。

すでにICTを活用するスキルがない人は職に就くことができない時代となって久しい。終身雇用が崩壊し、即戦力が求められるようになってからは、スキル重視の評価が一般的である。これからさらに情報化が進む時代に生きることになる子供たちに対する学校教育において、ICTは不要だ、予算も少ないしといって整備を先送りにしてしまう感性は、社会の現実を見失っていると言わざるを得ない。

ICT環境整備の先送りは、教師だけでなく子供たちのICT活用の機会を奪い、伸びるべき能力を伸ばさずにいる。そんな結果が2018年に実施されたPISA（国際学習到達度調査）の結果として公表され、社会を震撼させたのは記憶に新しい。

2018年のPISAでは、日本の生徒の読解力（reading literacy）は、全参加国・地域（79か国・地域）では15位であった。読解力は8段階に分類されているが、我が国の生徒はレベル1（最も基本的な知識・技能を身に付けていない）以下の低得点層が2015年と比較して有意に増加していた。レベル2（最小限に複雑な課題をこなすことができる）も増加していた。このことは、読解力が著しく身についていない下位生徒に十分な学習指導が行き届いていない可能性を示している。

PISAにおける読解力では、読解対象の「テキスト」を、紙に書かれたものだけに留まらず、街中の看板等や、オンライン上の多様な形式を用いたデジタルテキスト（Webサイト、投稿文、電子メールなど）まで含めている。それらのテキスト中の情報にアクセスし、該当する情報を取り出し、字句の意味を理解し、統合し、信ぴょう性を評価する能力を読解力と呼んでいる。日本人がイメージする文学作品のそれとは異なり現実指向である。

この読解力が年々下がっているという日本の15歳の現実をどのように捉えればよいのだろうか。

ＰＩＳＡ２０１８では、学力に対する調査のほかに、生徒のＩＣＴ活用の調査も実施している。その結果、我が国の生徒は、学校の授業（国語、数学、理科）におけるデジタル機器の利用時間がＯＥＣＤ加盟国中最下位であった。「コンピュータを使って宿題をする」「学校の勉強のために、インターネット上のサイトを見る」など授業外のＩＣＴ活用頻度もＯＥＣＤ加盟国中最下位であった。一方、「ネット上でチャットをする」「1人用ゲームで遊ぶ」頻度の高い生徒の割合がＯＥＣＤ加盟国中トップであり、その増加の程度が著しかった。

すなわち我が国の子供たちは、ＩＣＴを遊びの道具としては極めて多く活用しているものの、ＩＣＴを学習の道具として活用する経験はＯＥＣＤ諸国と比較して極めて少ないということである。これは、我が国のＩＣＴ環境整備の遅れが、子供たちのＩＣＴ活用経験の不足につながっており、ＰＩＳＡで求められるような実用的な学力に影響を与え始めたことを示唆している。

これからの時代の能力観

先進諸国でもっとも速く人口減少社会を迎える我が国では、今後、労働人口が激減する。つまり、一人一人の生産性を高めなければ社会を支えることができない。

生産性の向上にはＩＣＴの活用は不可欠である。今では多くの情報がネット上に偏在している。これらにアクセスし、無駄なく情報を入手するスキルや、たくさんの情報を整理して意思決定に必要な情報としてまとめるスキル、さまざまな立場の人と必要に応じて役割を分担しながら協働で問題解決をするためにクラウド等を用いてスピーディーに対応するスキルなどが求められており、ＩＣＴ活用は当然の前提となっている。このような能力を政策用語では情報活用能力と呼ぶ。

ＩＣＴ活用による生産性向上のためには、学校教育の段階から、常にＩＣＴを道具として活用して学ぶ経験を積み重ね、ＩＣＴには何ができるのか、どのように活用することが便利なのか、逆にＩＣＴに任せることが難しいことは何なのかなどについて体感的に学ぶことが必要である。今期の学習指導要領において、情報活用能力が求められる背景は、このような未来像から導出されたことなのである。

今後は「ＧＩＧＡスクール構想」によって整備された情報端末を活用した学習活動が自在にできるための学校のインフラが必要となる。ＩＣＴ環境整備は、道路の舗装のようなものであると考えればよい。それが無くても歩けるし、車は走ることができると言う人はいるだろう。しかし、道路が舗装されていることによって車が速度を上げて快適に走ることができ、また故障が起こりにくくなるということが、舗装というインフラ整備による新しい価値なのである。車種は多様であっても、それを適切に運転できるスキルが身に付いていなければならないことからもわかるように、整備されたインフラを活用できることは社会において必要なスキルなのである。

（２０２１年４月掲載）

6．２万人を超える大学教員のFacebookグループによる相互支援の取組から

岡本仁宏（関西学院大学法学部　教授）

Facebook「新型コロナのインパクトを受け、大学教員は何をすべきか、何をしたいかについて知恵と情報を共有するグループ」

２０２０年3月30日に、私は対面授業が困難な状況で大学教員がどのように対処するかの情報共有Facebook（ＦＢ）グループを立ち上げた。このグループの参加者は、半月で1万5千人を突破、現在2万人を超えても存続している。

大学教育がこの一年で大きく変化し現在も変化し続けていることは、周知のところである。そして、それに対して、大学もまた現場の教育を担う教員も、変化を余儀なくされる客体であると同時に、この変化の最前線を担う主体でもある。我々のグループでは、この変化をめぐる多くの投稿がなされてきた。

互いに情報提供や知見・ノウハウの交換を行い、共感し励ましあい、この危機を乗り切ってきた。考えてみれば、２０１３年には登場していたZoomという言葉すら知らなかったほとんどの大学教員が、とにもかくにも授業を遠隔できたこと自体、驚くべきことだし、そこには多くの努力、苦難、ドラマがあった。

具体的なアプリや機器の技術的知識から遠隔授業のノウハウ、対面授業での感染防止策等の授業方法から著作権問題や大学のインフラ基盤の問題、さらには、非常勤講師の待遇等の教員支援問題、国内や海外の大学動向、新型コロナ対応の高等教育政策の妥当性、メンタルケアや経済問題等の学生支援、研究環境等、この危機の下で派生するあらゆる問題がこのグループで取り上げられ議論されてきた。ある論者は、日本史上最大のＦＤ（Faculty Development）の場と評しているが、（他にも多くのグループで行われる）狭い意味での授業方法の伝授の場を超えて、より広い意味で、危機を乗り切ろうとする大学教育の現場教員の相互支援の場であった。Google フォームや Microsoft Forms® 等で問題群をランダム化するときの「運命の扉」方式のように、このグループで編み出されたものもある。

私は、特に大学教育、いわんやキャリア教育の専門性を持っているわけではない。それを前提にして、このグループを仲間たちと共に運営し、投稿を見てきた経験から、３つの論点を提示してみたい。

遠隔教育普遍化のインパクト

大学がＩＣＴ革命の下で大きな影響を受けるであろうことは、かなり以前から知られていた（『ルポＭＯＯＣ革命─無料オンライン授業の衝撃』岩波書店、２０１３）。その後も、Harvard Business School のコースすら受講できる University of the People 等、無料か格安の大学教育の提供機関は増大し、さらに、"Google Career Certificates" のような資格認証教育がキャリア教育として展開し、巨大ＩＴ企業等のキャリアに道を開いている。専門学校での動画配信や教材販売は行われていたが、今後より高度な内容も提供されてくれば、既存大学との競合は当然である。

しかし、大学は、これらの教育機関と対抗し競争するだけではない。大学自体が、発信者や利用者としてこれらの遠隔教育と関わる。さらに、例えば複数キャンパスでの講義を遠隔素材の利用によって省力化しようとすることも、英語教育について、通勤可能な講師ではなく、国内のみならず時差に配慮して世界のＥＳＬ（English as a Second Language）資格を持つ講師を求めることも模索され始めている。もちろん、これらは雇用に直結する。

３、４年の学生は全員ではないものの、しばしば対面授業よりも遠隔授業を選好する。一方的な大講義であれば、時間が自由になり（YouTube 等の機能を利用しての）倍速・速度調整や繰り返し可能な動画配信は好まれて当然である。コロナ騒ぎのもとでの経験は、遠隔教育の壁を低める。

だからこそ、対面教育の意味が問われている。実技や実習、芸術系の科目ですら、ＶＲの展開が同様の問いを投げかける。通常の演習や講義において、コストをかけて対面授業を維持するとすれば何のためか、そのメリットをきちんと実現しているかが問われる。単に、一般的に「人格的交流」が必要だというような抽象論では十分ではなく、具体的な教育実践の中にその意味が実現されていなければならないだろう。しかも、その教育内容は「ロボットプルーフ」（ジョセフ・Ｅ・アウン、杉森公一他訳『ROBOT―PROOF：ＡＩ時代の大学教育』森北出版、２０２０）でなければならない。現在の大学の姿がそのままでありえないとすれば、ハイブリッドな新しい大学像が構想されるのかを見通さなければならない。

「読み書き算盤」教育としてのメディアリテラシー

学生たちは、Zoom、Microsoft Teams®、Google Meet や、さらには各大学のＬＭＳ（learning management system）、例えば Manaba、Moodle、Blackboard、WebClass、WebCT、iroha Board やその補助として Google Classroom 等を使わなければ授業が受けられない状況があった。そして、これからもそれは続くだろう。就活も同様、これらのアプリやそれを動かす機器が使えることは不可欠である。

それ以上に、多様で奥深いネット世界から情報を引き出し、かつ情報を発信できる力は、（かつて「ゆとり」教育でも強調されたが）現在の「読み書き算盤」、つまり学力の基盤である。特に重要なのは、ＳＮＳ、ブログ、ウェブページ等の情報を取捨選択し、自ら発信できる能力である。現在は、すべての人々が情報の発信者でありかつ受信者である。しかし、この情報の内容を含む「読み書き」能力は、意識的に付けられなければいけない。いわんや教育者においてをや、である。

市民社会におけるＳＮＳの可能性

フェイクニュースやヘイトスピーチの拡散者、ハラスメントの媒体、さらにはターゲット・マーケティングやエコーチェンバー現象による社会の分裂の元凶としてのＳＮＳは、その否定面が強調されている。しかし、（Twitter 等の拡散性の高いＳＮＳや LINE 等の連絡用ＳＮＳ、Slack 等の仕事用ＳＮＳ等用途は様々だが）確実にＳＮＳは広がり、社会インフラとしての位置を占めつつある。

実際、ＳＮＳは苦難に陥った人々の相互支援や言論の広場、連帯の基盤としても、つまりは市民社会の基盤としての役割も持ち得ることを、我々のＦＢグループの存在は示した。単に対面講義に制限がかかったことによる遠隔化への教員の相互支援に留まらず、様々な不自由・障がいを抱えた学生への教育の方法やその在り方、孤立化した学生への対策及び孤立化した教員への対策等幅広い意味でコミュニケーションインフラとしての役割も持ち得るのである。終身雇用に基づく旧来の固い職場共同体が希薄化していることは明らかである。より選択的で開かれているが、やはり信頼できるコミュニティ性をもった人のつながりは、多くの社会問題の元凶あるいは付随現象として指摘される社会的孤立や孤独の問題への対策としても不可欠である。いかに、信頼を醸成できる関係や広場を、重層的多元的にネット空間に作ることができるかは、我々の課題の１つであるし、教育の場や職場の存在の意味も変えていくのではないか。

これら３つは、グーテンベルク以来のコミュニケーションツールの大変革のなかで、新型コロナ危機でスピードアップした社会変容の現場に立つことを余儀なくされた大学教員の実践から感じ取られたことである。

（２０２１年４月掲載）

7. コロナ禍における大学でのオンライン授業と問い直される役割

村上正行（大阪大学全学教育推進機構　教授）

２０２０年、新型コロナウイルス感染症（COVID-19）の流行に伴って、大学においてもさまざまな観点から対策に追われることになった。筆者が所属する大阪大学においては、２０２０年度の入学式は開催が見送られ、新学期の授業は原則オンラインでの実施を前提にする指針が定められた。２年生以上は予定通りの学年暦（４月９日）で開始されたが、1年生配当の授業は４月20日より開始となったように、多くの大学が授業開始時期を遅らせて、オンライン授業の準備、対応にあたることになった。このような状況下で、教員は急遽、オンライン授業を準備せざるを得なくなり、大学が準備している情報システムの利用や新しく導入されたツールの利用に関するスキル、オンラインでどのように授業を設計して実施するかという教育に関する知識について習得する必要が生じた。そのため、各大学でさまざまな研修会・講習会の実施、マニュアルの整備、ヘルプデスク・質問対応の支援体制づくりが行われた。大阪大学でも、COVID-19に関わる新学期授業支援対策チームを２０２０年３月30日に発足し、ＬＭＳ（Learning Management System）の利用方法などに関する質問対応、オンライン授業の設計・実施に関するＦＤ、情報提供などをサイバーメディアセンターや全学教育推進機構教育学習支援部が中心となって実施した（村上ら ２０２０ａ）。教育学習支援部が作成したＷｅｂサイト「オンライン授業実践ガイド」は、学内外の多くの教員に参考にしていただいている。

２０２０年度にはオンライン授業に関する講演や研修の依頼を受けて多数行ってきたが、必ず話しているのは、「オンライン授業を設計、実践する際に最も重要な点は、〝授業目標を達成する〟ことを意識すること」である。1コマ90分の授業で学生がどのような知識を獲得すればいいのか、15回の授業で学生がどのような能力を習得すればいいのか、を考えることが最も重要で、授業はその目標を達成するために実施するわけだが、これはオンライン授業に限らず、従来の対面授業でも求められてきたことである。先生方には、今回のオンライン授業の実践の経験を踏まえて、対面授業も含めた授業の改善を意識していただく契機になれば、と考えている。オンライン授業の設計については、村上ら（２０２０ｂ）で紹介しているので、関心があればご覧いただければ幸いである。

オンライン授業の実践事例もいろいろ積み重ねられているが、ここでは筆者が実践した初年次少人数セミナー「学問への扉（ポップカルチャーと情報社会）」について少し紹介する。1年生は対面授業を経験することがなく、他のオンライン授業でもリアルタイムで議論する機会がほとんどないということから、Zoomによるリアルタイムの授業で議論する時間を多くとることにした。1コマの授業デザインとして、〝15分説明＋15分グループ議論＋10分共有〟を2回行うことを基本とし、その際、個人で考える時間を確保した上でグループでの議論へとつなげるようにした。これはオンライン授業のみならず対面においても、アクティブラーニングを設計する際に、学生の学びを促進するために重要となるポイントである。また、グループ議論の際には、GoogleスライドやJamboardなどを活用し、他のグループの意見を見ることができるようにする、授業終了時には、学んだことや感想などの振り返りコメントを書いてもらい、次回以降の授業に活用するようにする、授業中の説明の時間の代わりに事前課題を提供して事前に意見やコメントを集めて共有する、といった工夫を取り入れた。これらの工夫により、学生は自分の意見を話す・書くこと、他人の意見を聞く・読むこと、自身の考えを振り返ることができ、深い学びにつなげることができたのでは、と考えている。

オンライン授業に関するアンケート調査（村上ら　2021a）においては、学生、教員ともに徐々にオンライン授業に慣れていったこと、負荷を感じていることが示されている。初年次セミナーにおいては、満足度や能力向上の実感などについて対面授業と遜色のない結果であり、オンライン授業の方がよいこともある（村上ら　2021b）。すなわち、授業のことだけを考えるとオンライン授業でも十分成果をあげられる、今後対面授業が実施できるようになった際にもオンライン授業を適切に組み合わせていくことが重要になると言える。

その一方で、全体としてはオンライン授業に対して1年生の評価が2年生以上に比べて全体的に低く、大学生活において一度も対面授業を経験せずにオンライン授業を受講したことが原因だと考えられる。このように友人関係の構築やコミュニティへの参加、課外活動などが大きく制限されることになり、物理的空間、キャンパスが果たす役割の大きさを感じることになった。それは、研究者である私達も、学会や研究会がオンライン開催となり、研究発表やその時間内での質疑応答は問題なくできるものの、その後での議論、たまたま出会っての雑談を交えた近況報告、新しく知り合いになる機会、などがなかなか難しい、ということで似たような経験をしていると思う。この状況で、（物理的な）キャンパスを含めた大学の役割、ということが問い直されていると言えるだろう。２０２１年に新２年生を対象にした入学式を開催した大学もあり、このような取り組みも必要になってくると思われる。今後、ニューノーマル時代の大学教育を考えていく上で、大学教員として何をすべきか、について考えていきたい。

引用文献

●村上正行・佐藤浩章・大山牧子・権藤千恵・浦田悠・根岸千悠・浦西友樹・竹村治雄（２０２０ａ）「大阪大学におけるメディア授業実施に関する全学的な支援体制の整備と新入生支援の取り組み」『教育システム情報学会誌』（Vol.37（４）、276―285ページ）

●村上正行・浦田悠・根岸千悠（２０２０ｂ）「大学におけるオンライン授業の設計・実践と今後の展望」『コンピュータ&エデュケーション』（Vol.49、19―26ページ）

●村上正行・進藤修一・田中敏宏（２０２１ａ）「オンライン授業に対する教員・学生の評価」『日本教育工学会 ２０２１年度春季全国大会講演論文集』（191―192ページ）

●村上正行・安部有紀子・中美緒・杉山清寛・宇野勝博（２０２１ｂ）「大阪大学における全学初年次教育「学問への扉」のオンライン化とその影響」『第27回大学教育研究フォーラム発表論文集』（149ページ）

参考資料

●大阪大学 全学教育推進機構 教育学習支援部「オンライン授業実践ガイド」
https://www.tlsc.osaka-u.ac.jp/project/onlinelecture/top.html

（２０２１年４月掲載）

第2章　学校における変化2（学生生活の変化）

村瀬悟（愛知県みよし市立三好中学校　教諭）

1. コロナ禍に向き合う中学校の生徒会活動

生徒会活動がコロナ禍により、甚大な活動制限を余儀なくされた。本校においても例外ではない。

令和2年度5月末、緊急事態宣言に伴った休校期間を終え、まず中止になったことが、「生徒同士が対面で話しあう活動」である（今でこそ、換気・マスク［フェイスシールド等］着用・消毒の徹底等の対策により話合い活動が可能になっているが、当時はそれすら許可されるものではなかった）。生徒同士が面と向かって言葉を交わすことができない、それは人と人との関わりが断たれていることに限りなく近い。学校に生徒が登校したところで、関わりが持てないのであれば何の意味があろうかと嘆く気持ちにもなった。

それでも、約3か月ぶりの学校生活の再開は、対面での活動制限下でさえ、各家庭で孤立していた生徒にとって仲間との再会に喜びや安心を感じるものであった。そこに仲間がいる、それだけでこんなに笑顔が見えるものなのかという思いを抱いた。

しかし、この学校生活の再開は休校期間以前のそれとは一変することになり、以前の学校生活を想像していた生徒たちにとって、あらゆる活動が規制された現実とのギャップに苛まれる日々が続いた。

まず中止となったのは、5月末に実施予定だった体育祭。そして部活動の夏の大会は中止となり、練習試合などできない中たった一度だけ、3年生最後の市内交流戦が許可された。各部活動の部長を集め、全顧問とミーティングを行い、部活動の最後の終わり方を話し合い、自分たちが後輩に何を残していくのか考えた。

そんな過酷な状況の中、10月末の文化祭・合唱コンクールの実施をどうするか、教職員内でも多くの意見が交わされた。他地区・市内の状況は軒並み中止、もしくは合唱から学習発表会への変更など、合唱を行う学校はごく少数に留まってぃた。感染予防を最優先すれば中止も当然なのだが、3年生が感じている現状、これまで積み上げてきた学校文化などを考えると、白黒はっきりつければ良いというものではない。すべてを踏まえた上で、文化祭・合唱コンクールの方針は、「三好中学校がこれまで創ってきた文化『合唱』の灯を絶やさない」ことであった。決して合唱先進校でもなく、秀でた合唱というわけではない。ただ、生徒会活動の1つとして文化祭実行委員会を組織・運営し、自分たちの手で文化祭を創ってきた自負がある。その中に合唱推進担当があり、小学生にその合唱を披露して交流したり、縦割り学年で練習をしたりするなど、様々な経験を何年も重ねて先輩から後輩へと引き継がれてきたものがある。その目に見えない引き継がれている思いを断ち切ることはできないと判断した。コンクールでなくても、無観客でも合唱は行う。そのための様々な工夫がなされた。合唱練習は大幅な短縮と制限の中、発声方法やコツなど、卒業生の映像から学んだり、経験豊富な3年生から1、2年生へのアドバイスをする場面をつくったりした。合唱の発表は無観客の体育館のフロア全面に広がって距離をとり、Zoomを利用して縦割り団で再構成した教室へ同時配信して発表した。毎年閉会式のフィナーレに行っていた全校合唱は、全クラス別撮りした映像を特活主任が編集して1つの映像として閉会式に放送した。

困難を極めたこの文化祭は感染拡大など大きなトラブルはなく、無事成功して終えることができたが、その後の教職員の反省では様々な意見が出される結果となった。今回、こうした選択をして実施したのだが、すべての生徒・教職員が納得できる正しい選択などなく、優先したことが「合唱の継続」だったということ。ごく私見となるのだが、こうした実践は一見すると「やる意味がなかったのではないか」「大変な労力を伴うだけの教育効果があるのか」と見られることが多々ある。それは「結果」が目に見えにくいからでもある。特別活動領域の非認知能力の獲得を重要視する一方でその成果を証明することが困難なように、生徒会活動の最も大切な「引き継がれ、重なり、広がる人の思い、その熱量」を、見たり感じたりする力を大切にしたい。今回の文化祭も同様だ。中止することは簡単だが、残すべき柱となる部分は目に見える実践部分ではなく、その活動の奥にある「思い」の部分であると考えている。

令和3年度がスタートした。昨年度Zoomを利用することで実現するようになった取組も多い。生徒総会ではPC室をホストにして全教室Zoomで開催した。体育館において全校生徒で開催したときの熱量（話合いの雰囲気や感嘆・拍手など）がないことは課題だが、中止や紙面に比べれば遥かに効果的である。また、規模を縮小して開催した体育祭では終盤に雨が降り運動場から待避したのだが、急遽最終種目を体育館で出場学年ごとに実施し、教室でZoom画面越しに応援、その後の閉会式までオンライン開催するなど、これまで想像できなかった形態が実現することになった。

この経緯にはコロナ禍でも出来ることを考え、形を変えて実施した次のような取組の成果があったからだと感じている。

Zoomを用いた取組（生徒会活動）

- 「生徒会役員選挙（討論会）」……代表者は体育館、一般生徒は教室で開催した。
- 「3年生を送る会」……3年生と実行委員が体育館、1、2年生は教室で開催した。
- 「中学校説明会（小学6年生に中学校生活を教える活動）」……3つの小学校と実行委員会をつないで開催した。オンデマンドもしくはオンラインツールの利用（生徒会活動ではないがキャリア教育の視点より）
- 「卒業生に学ぶ会（3年生が本校卒業の高校生から高校生活を聴く講座）」……録画形式＋配付資料で視聴する形態での開催となった。
- 「みよちゅー大学（3年生が本校卒業の大学生から『大学とはどんな所か』を聴く会、初の試み）」……YouTube（限定公開）とGoogleフォームを利用して大学生へ質問する形態での開催ができた。

数多くのこうした新たな実践になったのだが、これはこの状況下だから行っている方法を選択しているにすぎない。あるべき姿は、直接会って活動すること、人と人が関わり合うことが最も大切である。それが困難なとき、その柱となる「『思い』のやりとり」の部分を失わないようにしたい。目に見えないこの部分を私たちは大切にすべきである。

（2021年7月掲載）

2. コロナの影響による部活動のキャリア形成の再編と萌芽

玉木博章（中京大学ほか　非常勤講師、日本部活動学会　理事）

内田良や長沼豊をはじめとする近年の様々な研究や教育関係者の発言によって、教員の長時間労働と部活動との間には一定の因果関係が生じていることや、生徒はもちろん保護者や他の関係者の負担や活動に関わる過酷さや理不尽さが明らかにされた。そして2019年3月18日の「学校における働き方改革に関する取組の徹底について（通知）」によって、部活動は必ずしも教員が担う必要のない業務であると正式に位置づけられ、実質の規模縮小や見直しを迫られた。加えて、そのあり方そのものを劇的に変えることを求められているさなかに、昨今では更にコロナによって部活動は活動自粛を求められた格好になった。したがって、部活動縮小の意向を持っていた者にとって現状は大歓迎と言えるだろう。対して生徒指導面、キャリア形成の面において部活動を利用していた様々な関係者からすれば、手痛い一撃に乗じて痛恨の一撃を食らった形となった。ただこの1年、一部の部活動崇拝者達によって、現状に逆らった状況が生じていることも関係者から耳にもした。自治体レベルで「通常教育活動は慎重に、部活動は積極的に」ともとれる方針が示されている地域もあるようだ。本稿ではこうした状況に関して少し自由に話をしてみたい。

まず大前提として部活動は教育課程外の活動であり、優先するべきは教科教育や特別活動といった授業である。したがって学校教育においてコロナの影響でそうした正規のカリキュラムが何らか規模縮小されることがあるならば、当然部活動も縮小されるべきであり、むしろ児童生徒や教師の学校での時間や労力はまずは授業に集約されるべきである。換言すれば授業運営も十分でない状況で部活動に精を出すことは本末転倒の状況であろう。

こうした主張に対して、部活動崇拝者や部活動の恩恵を受けてきた者達は「児童生徒のキャリア形成」のためと流れに逆らう自らを正当化するであろう。しかしながら部活動で得られる人間形成上の効果は特別活動を適切に実践すれば全て代替可能である。そしてこれまでの一部の児童生徒のキャリア形成における部活動の比重がそもそも適切ではなかったと反論できるだろう。なぜ正規のカリキュラムである特別活動以上に部活動が評価されて進学へと結びつくのであろうか。

そうした異常さこそ、結果に拘り過ぎて部活動を加熱させた一因なのではないだろうか。むしろ部活動崇拝者がもっと自戒していれば、ここ数年の部活動に対するバッシングは回避可能だったのではないだろうか。

もちろんこれは決して部活動を評価するなという旨ではない。カリキュラムを鑑みれば部活動は学力成績や特別活動あってこその評価であり、部活動だけを度外視して他を無視した評価こそがキャリア形成や学校教育、果ては就職における歪みや様々な問題を生んでおり、部活動を評価しても良いが現状の比重を見直すべきだと問題提起しているのだ。そして現在、コロナを期にあるべき姿へと部活動におけるキャリア形成が変化していることに触れながら、今後のあるべき姿を提案したい。

例えば野球では、昨年の夏の甲子園大会中止によってプロスカウトが集う合同練習会が開催された。確かに大会が中止されたことは一生懸命練習してきた生徒にとって残念なことではあるが、コロナによる中止によって炎天下での怪我のリスクも無く、そして目先の結果に拘ること無く、新しい形でプロへの道が拓けた。むしろ部活動におけるキャリア形成の適正化を鑑みた場合、勝利至上主義に囚われ過ぎる様々な弊害がコロナによって一掃され、新しいキャリア形成のモデルが示されたと歓迎できよう。部活動はプロの行う競技スポーツではない。あくまで学校教育の一環である。そうであるならば結果や試合でのパフォーマンスではなく活動の過程こそ重視されるべきであり、キャリア形成においても評価されるべきはその点であるべきだという本来の形に回帰する兆しが示されたのではないだろうか。むしろ他の部活動でも大会を減らし、こうした試みを増やしていくべきであろう。

他方で、コロナ禍においてもほとんど大会運営に影響は被らず、むしろコロナを機会にいっそうキャリア形成の可能性や一般認知を増している部活動がある。それがeスポーツ部である。例えばコカ・コーラ主催の大会「ステージ0（ゼロ）」は昨年も今年もオンライン開催で問題なく行われ、むしろその参加者数を増している。一昔前であるならば「ゲームばかりやっていては大人になれない」と揶揄されたが、今ではゲームが上手ければ食べていけるし、プロになることの困難さを考えれば、野球に打ち込むこととそれほど大差ないと言えよう。むしろeスポーツの方が未知である分、そうした学校文化の中で認められてきた既存の部活動よりもキャリア形成の可能性や効果（例えば、引きこもりでも家から大会に参加できるし、起立性調節障害でも自分のペースで練習できるし、ゲーム配信動画を制作して利益を上げている若年者もいる）がまだまだ予想外に生じることも見込まれる。こうした事実を旧世代は忌み嫌うかもしれないが、彼らにもまた既存の部活動同様に青春や後のキャリアがある。これまで学校教育の中で軽視されてきた者達にとっては、皮肉にも現状は喜ぶべきものでもあろう。一般的には「コロナ禍」をマイナスと捉えがちになるが、これまで無視されてきた者達のキャリア形成モデルに着目すると共に、既存の部活動においては新しく適切なキャリア形成モデルの開発と認知を実現する絶好の機会であると捉えるべきであろう。今こそ、部活動が変わるべき時なのではないだろうか。

（２０２１年７月掲載）

3．コロナ禍と高校生の就職活動

浦部ひとみ（東京都立葛飾総合高等学校　進路指導部主任）

高校生の就職活動とは

高校生の就職活動は、大学生とは異なり基本的に学校が行う職業紹介に基づいている。職業安定法第27条により、高校の就職担当教員は「公共職業安定所の業務の一部を分担」しており、高卒学校紹介の就職は、「高等学校就職問題検討会議」（文部科学省、厚省労働省、全国高等学校校長協会、主要経済団体が参画）の申し合わせをもとに、都道府県ごとに具体的な運用を行っている。すなわち求人公開（7／1）、学校推薦（9／5～）、選考・内定（9／16～）というスケジュールで実施され、採用選考期日以外の具体的な運用は地域の実情に準えて設定されている。学校長の言わば推薦によって行われる高校生の就職は、職業理解が、入学後から卒業までのキャリア教育などを通じて育まれ、その集大成が職業選択へと繋がるという考えに基づくものである。

昨年度の就職アンケートから見えてきたこと

そして本来東京オリンピック開催の年であった２０２０年、コロナ禍という誰も予想し得なかった事態となり、そのための現場の混乱は計り知れなかった。本校でも昨年度当初の休業期間に始まり、学校生活のあらゆる場面でさまざまな影響を被った。オンラインによるホームルームや授業など、新たな要素も取り入れられたが、授業、部活動、学校行事など、学校生活はあらゆる面で大きな制約と新たな計画の立案、見直しの連続となった。とりわけ就職の分野では昨年度夏季休業期間の短縮やスケジュールの後ろ倒しなどもあり、初めて直面する場面に生徒も教員も戸惑うことが多々あった。

東京都高等学校進路指導協議会（以下、都高進）では、例年10月に都内の都立および私立高校にその年の就職指導の現状についてアンケートを取り、全国高等学校進路指導協議会（以下、全高進）へと送付している。全高進は全国から集まった意見をとりまとめて2月に開催される厚生労働省および文部科学省と現場の高校教員との定例会である、新規高卒者就職問題連絡会議の場で、現場の意見として挙げ、双方向の意見交換をする仕組みである。昨年度のアンケート結果から見えてきたのは、コロナ禍に翻弄された現場の実態である。そもそも就職ガイダンスや就職指導が思うように実施できなかった上、教員の企業訪問や採用担当者の来校が制限され、就職活動に向けた十分な情報収集が難しかったという点が挙げられている。なかにはハローワークの就職支援相談員ナビゲーター（旧ジョブサポーター）等の支援にも制限が加わり、指導に苦慮した学校もあった。

生徒の応募前職場見学においてはWebによって実施する例もあったが、一方で校内のネットワーク環境が整っておらず、対応に苦慮した学校が多かったと言える。見学人数を制限する事業所や、見学を断られる例もあることから、「生徒は職場の雰囲気や働いている様子も見学せずに決めることへの不安を抱いている」という意見もあった。またハローワーク主催の合同企業説明会などが中止や縮小となったことも大きく影響していた。一方、求人取り消しは相当数に上ったと思われる。本校の例だが、職場見学も済ませ、履歴書の清書を学校で行っている最中に受験予定の会社から「求人を取り消したい」という電話が入り、慌てて作業を中断させたケースがあった。取り消し理由はコロナによる財務状況の悪化であった。

試験当日に関しても2週間前からの検温や接客を伴うアルバイトの禁止を指示する事業所があったり、コロナの感染者だけでなく、濃厚接触者や37・5℃以上の発熱など感染が疑われる症状のある生徒に対し、受験もさせず、再試験も行わないと言明したりする事業所もあった。実際、建設業、運輸業、介護事業など求人が増加した業種はあったものの、求人数全体としては1～3割減少し、製造業、卸・小売業、宿泊業、飲食業、サービス業（観光）での求人数が激減しているなかでの厳しい対応となった。
また内定した後のトラブルのケースも報告されている。ある学校で、製造業に内定した生徒が卒業後に研修と称して「アルバイト」に呼ばれた際に、「受け答えの声が小さいなど仕事に不向きであり、4月からの就職には難がある。生徒自ら内定辞退を申し出ることで双方円満に解決する」とあり得ない提案をされ、かなり精神的にショックを受けたという事例が発生した。当該の学校関係者によると、これもコロナ禍での人件費削減の狙いが関係しているのではないか、とのことである。

今後に向けて

今年度も7月1日より新規求人票が公開となり、現在夏季休業中の職場見学に向けて、各学校での指導が本格化している。しかしながら、ハローワーク主催の合同企業説明会が中止され、生徒の企業情報の収集が思うように進まない点など、昨年度同様生徒にとって不利な環境である点も否めない。さらに生徒の中には昨年度体験する予定であったインターンシップなどの活動が中止となっている例も多く、就職に対しての心構えを身に付けるための備えが十分でないという懸念もある。そうしたなかでの職種や事業所選択が、ミスマッチ、ひいては今後の早期離職へと繋がりかねないという点を案じている教員も少なくない。

現在就職活動中の高校生は、就職活動を始める前からすでに荒波にさらされている。しかし、かれらがその試練に打ち勝って逞しく生きていくことを誰もが願っている。来年度より成年年齢の引き下げに伴い18歳以上の高校生は、自ら職業を選択することができるようになるとして、厚生労働省・文部科学省は「これまで以上に、生徒の社会的

・職業的自立に向け、必要な基盤となる能力や態度を身に付けさせることができるよう、キャリア教育の一層の充実を図っていく必要がある」（高等学校就職問題検討会議ワーキングチーム報告）としている。高校を初めとする若者を取り巻く周囲の連携したサポートが不可欠となっている。少子高齢化も一段と進み、先行きがますます不透明となってきている今、これからの時代を担う若者を育むことがもっとも重要な視点の1つであることを社会全体があらためて認識し、かれらを支える体制を早急に整える必要があると考える。

（2021年7月掲載）

4. コロナ禍もイノベーションをおこす学びでキャリア教育を止めない！

絹田昌代（岡山県立瀬戸高等学校　キャリアコンシェルジュ（指導教諭））

はじめに

本校の生徒は「大人しく真面目で優しい」生徒が多い。5年前、そんな生徒をもっと輝かせたいという思いで、「総合的な探究の時間」プロジェクトが始まった。これは、地域の普通科進学校のキャリア教育の質的転換、リデザインへの挑戦でもあった。

本校のキャリア教育は、Well-being な世界を創るために生徒を中心にして、地域や企業・大学とのつながりを構築し、対話の中で確立していった。その豊かな学びの環境の中、生徒は多様な気づきを得て、イノベーションを起そうという学びを通して「受けとる力」「つながる力」「見つける力」「考える力」「伝える力」「よりよくなろうとする力」の「6つの力」を身につけていく。この6つの力の涵養が本校キャリア教育の柱である。

コロナ禍で、このキャリア教育はどう変化したか。まず、乙部憲彦校長が地域で築いてきた、ここまでの「つながる力」が本校の強みとして発揮された。また、オンラインを推進した結果、生徒の学びは、校内や地域からさらに「越境」して県外や世界とのつながりへと進化をみせた。さらにChromebook（クロームブック）を1人1台持つことで、検索スキルや共有スキル、表現スキルが格段に上がり、探究のスピードや質を変えている。

つながり・外部連携

瀬戸高の強みは「つながり」にある。地域とのつながりは、年度はじめに自治体など多方面に乙部校長自らが挨拶や依頼に回る。「企業の方を囲む会」や「岡山大学SDGs講義」の講師も同様だ。また、探究学習を統括する組織である「キャリアデザイン室」の全体をコーディネートする「キャリアコンシェルジュ」も、アンテナを高くして県内外の大学や企業人とつながりを持つ。キャリアデザイン室のメンバーはその外部人材を活用しながら、学年の生徒の学びに必要な授業や発表会を企画検討して、実際のスムーズで効果的な学びに落とし込む。5年目を迎えてキャリアに関わる組織もスムーズに機能し始めている。

「学びたい」意欲が止まらない・好きなことを学ぶから止まらない

1年生の総合的な探究の時間「セト☆ラボ」では、「地域」をテーマにして、地域の方にお世話になりながら、探究の練習をする。9月からの「S☆ラボ」（SDGs☆ラボ）では、「好きなこと・自分が大切にしている価値・SDGs」から問いを見つけていく。

以前は、大学の「学問分野」をチーム分けの分類テーマにしていたが、「学問ってまだわからない」「経済学部って何するの?」という生徒の声も多く、興味関心がフィットしていないとわかった。それゆえ探究が「自分事」になりにくい感もあった。そこで、OECDがまとめる「OECD's Better Life Index」の11の価値をチーム分けの分類にしてみると「『看護』に進むかどうかはわからないけれど『健康』には関心がある」「『経済学部で何を学ぶのかわからないけれど『収入』は気になる。お金を増やしたい」と自分の興味関心に従ってチームやテーマを選べるようになった。その結果、堅苦しい学問に縛られないで、生徒のパッションに導かれたオリジナルで具体的な探究テーマが多く出てきた（例：コロナ禍捨てられる岡山名産の黄ニラでレトルト雑炊開発・養殖ナマズの天ぷら定食・トイレに夢中・VR推しティーチャーの学園設立など）。

「越境」オンライン活用

①オンラインフィールドワーク

コロナ禍、キャリアデザイン室が一番心配したのは3年生の進路保障だ。面接や小論文が課される看護学科志望の生徒が不安を抱えたままにならぬよう、休校直後、キャリアコンシェルジュによるオンライン志望理由書指導や現役の看護師とのオンラインフィールドワークを実施した。また、岡山大学工学部「金属を知ろう」オンライン講義も実施した。さらにそれらを体験した生徒が自ら「オンラインフィールドワーク in Paris」を企画運営し、ロックダウンのパリの現状を校内で共有したのは予想外の発展の形だ。

②Google Classroom「越境・キャリアコンシェルジュの部屋」

Google Classroom「越境・キャリアコンシェルジュの部屋」に学校外のオンラインイベント参加に興味のある生徒達を招待し、個々の生徒の志向や顔を思い浮かべながら様々なオンラインイベントとマッチングした。「岡山大学ＳＤＧｓユース」に参加した3年生6名は、それぞれもやもやした課題や進路の悩みを、ファシリテーターの先生や全国の高校生と対話するうちに、自ら課題を見つけ深めていった。他県の高校生と高校生団体を立ち上げ「支援が必要な人たちの在り方について考える」オンライン教育イベントを開催した生徒もいる。

③International Student Innovation Forum 2020 @ online

本校は、２０１9年よりＯＥＣＤイノベーションスクールに参加し、キャリア教育を実践してきたが、その集大成としてのフォーラムにセッション参加者としてだけでなく、世界の中高生のチェア（総合司会）として活躍するチャンスを得て自信をつけた生徒もいる。

コロナ禍のイノベーター達

①ももちゃり乗っていかれぇ～や

きっかけは、地域にバスや電車が少なく不便に感じたことであった。岡山市内のコミュニティ自転車の「ももちゃり」

が様々な場所に設置し活用されると便利になると考え行動を開始した。岡山市交通政策課に電話して「若者の認知度が低い」「利用が少ない」「利用が乱雑」などの課題を知った。この「ももちゃり」をマスキングテープでラッピングすると若い人も見るのではと頭に浮かび、3台のももちゃりを「(株)カモ井」のマスキングテープで装飾した。ラッピングのテーマは岡山らしく「晴れの国」「うらじゃ※1」「桃太郎」である。この「ももちゃり」こそ、密を避ける現在にぴったりの乗り物であるし、コロナ後の観光、健康志向、シェア時代の未来の時代にぴったりの乗り物だとしてますます売り込みたいと語っている。8月、岡山市内を鮮やかにラッピングされた「ももちゃり」が走る予定である。

②VR推しティーチャー
コロナ禍の休業中のオンライン学習が、遠距離通学の自分に合っていたという生徒が見つけた探究の課題は「学習意欲を高めるVR（Virtual Reality）授業」である。オンライン授業でどうせなら自分の好きな先生の授業を受けたいと思って、理想のイケメン先生をVRアプリで作成し、中学国語のVR授業を完成させた。VRの先生の声は、校内でも人気の先生にお願いするという手の込みようだ。将来、先生になりたいという本人は、母校の中学生にこの授業を体験してもらい、「意欲が高まる授業」の1つだと自信を持っている。

③妊婦さんのハートのお守り
コロナ禍において助産師さんへの対面インタビューは困難であるが、「日記調査」を依頼し日々の思いを綴っていただくところから探究テーマを探ってきた。妊婦さんの不安が多様であり、コロナ禍ますます深刻であると気づいた生徒は、「今できること」として妊娠初期・中期における心の癒しに役立ちたいという思いから地元のハーブ園に協力を依頼し、ハーブティーを提案した。「ビューティー」「ヘルティー」「スゥイーティー」と商品名もキャッチーでユニークだ。このような妊婦の不安に寄り添いたい思いを情熱にして進学後の学びにつなぎたいと言っている。

おわりに

高校時代に「廃棄される桃×ストライプインターナショナル×桃農家×日本オリーブ」とのコラボによって「お肌ピチ

ピーチ」というハンドクリーム商品にたどり着いたチームの1人は、大学進学後も、企業とコラボして高校生の格安オンライン留学を企画提案したり、地域活性化のために地元の芋を使って「芋焼酎」プロジェクトを始めたりしている。

瀬戸高校の Well-being な未来を拓くことを目指すイノベーティブな学びの中で成長した生徒は、その後も学びを止めることなく「見つける力」「つながる力」などを発揮して世界を変えながら、自身のキャリアも拓いている。

コロナ禍、そして未来のキャリア教育に関わる普通科の我々に求められるのは、「進学実績をあげるためのテクニック」ではなく、「社会に開かれ自立した大人としての学び」と、変化の中できらめく「初々しい知性」ではなかろうか。

※1「うらじゃ」とは、岡山市にて行われている夏祭り、および同祭で行われる音頭やそれに使用される楽曲のことである。

参考資料

●OECD's Better Life Index　https://www.oecdbetterlifeindex.org/

（2021年7月掲載）

5．コロナ禍における就職支援

藤原浩（大阪大学キャリアセンター　キャリアアドバイザー（進路・就職相談員））

今年6月1日時点での「2022年春卒業予定の大学生・大学院生の就職内定率」は71・8%と発表された（株式会社ディスコ、キャリタスリサーチより）。

前年同月を7.8%上回り、現行の就活ルール（採用広報3月1日から、選考開始6月1日から）になった2017年卒以来で最も高い数字だそうだ。少子高齢化が進む中、若者の争奪合戦はますます進むものと思われる。この数字について、採用側からすると、新型コロナウィルスの感染拡大で、採用に至るまでの行程変化はあったものの、採用数にはあまり影響がないと考えられる。しかしながら、学生側にとっては、コロナ禍であろうがなかろうが、一生に一度のことであり、不安いっぱいの中での就職活動であったことに変わりはない。

私は、2020年4月から大阪大学の進路・就職相談室でキャリアアドバイザー（進路・就職相談員）として学生のキャリア支援を行っており、これまで1000人を超える学生の相談を受けてきた経験から、新型コロナウィルスの感染拡大による変化について述べてみたい。なお、相談の中から見えてくることを中心に述べているので、統計的なデータなどに基づく知見ではないことをご容赦いただきたい。

大阪大学では、初めての緊急事態宣言が発出された2020年4月7日からオンラインによる相談に切り替えた。当初アドバイザー側にも学生側にも多少の戸惑いはあったものの、スムーズに進めることができている。

現在では、オンラインによる相談を基本としているが、最終面接を対面で行う企業があることや、家族が近くにいて自宅から相談しにくい、切羽詰まっているので直接対面で話をしたいという学生がいることから、希望者には対面での相談も行っている。

新型コロナウィルスの感染拡大が就職活動に影響していることについて、全体としては大きく次の2つのことがあると考えている。

第1に、就活イベント（説明会や面接）のオンライン化に伴い、就活生同士のネットワークの希薄化が起こり、交流や情報交換の機会が失われていることである。

業界研究や企業研究について、そのほとんどがオンラインで開催されることとなった。コロナ以前は開催会場や企業に直接訪問してその企業の担当者から直接話を聞いたり、会社までOB・OGに会いに行ったりすることができた。学生もその場の雰囲気を感じながら、小さなことでも気になることを個別に質問することができた。だが、オンラインでは、企業担当者としては一度に多くの方に伝えることができるが、学生からすると、「こんなことを質問していいのだろうか」と躊躇してしまい、消化不良になっていることが多いようだ。企業側もその点を感じ、面接だけでなく、少人数のオンライン面談を行うなど、その疑問解決とイメージ向上のために行動している。

また、同じように就活を行っている就活生同士の情報交換も少なくなっていることが、不安の増大に繋がっていることも事実だ。相談に来る学生から多く尋ねられるのは、「今現在、就活を行っている学生はどんな感じで動いていますか?」という質問。コロナ前であれば、日常的に顔を合わすことが多い中で、お互いの状況や悩みを共有できたが、わざわざ連絡を取って、就活の情報交換を行うということにはならないようで、自身の活動がこれでいいのかと不安になっている学生が増えたことを相談対応の中で強く感じる。特に、解禁となった3月以降、その傾向が顕著に表れた。

さらに、これまで対面での面接後、面接を終えた学生同士が交流し、そこで新たなネットワークが構築され、普段できない情報共有などを行っていたようだが、オンラインの場合はそういうことができない。面接のオンライン化によって就活生同士の交流や情報収集の機会が減少していることが伺える。

一方、学生側もデメリットばかりではなく、これまで以上に多くの企業説明会を視聴できるようになったし、これまで対面での合同企業説明会に参加していなかった企業の説明も聞くことができ、学生にとっては選択の幅が広がったのではないだろうか。また、学生側から自身の強みを公表し、企業側からオファーをもらうという制度を利用する学生も増えており、企業と学生のマッチングのあり方にも変化が起こっていると感じる。

第2に、対面での面接からオンラインによる面接に切り替わったことにより、上手く自己表現ができるのかという戸惑いが生じていることである。これは、学生側だけでなく、企業人事担当者においても同様らしい。これまでの面接であれば、企業に行き、受付を済ませ、どういう人たちが応募しているのかという情報も吸収しながら、面接を受けることになるが、オンラインであれば、ボタンを押した瞬間から面接担当者が現れ、面接が始まるため、なかなかその気分を高めることができないということ、またどのように答えればいいのか等に苦労するようである。顔だけで思いを伝えるということになりかねないので、上半身も映るようにしながら、身体の動き、身ぶり手ぶりも使った自己表現や、顔が影にならない映り方などをアドバイスしている。さらに、対面であれば相手の目を見て話をすればいいが、オンラインで相手の目を見るということは、カメラを見るということになり、パソコンの画面に映っている面接担当者が見えにくくなるなど、面接のやりにくさに繋がっている。企業においても、自己紹介や自己PR動画をあらかじめ送付させる企業が増えるなど、人物評価の面で工夫してきていることも大きな変化の1つだろう。

また、留学を予定していたが中止となった、サークルとしての活動が大幅に制限された、アルバイトがなくなった等、コロナの影響を大きく受けているのも事実である。ここで、学生によって大きな差が出ることになる。予定していた計画が中止となったことによって、オンライン留学に切り替えたり、新たな学びに挑戦したり、その空いた時間を上手く活用し、新たな挑戦と成長に結びつけることができた学生にとっては、エントリーシートに記入する「ガクチカ」（学生時代に最も力を入れて取り組んだこと）もしっかり書けているし、面接においても自信を持ってその成果を伝えることができている。しかしながら、中止になったことによるモチベーションの低下を引きずっている学生にとっては、次の挑戦課題を見つけることができず、「ガクチカ」に書くことがないという相談が増えたのも事実だ。このこと（不測の事態で変更を余儀なくされること）は、今回のコロナ状況下だけにとどまらず、これから先のキャリア形成においても起こることであり、そうなった時に、それを自分なりにどう納得し、どう方向転換するのかということが求められる。

大きくは上記の2点（就活のオンライン化に伴う就活生ネットワークの希薄化、オンライン面接における困難）が、コロナが就職活動に与えた影響だと感じているが、それぞれにプラス・マイナスがあり、必ずしもマイナス面だけが目立っているわけではない。

しかしながら、就職活動の方法がいかに変わろうとも、学生自身が自らの強みを理解するとともに、自らが強みと思っていなくても相手からみて強みとなるものが何かをしっかり理解した上で、自身の将来キャリアを考えることを楽しんでほしいし、「そんなあなたが欲しい」といってもらえる学生・社会人に成長してほしいと願うばかりだ。

企業は、学生時代の功績を暗記してすらすら答えることができる人を欲しがっているのではなく、本音を語ってくれる、一緒に働きたいと思える人を探しているのだから、コロナ状況下においても、そのことを学生に変わらず伝えていきたい。

（2021年7月掲載）

6. コロナ禍における英国留学

大なぎ絵る実（Tavistock and Portman NHS Foundation Trust　学生）

私は、昨年コロナ禍の真っただ中である２０２０年９月に渡英し、現在、Tavistock and Portman NHS Foundation Trustで訓練を受けている。主に、子どもの発達、精神分析について学んでいる。

私の留学生活は、初めからコロナ禍の影響を受けていた。初めてイギリスで生活をする留学生として、様々な手続きや提出書類を揃える必要があったが、銀行、病院、学校等の各種手続き先が、対応時間・人数制限、訪問不可能もしくは完全予約制などで、かなりの時間を要した。

入国後は、日本にいるうちに採用を頂いていた、保育所でのボランティアの仕事をすぐに開始した。この保育所での子どもたちやスタッフとの関わりが、私の訓練のスタートであった。

学校生活に於いては、病院（校舎）への出入りは禁止され、レクチャー、ディスカッション、パーソナルチューターとの面談等、すべてZoomによる開催であり、学校への問い合わせもすべてオンラインである。また、学習上の提出物（エッセイ）の課題も、コロナ禍の影響が考慮された。

Zoomによるライブ受講は、家から受講できる便利さはあるものの、ネット環境に伴う雑音等の影響を受ける点や、通学していれば自然と生じたであろう、授業前後の他の学生達との交流を深めるチャンス、交流による相互理解の機会が失われる難点があった。また、Zoomの操作自体や、学校が提供するオンライン上での複雑な資源（非常に豊富でいまだに使いこなせていない）に慣れる必要があった。

そして、コースのかなめである、乳幼児観察（本来は家庭を訪問し、ご家族との日常のかかわりの中での赤ちゃんの成長を観察）も、当面オンラインで行うことが決められた。

乳幼児観察においてはまず、学生個々が、ご協力頂けるご家庭を探し、基本的には子どもが生後４週間以内から観察を始めることになっているが、コロナ禍の影響を受け、病院、母子の集まる場、公的機関、学校等に直接訪問し依頼する事ができなかった。その為、メールや電話での問い合わせ、掲示板への募集記事の投稿、知人や仕事先に協力していただけそうなご家庭は知らないか伺う等、思いつくあらゆる手段を講じた。また、状況が変われば「いずれ訪問」させて頂けるご家族を探すというのは、今までにはない状況であった。幸いにも探し始めてから、1か月半ほどで協力家庭を見つけることができた。

コロナ禍の中でも、学校が質の高いコースを保持しようと努めてくれているのをひしひしと感じ、学ぶ事へ希望がもてた。そしていま、実際に確かな学びを感じている。

一方、人とのつながりにくさと情報不足は存在し、それらは学校生活の不安を助長させるものでもあった。

学校側でも試行錯誤しているのは分かったが、学校への所属意識、仲間との連帯感は、通学の場合よりは、持ちづらい環境であったのだろうと思う。このことは、必要な情報を得られるチャンスも減り、今何をするべきか、コースの全体像の理解等を難しくした。

今日までの留学生活を振り返り気付いたのは、「人とのつながり」「必要な情報の収集」がいかに大事であるかである。つながれる人とはつながること、どこから有益な情報が得られるかわからないので、自分の今の立場や今必要なことをオープンにしておく姿勢が鍛えられた。家主、勤務先での会話、個人的に交流をもてた日本人の学生から、その時不可欠な情報が得られることもあった。また、コロナ禍で色々な状況が難しくなっているが、あきらめず「すすめる駒はコツコツすすめておく」姿勢が養なわれた気がした。

学校は学びを支えてくれるパートナーである。学校のサポートとして望むことは、2つ考えられる。1つ目は、コースの全体像、その後考えられる未来、将来の見通しを立てやすくなるような情報提供。2つ目には、事情が異なる個々のケースについて、困難なことでも、可能性を探して一緒に考えてくれることである。

例えば、コースが終了した後に希望する未来があるのなら、そのために、今すべき経験、整えるべき必要事項とその期限の案内等である。

なぜなら、留学生の立場として、その国の社会の制度や仕組みについてよく知らないことが多く、またコロナ禍で状況も複雑になっているので、勘違いをしたり、見逃しがちになったりする。学校がともに、「希望が可能になる未来」を一緒に考えてくれるなら大変心強い。

現在、イギリスではワクチン接種が推奨され、ロックダウンも解除されてきており、街は活気をとり戻してきている。筆者も数回のＰＣＲ検査を行い、ワクチンの接種も行うことができた。最近では、学校外での活動で、交友関係を広げ、生活に充実感が得られるようになってきている。

世界的パンデミックのなか、留学を考える学生の夢がかなうことを願う。

最後に、以上の報告をさせて頂く機会を得ましたこと心よりお礼申し上げます。

（２０２１年７月掲載）

7. コロナ禍におけるインターンシップと採用

松高政（京都産業大学経営学部　准教授）

コロナ禍以前からインターンシップは採用活動の一環となりつつあったが、コロナ禍においてさらに加速しているようである。「１Ｄａｙインターンシップ」に象徴される就業体験を伴わないものはインターンシップとは呼ばない（採用と大学教育の未来に関する産学協議会、２０２０）と一応はなったが、実態は何も変わっていないのではないだろうか。

「１Ｄａｙインターンシップ」は、何も今に始まったことではない。２００４年４月５日付「日本経済新聞」朝刊１面には、「富士通は主要都市で『ワンデーインターンシップ』を開いた。就職活動前の３年生５０００人を集め、１日就業体験の場を与える」という写真入りの記事が掲載されている。発刊日を確認しなければ、今日の記事を読んでいるのではないかと錯覚する。

日本のインターンシップの出発点は、１９９７年の「三省合意」（文部省、通商産業省、労働省：いずれも当時）とされているが、この年は、「就職協定」が廃止された年でもある。「就職協定」は、会社説明・訪問開始・選考・内定等に関して大学側、企業側で定めたルールである。1953年に始まり、その後ルール違反、見直しが繰り返され、形骸化し、1996年を最後に廃止された。1997年からは、大学側は「申合せ」、企業側は「倫理憲章」という新たなルールが設定された。「倫理憲章」において、正式内定日を卒業年次の10月1日以降とすることが定められていたが、企業説明会開始日については明記されていなかった。採用活動の実質的な自由化である。結果、企業からの学生へのアプローチはどんどん早期化し、2年次後半から就職活動が始まる状況となっていった。さすがに社会的な批判が高まり、2004年に「卒業・修了学年に達しない学生に対して、面接など実質的な選考活動を行うことは厳に慎む」ことが明記され、「倫理憲章」が強化された。

では、1997年から2004年までの、実質的ルールの空白期間はどのような状況であったのか? 2001年に「採用直結型」インターンシップを松下電器産業（現パナソニック）が導入し話題を集めた。インターンシップを「採用直結」と表明する企業は珍しくなく、採用は全てインターンシップ経由のみとする企業もあった。リクルートワークス研究所（2002）『Works』54号でも、「インターンシップが〝流行〟から〝常識〟となる日」という特集が組まれ、企業での事例が多数紹介され、採用直結型インターンシップが活況に実施されている様子を読み取ることができる。「三省合意」の「直接には採用と関わらない」という定義と完全に対立する「採用直結型」インターンシップが、1997年のインターンシップ開始時から広範に行われていた。

しかし、この採用を目的としたインターンシップで学生を集めることができたのは、大手企業ばかりであった。2000年前後に就職活動を行った学生は「就職氷河期世代」である。買い手市場であっても、中小企業には学生が集まらず、学生を何とか確保しようと各地域の経済団体が総出でインターンシップを推進していたようである（前掲、『Works』54号）。

結局、このようなインターンシップを経由した採用活動は長くは続かなかった。リクルート（2002）『就職白書』

によると、多くの企業が現状の採用活動に問題・課題があると認識していた。採用ルールもなく、インターンシップ経由となると、勢い早期化に加速する。その結果、内定辞退者が増加した。学生データで見ると、当該年度の内定辞退経験者は57・4%に及び、さらに16・8%の学生が誓約書を提出してもなお内定辞退している。採用選考の早期化に伴い、内定後から入社までの期間が長期化し、内定者フォローの業務負担が増加する。知識や精神面での準備が不足している学生が増え、多様な経験を積んだ学生が減っていった。このような状況から、２００４年の倫理憲章の強化を契機にインターンシップを経由した早期採用活動は姿を消していった。

２００２年8月26日付日本経済新聞（12面）の「学業との兼ね合い課題に」という記事の最後には、「採用制度の中にインターンシップをどのように位置づけていくのか、産学が連携して再検討すべき時に差し掛かっている」と書かれている。

「差し掛かって」20年を経た現在、同じような再検討が始められようとしている。２０２１年4月に経団連と国公私立大学の主要団体代表者により構成される「採用と大学教育の未来に関する産学協議会」が報告書『ポスト・コロナを見据えた新たな大学教育と産学連携の推進』を公表した。今後のインターンシップのあり方をかなり具体的に提言している。これを受けて文部科学省も「3省合意の存在意義やあり方について発展的解消も含め検討する」との見解を示した。これまでの政府主導から産業界主導という大きな方向転換である。

さて、果たして今後のインターンシップはどうなっていくのか？　インターンシップを「採用直結」にしようと、「1Dayインターンシップ」の名称を変更しようとも、インターンシップのあり方そのものを変えないことには、採用との関係性は何も変わらないような気がする。歴史は繰り返されるという言葉の通りではないだろうか。

引用文献

●リクルートワークス研究所（２００２）『Works』54号　https://www.works-i.com/works/item/w_054.pdf

●リクルート（２００２）『就職白書２００２』

参考資料

●採用と大学教育の未来に関する産学協議会（２０２０）『報告書　Society 5.0に向けた大学教育と採用に関する考え方』　https://www.janu.jp/news/2038/

●採用と大学教育の未来に関する産学協議会（２０２１）『報告書　ポスト・コロナを見据えた新たな大学教育と産学連携の推進』　http://www.keidanren.or.jp/policy/2021/040.html

（２０２１年7月掲載）

第3章　企業における変化1（雇用・労働環境）

1．コロナショックで加速した、「ゆるい」職場

古屋星斗（リクルートワークス研究所　研究員、一般社団法人スクール・トゥ・ワーク　代表理事）

新型コロナウイルス感染症により社会のたくさんの分野で「非連続的な変化」が起こったと言われている。ビジネスのデジタル・トランスフォーメーション（DX）から、巣ごもり消費といった消費スタイルの変化、はたまた先生方が直面されている教育のオンライン化に至るまで、時計の針が10年進んだようだとも表現される。これまで薄々気づいていた、ゆっくりと進行していたことが顕在化しているのだ。今回紹介する話もこうした「コロナで時計の針の進みが加速した」事例の1つだと考えている。それは、卒業後の若手が直面する職場の様相の変化である。

ここ数年で入社した新入社員に話を聞くと、驚くべきことに彼らの多くが一様に語るのは、「正直言って、余力があります」「ゆるい。社会人ってこんなものかと」「大学生に近くて肩透かしでした」といった〝もて余し感〟であった。これまでの考えとしては、入職後には入職前に想像していた職場のイメージと現実のギャップから、リアリティショックが起こるとされていたが、どうやらリアリティショックのもとになるギャップ自体がそれほど存在していないような語り口である。

ここで、いくつかの関連するデータを紹介したい。

①大手企業の新入社員（24歳以下、大学卒、1000人以上規模企業在職者）の週あたりの労働時間は、2017年調査では45・5時間であったが、2020年調査では43・5時間、2021年調査では42・4時間へと徐々に縮減している

（リクルートワークス研究所「全国就業実態パネル調査」より筆者分析）。これに伴い、週50時間以上、つまり月40〜50時間以上の残業をしている新入社員の割合も2020年調査の20・2％から2021年調査では14・6％に低下している。

②職場の状況について、「処理しきれないほどの仕事であふれていた」という質問に対して「あてはまらない」と回答する大手企業の新入社員は、2017年調査では34・7％、2020年調査では38・6％、2021年調査では41・3％と徐々に上昇している。労働時間の縮減だけでなく、仕事の量自体にも一定のセーブがかけられていることが示唆される。

③39歳以下の社会人の仕事の状況を分析すると、「成長実感が低く、ストレス実感も低い」というグループの割合が44・4％と他3つのグループと比較して最も高く、この割合は前年の2020年調査よりも増加していた（詳細は、リクルートワークス研究所「若手の45％が「ストレス」も「成長実感」も低い仕事をしている」を参照）。

先述した新入社員の言葉やこうしたデータが示しているのは、新社会人が参加していく職場の様相が大きく変わりつつある、ということではないか。労働時間が長くなく、負荷も高くない、ストレスも感じないが成長実感もない。こうした変化を一言で、「ゆるい」職場と呼ぶことにしよう。

こうした「ゆるい」職場が現れた理由には構造的な背景があると考えられる。2015年に若年雇用促進法が施行され、採用活動の際に自社の残業時間平均や有給休暇取得率、早期離職率などを公表することが義務付けられた。2019年には働き方改革関連法により労働時間の上限規制が大企業を対象に施行された（中小企業は2020年から）。さらに2020年にはパワハラ防止対策法が大企業において施行された。こうした法制度は、もちろん、日本の全ての企業・職場に労働環境改善に向けた影響を与える。折しも軌を一にして、2015年以降の日本には著しい採用難の状況が現出したために、採用力を高めるために労働環境を改善する動きは加速した。こうした動向が「ゆるい」職場が出現するためのバックグラウンドミュージックとなっていることに異論はないだろう。こうして新入社員の職場環境が変わりつつあったなか、コロナショックが来たのである。

コロナショックによって職場に起こった変化については改めて論ずるまでもないが、新入社員においては研修がオンラインとなったり、配属されても週に何日かはリモートワークとなったりしている。リモートワークの功罪については諸説ありここでは深入りしないが、コミュニケーションスタイルが変わったことは間違いがない。コミュニケーションスタイルの変化によって新入社員が職場で関わる人がシフトした（具体的には上司から同僚へと、上下関係から横の関係がメインになった）り、企業がこれまでの教育メソッドを放棄せざるを得なくなったりしたことが、「ゆるい」職場化を一層加速させた可能性がある。

「ゆるい」職場は、企業におけるコンプライアンス対応やコミュニケーションスタイルの変化によって日本の職場に現れた新しい様相であり、良い所も悪い所もあるだろう。ただ、新入社員が職場に出て得られるはずだったものが当たり前ではなくなっていく。そのような状況に直面する当事者の若者たちは、焦りや不安を感じている。おそらく、ここで求められる発想は、「新入社員は会社が育てるものだ」「会社が育ててくれるものだ」といった〝会社主体〟の若手育成観からの脱却である。職場にある機会だけでは育て切ることができない、自分の理想とするキャリアパスには足りない。そんなときに、職場にある機会を最大限活用しつつも、自分で見つけ出した職場内外の成長の機会を組み込んで、自ら設計してキャリアを構築していく〝当事者主体〟の発想だろう。

「ゆるい」職場が生む余白は、当事者の若者たちの自律的なアクションを飲み込む十分なスペースがある。この点で、本学会が追求する入職前の若者がキャリアを学び、考え、行動することの必要性は否応なしに増していく。もちろん、職場の様相を昔に戻すことは法的にも社会的にも難しい。そんななかで、企業も若者当事者も直面したことのない模索が始まろうとしている。

参考資料
●リクルートワークス研究所「全国就業実態パネル調査」 https://www.works-i.com/surveys/panel_surveys.html
●リクルートワークス研究所（２０２１）「若手の45％が「ストレス」も「成長実感」も低い仕事をしている」
https://jinjibu.jp/article/detl/hr-survey/2658/

（２０２１年10月掲載）

2. コロナ禍における仕事と育児の両立

林田香織（ＮＰＯ法人ファザーリング・ジャパン　理事）

はじめに

筆者は２０１０年より研修講師として様々な企業において育児期社員の仕事と育児の両立支援に携わっている。また、２０１４年よりＮＰＯ法人ファザーリング・ジャパンの理事として企業や自治体と連携し、父親の両立支援事業に従事している。本稿では、両立支援の現場で出会った、育児期社員、特に未就学児の子を持つ社員のコロナ禍における経験を紹介したい。

保育所閉所と在宅勤務

２０２０年４月７日に７都府県に発令された第１回緊急事態宣言は、４月16日には全国に拡大した。同時に、首都圏を中心に保育所は閉所、もしくは、登園自粛要請が出された。日本生産性本部（２０２１）によると２０２０年５月時点でのテレワーク実施率は31・５％であったが、それでも多くの育児期社員が自宅で子供をみながら働くことを余儀なくされた。

筆者が担当していた２０２０年春の育休復職者を対象とした両立支援研修は軒並み中止、延期になった。それを受けて、両立セミナーをオンラインにて何度か自主開催した。参加したある母親は、在宅で子供をみながら仕事をしたがどうしても回らず、保育所に事情を説明し子供を預かってもらった。「子供を感染リスクにさらしながら働いていることが、子供にも保育園にも本当に申し訳なく罪悪感を感じて辛い」と話した。

その後、第２回以降の緊急事態宣言では第１回の緊急事態宣言下のように保育所や学校が一斉に閉まることはなかった。それに安堵して働く育児期社員もいた一方で、特に子供の年齢が小さい場合、子供を預けることに迷い続けながら働く人の姿も多く見受けられた。

家事育児時間の変化

内閣府（2021）によると感染症拡大前と比較した家事・育児の役割分担の変化（18歳未満の子を持つ親）について「夫の役割が増加／やや増加」と回答した者の割合は、2020年5―6月時点で26・4％、2021年4―5月時点で20・7％であり、この1年で微減している。しかし、同調査の家事・育児時間を見ると2020年5月時点と比較して2021年4―5月時点の男性の家事・育児時間が感染拡大前より増えたと答えた人がこの一年で約10％増加している。

夫の働き方と家事・育児の役割分担の変化をみると、テレワークをしている夫の36・8％が「夫の役割が増加／やや増加」したと回答しているのに対し、通常の働き方をしている夫は15・8％にとどまっている。父親同士の座談会や交流会でも「完全テレワークになって平日の料理はすべて自分が担当するようになった」「これまでは子供の保育所への送迎は朝の送り担当のみだったが、在宅勤務になってお迎えにも行くようになった」等の声が多く聞かれ、在宅勤務が父親の家庭参画の後押しとなっていた。

一方、同居家族外からのサポートは得にくくなった。感染への懸念からこれまで頼りにしていた祖父母の手や、行政や民間のベビーシッターサービスや家事代行など家族以外の手を借りられないという声も多く聞かれた。夫の勤務状況や意識が変わり家事育児に積極的になった家庭においては妻の負担は軽減されたが、そうではない家庭においては、家族以外の手も借りられず、妻の負担が増えたと考えられる。

手探りの中での復職

昨年度から今年度にかけて両立支援研修を行う中で、これまでの育児期社員とは違う課題が見受けられる。1つは育休中の過ごし方だ。コロナ前は保育所の見学や地域の支援センターに出かけたり、公園で近所の保護者と交流するなど、家族以外との関わりがあったが、コロナ禍では保育所の見学も中止、また感染への懸念から支援センターへ出かけることを控えたり、実家に出かけることもできていない場合が多い。つまり、育休からの復職時点で、家庭以外の場所で家族以外の人と時間を共に過ごしたことが全くない親子が多く、復職後に子供を保育所へ預けることへこれまで以上に不安を感じているように見受けられる。

また、育児期の両立で鍵となる上司とのコミュニケーションについても不安の声が聞かれる。在宅勤務が多い場合、上司や周囲とのコミュニケーションのほとんどがオンラインのみになり、「子供がちょっと風邪気味で」のように何かのついでに子供の近況を伝える「ついでトーク」、また上司との関係性も希薄になり今後の働き方やキャリアについて本音で相談する「本音トーク」がなかなかしづらいと言う。

育児期社員からの主体的な情報共有やコミュニケーションは必須ではあるが、このような状況下においては、これまで以上に管理職のフォローや積極的なアプローチが必要であると考える。

おわりに

内閣府（２０２１）において、感染拡大前と比べて家族と過ごす時間が増えた人の８割が「現在の家族と過ごす時間を保ちたい」と答えているように、多くの人の意識が家族に向いている。一方、日本生産性本部（２０２１）によると時差出勤、在宅勤務、モバイルワークなどのいわゆる「柔軟な働き方」の実施についてはいずれも１割から２割程度にとどまり、この一年でほとんど変化していない。２０２２年４月から改正育児介護休業法が順次施行され、父親が育休を取得しやすくなる。しかし、育休中は夫婦で子育てができても復職後に柔軟な働き方が継続できなければ夫婦での仕事と育児の両立は難しい。コロナ禍において人々の意識が変化した今、育児期かどうかに関わらず誰もが柔軟に働くことができる環境創りを進めることが、育児期社員の両立のさらなる支援につながると考える。

引用文献

●日本生産性本部（２０２１）「第６回働く人の意識に関する調査」
https://www.jpc-net.jp/research/assets/pdf/6th_workers_report.pdf

●内閣府（２０２１）「第３回新型コロナウイルス感染症の影響下における生活意識・行動の変化に関する調査」
https://www5.cao.go.jp/keizai2/wellbeing/covid/pdf/result3_covid.pdf

（２０２１年10月掲載）

3. テレワークによる・仕事・人間関係・仕事の意味付けの変化

岸田泰則（IHI運搬機械株式会社　取締役）

コロナ禍における大きな変化として、テレワーク（在宅勤務）の普及が挙げられる。私は民間企業に勤務している在野の研究者である。コロナ禍により、私の日常はオフィスへの通勤生活からテレワーク生活へと変化した。そこで、実務者の視点からテレワークについて振り返ってみる。

テレワークは働く空間の変化を意味する。オフィスに限らずどこでも働くことができるという働く空間の変化は、仕事そのものの変化、人間関係の変化、仕事の意味付けの変化を促進した。これは、組織行動論のジョブ・クラフティングの概念を援用したものである。ジョブ・クラフティングとは、従業員が自ら能動的に仕事の境界や仕事における人間関係の境界を物理的あるいは認知的に変化させることを意味する多元的な概念である。そして、ジョブ・クラフティングには、仕事の境界を変化させるタスククラフティング、人間関係の境界を変化させる関係的クラフティング、仕事の意味付けを変化させる認知的クラフティングの3つの下位次元がある。本コラムは、このジョブ・クラフティングの3つの下位次元に沿っての振り返りとなる。ただし、ジョブ・クラフティングは個人が自発的に能動的に起こす変化であるが、今回のコロナ禍のテレワークは、個人が能動的に起こした変化ではなく、コロナ禍という社会環境の変化が個人へ変化を促した受動的な変化と言える。

まず、テレワークにより、職場がオフィスから自宅（あるいは、スモールオフィスを含むSOHO）へと変化した。職場が自宅になったことにより、書類など紙で仕事をすることが難しくなり、電子帳票などデジタル・トランスフォーメーション（DX）が推進されるケースが増えてきた。また、DXの推進により、3ム（ムリ・ムダ・ムラ）をなくす業務効率の改善も試みられている。スマートワークなどとも言われているが、そもそも業務を行う目的は何なのかといった業務そのものの価値の見直し、あるいは業務の断捨離といったことが行われつつある。テレワークをせざるをえないからこそスマートワークが実現し、テレワークだからこそ業務の内容や業務フローが変化した。これらは、テレワークによる仕事そのものの変化と言える。

次に、テレワークにより職場の同僚や上司と接する機会が減ることになり、その結果、仕事における人間関係も変化することになった。オンラインミーティングは、「ワイガヤ」の空間を生み出すことが不得手なツールである。また、仕事上のちょっとしたことを聞いたり教わったりすることも難しくなり、あるいは雑談する機会も減ることになり、人間関係が希薄になる可能性も増えている。また、「タバコ部屋」でのコミュニケーションのような非公式な場やリアルに向かい合うようなフェース・トゥー・フェースの空間は失われつつある。このようなフェース・トゥー・フェースの対話は、電話やオンラインミーティングに比べ、トランザクション・メモリーを高めるとされている。トランザクション・メモリーは、組織のメンバーが他の組織のメンバーの誰が何を知っているのかを知っていることを意味し、組織の知を最大化する概念として組織研究では重視されている。テレワークはトランザクション・メモリーを生み出す人間関係の構築を阻害する。それだけではなく、テレワークは個人の孤立化をも促し、メンタル不調を引き起こす懸念もある。1人暮らしの従業員には、特に注意や配慮が必要となる。組織においては、従業員の心のケアに従来以上の配慮が求められている。そのため、中間管理職のマネジメントの負荷も増大することになる。従来はオフィスでの目配りや声かけで済んだものが、個人個人への電話やオンラインミーティングが欠かせなくなった。ただし、これは裏返すと、テレワークが上司に個対応のマネジメントの機会を付与したものと解釈することもできる。

これらは、どちらかと言うと、テレワークによる人間関係のネガティブな側面であるが、中には、ポジティブな人間関係の変化もある。ワーケーションのように旅行先で仕事をすることも可能になった。地元に長期で帰省し、帰省先で仕事をする者も出現している。これにより、家族や地元での友人との関係がよくなったものと推察できる。あるいは、テレワークが普及することで、単身赴任を解消できる事例も増えてくるものと推察できる。

テレワークは、通勤時間を不要とするので、個人にとって自由な時間が増大すると言える。その自由になった時間を使って、学び直しをする者や副業を行う者も多くなってきた。そのうえ、自宅はオフィスに比べよりカンファタブルな空間であるから、会社に束縛されない自由な発想も可能となる。このような新たな時間や空間は、個人に仕事の意味を問い直すことを促すであろう。コロナ禍のテレワークは、生活の中で仕事がどの程度重要なのか、仕事の意味とは何なのかを考え直す良い機会を与えてくれる。あるいは、会社や組織といった器の意味や価値も問い直すことになろう。これらは、テレワークによる仕事の意味付けの変化と言える。テレワークの普及により、個人が仕事の意味を問い直し、もっと多様で自由な生活を楽しむ社会が到来することを願って、筆を置くこととする。

（2021年10月掲載）

4. 今我々は日本の働き方の岐路に立っている

遅野井宏（株式会社オカムラ　DX推進室長、WORKMILL　エバンジェリスト）

2020年の新型コロナウイルス感染症（COVID-19）の影響による緊急事態宣言下での外出自粛などを受け、多くの企業において強制的に在宅勤務やリモートワークの導入やそれに伴う労務管理の改善が行われ、わずか数か月の間に日本の働き方は大きく変化した。これまで当たり前だと思っていたことが根底から揺さぶられ、働き方の価値観は大きくアップデートされた。かつては定時と呼ばれる時間帯に、オフィスと呼ばれる場所に到達できる人だけが働くことが可能であった。満員電車に揺られて出勤し、島型に配置された机を同僚と囲み、対面で打ち合わせをして、飲んで帰ってくる。こうした集積を前提とした働き方の価値観が、分散を前提とした価値観に上書きされつつある。

COVID-19という予想を超えたパンデミックが起きたということは、これからの世の中の予測不確実性が一層上がったということに他ならない。さらに深刻なパンデミックが襲うことも十分考えうることに加え、日本は元々震災のリスクを抱える国でもある。問題は、必ずしもこれらは単発で発生するわけではなく、複合的に災禍が人類を襲うことがあるという点である。経済に与えるダメージはより深刻になることは想像に難くない。

日本の企業や組織は、来るべき変化に対する対応力を感染が収まりつつある今のうちに獲得しておく必要がある。緊急事態宣言の解除後、企業はどのような働き方を導入していくべきか模索を続けている。宣言下の働き方を「維持」、宣言下の状態を維持しつつ不具合は従前の状態に調整する「折衷」、宣言前の状態に「回帰」する企業もあるだろう。これら企業ごとに選択するシナリオは異なるが、長期的な視点では前述の通り、再び感染拡大や自然災害などが起こった際に備え、事業を継続し、成長していくことを第1に、レジリエンス：しなやかさを備えた企業への「進化」というシナリオを描くことが重要である。

オカムラでは2020年9月に「ニューノーマルのワークプレイスを考える指針」を公開した。本レポートでは働き方に関する様々な文献や論文から、「これからの働き方を考える10＋1の視点」を紹介したうえで、その中でも特に今後も続く分散型ワークにおいて重要な要素として、自律性・感情・共通観念を挙げている。テレワークに代表される働き方の多様化と働く場所の分散化への柔軟な対応をとり、自律ある働き方の実現を支援すること。オンライン対応を進めながらもリアルな人と人とのつながりや人々が持つ感情の重要性を再認識すること。そして、人々の価値観や行動とその変化に対して影響を与える組織文化のあり方を再確認すること。これらの視点で適切な対応を取ることで、いかにして成果の向上につなげるか。どのような状況においても、事業を存続し、成果を挙げていく。

ニューノーマルの働き方において、会議がオンラインで設定されることがかなり浸透した。しかし、会議は実際に集まるものだという固定観念から完全には逃れられていない。「この会議は役員の執務室でやるから、全員リアルで出席しましょう」とか「皆来ているのに何で1人だけオンライン参加なのか？」とかいった発言が身近で出ていないだろうか。また、「役員宛の訪問だから相手のオフィスへ訪問しないと失礼である」という価値観もまだ存在する。

ニューノーマルな働き方においては、オンライン参加者がいる前提で会議開催調整がなされることが望ましい。また、昨今ようやく有給休暇取得の理由を問われなくなったのと同様、会議にオンラインで参加することの理由が問われないことも重要である。どこから参加しても、等しく出席者として扱われる。こうした執務場所選択の自由は保証されるべきだと考える。

だからこそ、役員や上級マネジメント職が率先して在宅勤務した方が絶対に良い。結局オフィスに「エライ人」がいると、周囲は評価のためにも出社せざるを得ない。すぐ傍で働き方が見えている人にしか話しかけないし、在宅勤務者と比べて情報共有も差が出てしまい、フェアではない。新しい様式をこうした立場の人が取り入れなければ、現場の変革の士気は一気に萎えるものである。

しかしながら、である。在宅勤務を含む柔軟な働き方を導入することの必要性や重要性は、少なくともここ10年間はずっと叫ばれていたことだ。東日本大震災の後、働き方を見直す機運が高まったが、多くの企業・組織は十分な対策を講じてこなかった。また、2016年に政府が国策として働き方改革を推進したことは記憶に新しいが、柔軟な働き方の導入を加速するまでには至らなかった。

そうした日本社会全体にとって「腰の重かった」ことが、この未曽有のパンデミックを契機にようやく動き出したのである。今このタイミングで変わらなければ、おそらくこの先も変化は見込めないだろう。日本の働き方は大きな岐路に立っている。

参考資料
●ニューノーマルのワークプレイスを考える指針となるレポートを公開
https://www.okamura.co.jp/company/topics/other/2020/new_normal_workplace_report.html

（2021年10月掲載）

5．人々の不安を和らげ変化を乗り越えるために企業ができること

志水静香（株式会社ファンリーシュ　CEO兼代表取締役）

２０１９年の年末に中国武漢市で観察された新型コロナウイルスは私たちの生活や働き方を一変させた。経済活動がグローバル規模で停止するなど２０２０年はコロナに翻弄された1年だった。ワクチン接種が浸透した後もなお、われわれの日常の活動が完全に制約から解放されたとは言い難い。コロナに限らず、環境問題、人口増加、収入の格差・分断、国同士の緊張関係など社会課題は複雑性を増しており、経営のみならず、人々の働き方や生き方に大きな影響を及ぼしている。これからも変化は起こり続け、変化とともに生きてゆかねばならない。生命を脅かされるようなパンデミックを経て多くの人がそのように感じているのではないだろうか。

皮肉なことに、新型コロナは日本企業が抱えていた課題をあぶり出し、国際社会から一周遅れの働き方や雇用慣行の見直しを加速させるきっかけとなった。

先日、ある経営者による「45歳定年制」についての発言が話題になった。「働き手は常に自己研鑽を行い、自ら活躍する場所を見つけてほしい」という本来の趣旨とは異なる解釈がなされ、最後は経営者が謝罪する事態に発展した。

なぜ「45歳定年制」に高い関心が集まったのか。またネガティブな反応をした人が多かったか。さまざまな理由が考えられるが、一言でいうと、多くの働き手が「不安」を感じているからだろう。リクルートワークス研究所（２０２０）『Works』１６０号が働く人たちの感情の変化について調査したところ、「不安である」と回答した人が60・９％と最多で、「疲れている」（53・８％）、「恐れ」（50・1％）、「不安定」（49・６％）「苛立ち」（45・９％）がそれに続く。この調査は昨年実施されたものだが、多くの働き手が不安や恐れを抱えながら生きていることが読み取れる。私はなんのために働いているのだろうか？　この組織でずっと働けるのだろうか？　自分の将来はどうなるのだろうか？　自宅で過ごす時間が増え、このような問いが頭から離れないという声をよく耳にする。われわれは不安を抱えながら激動期を生きているのだ。

ビジネスのデジタル化が急速に進み、必要な技能や能力を保有する人材がいない場合には外部採用を行って競争力のある組織に変革する。これは日本だけでなく、グローバルレベルで経営者が持つ共通の経営の最重要課題である。「主体的に学び続けて自律的なキャリアを形成する個人」そして「学習する組織への変革」を望まない経営者はいないと断言してもよい。

ところが残念なことに、日本の社会人は世界的に見ても自分の能力開発に消極的であるということがわかっている。パーソル総合研究所（2019）の国際調査では、46％の社会人は職場以外に学びの機会を設けていないそうだ。これは14か国中最下位の結果であり、その数値は飛びぬけて低い。テクノロジーの進歩に追いつくために技能や知識を身に着け、自ら活躍の場を広げよ、技能や能力が陳腐化した社員はそのままでは放出せざるをえない。果たして経営者の期待値は働き手に届いているのだろうか。個の主体的な行動を促進できているのか。難しいだろうと筆者は考えている。

理由は単純で、前述したとおり。今の日本は不安や恐れが蔓延しているからだ。

終身雇用が崩れ、会社から言われた通り長年尽くしてきたにも関わらず、急にキャリア自律が叫ばれる。AIをはじめとするテクノロジーの台頭により、近い将来人間の仕事が機械に代替される。デジタル・トランスフォーメーション（DX）という企業戦略に合わせ個人のスキルのリスキングが求められる。業務の効率化や生産性の向上、1on1など新しいマネジメント手法の獲得。環境の変化に伴って働き手は、経験したことのないスピードで変化が求められている。人は不安を感じれば感じるほど現状にしがみつき、足がすくんで動けなくなる。

筆者はこれまで複数のグローバル企業において経営・人事に20年以上携わり、人事制度の構築、組織変革などを推進してきた。現在も外部から日本企業の変革を支援している。「個人が主体的に働き、成長する組織」づくりを通じて、数えきれない組織と個人の『劇的な変化』を目の当たりにしてきた。その経験から、社員の自律を促進するために経営・人事が具体的にどんなことをすべきなのかという点について私見を述べる。

経営や人事がやるべきことは、原点に戻ることである。原点とは、「組織で働く人々の不安を和らげて幸福度を高めることだ。そのために経営と社員、また社員同士で対話を持つことが重要である。1つ目は社員が感じている不安、恐れ、ストレスについて安心して共有できる職場をつくること。2つ目は社員が自分の価値観・信念（Being：自分の存在）を認識する時間を増やすこと。「自分は何者であり、何をしたいのか」の探求は逆境を乗り越える軸になりえる。3つ目は経営者トップが会社のパーパス（目的・存在意義）を自分の言葉で社員に共有し、一人一人の仕事と会社のパーパスの繋がりを実感してもらうこと。当たり前のようだが、これが出来ている会社は非常に少ない。

過去数十年にわたり、育成や能力開発に投資してきた日本企業の現状を見れば明らかだ。

日本企業はこれまで生産性の向上や利益の追求、社員の管理に重点を置きすぎた。制度面では改善がみられても、そこで働く人の感情や価値観が置き去りにされてきたのではないか。

自分の存在が尊重され、今やっている仕事に意義がある。その実感を通して初めて、自らの目的達成に向けて意欲がわき、それに基づいた行動がとれるようになる。新しいスキルや知識を身に着けるために学び、主体的なキャリア形成を行うには、すべての行動の基礎となる自身のBeing（価値観・深淵）を知ることが不可欠である。土台となるBeingが整わなければ、Doing（実践）、つまり、獲得したスキルや知識を有効に使うことはできない。

最後に10年ほど前から欧米の人材開発領域で注目されているオーセンティック・リーダーシップという言葉を紹介したい。オーセンティック（authentic）とは「本来の在り方」を表すオーセンティシティ（authenticity）という言葉に由来する。その人が持つ「真正なもの、持ち味」が一貫して発揮されている状態を「オーセンティック」という。

強みや弱みを周囲にさらけ出して支援を求める。自分の価値観・信念に基づいて行動するオーセンティックなリーダーには次のような特徴があると提唱者のビル・ジョージは述べている。

- ●自らの確固たる信念や価値観に従って行動する
- ●目的を達成するための情熱を持っている

●他者の価値観に共感し、深い思いやりを持って決断ができる
●謙虚な学習者であり、自身の成長のために継続的な努力を惜しまない
●高潔な品性と高い倫理観、自己統制力を持っている

この文章の最後に『組織』という言葉を加えてほしい。社員が弱みをさらけだし、仕事を通して自分の価値観・信念を貫くことができるオーセンティックな組織。これが新しい時代に企業が目指すべき姿ではないだろうか。

企業の目的は単なる利益の追求ではない。顧客の課題を解決して社会的責任を果たす。持続的な成長の過程で働く個人の幸福度を高める。その両方を追求することが使命である。先が見えない変化の時代だからこそ、原点に戻ることが必要なのである。

引用文献
●リクルートワークス研究所（2020）『Works』160号 https://www.works-i.com/works/no160/
●パーソル総合研究所（2019）「APACの就業実態・成長意識調査（2019年）」
https://rc.persol-group.co.jp/news/201908270001.html

（2021年10月掲載）

6．試された「危機突破力」

豊田麻衣子（フジッコ株式会社コア事業本部マーケティング推進部広告宣伝G）

はじめに

「令和2年」、世界中が、新型コロナウイルス感染症に翻弄された。

「社内では必ずマスク、こまめな消毒」という生活スタイルがすっかり浸透した世の中において、これまで対面・紙・印鑑ベースで進めてきた仕事のプロセスがどんどん簡素化・オンライン化され、これまでなかなか変われなかった「昭和の仕事の進め方」が、大きく変わり始めたという実感を得ている方も多いのではないだろうか。

わずか1年半前なのに、どこか遠い過去の記憶になりそうな当時を振り返り、総括する。

コロナ禍前の状況

海上自衛隊での15年の勤務を経て、２０１７年4月1日、フジッコ株式会社に入社し、約4年6か月が経過した。

この間、ダイバーシティ推進室で『働き方改革』担当者として、社内改革を牽引してきたが、ことデジタル化の推進に関しては、「うちには、まだ早い」と、足踏みするきらいがあった。なお、このことはわが社に限ったことではなく、当時の社会全体を覆っていた空気感とも言える。ところが、新型コロナウイルス感染症が想像以上のペースで蔓延し、社会全体が、出社はおろか、都道府県を跨ぐ移動までもが規制され、またたく間に、皆が強制的に在宅勤務せざるを得ない状況に陥った。「どうせすぐに終息するだろう」とタカをくくっていた人々にとっては、青天の霹靂であったに違いない。

『働き方改革』のチャンスがやってきた

当時、私は人事総務部総務課に勤務しており、通常なら6名体制の総務課を、課長と2名で預かることとなった。とはいえ、総務課の雑多な業務（外線・内線・郵便・宅配便・感染症対策・訪問者対応・その他都度発生する特命事項への対応）に変化はない。むしろ各部署が在宅勤務を励行しているため、行き場を失った問い合わせが、代表電話に集中する傾向にあり、気力・体力がいよいよ限界を迎えようとしていた。

そこで、われわれは、まず、本当に大事な仕事を峻別することとした。どの仕事に力を注ぐべきか、もっと工数が削減できないか。社内から人が消え、人の手を借りることが困難になった今こそが、改革のチャンスだと考え、日々発生・判明する問題や課題を確実に仕留めていくこととした。

例えば、名刺作成。これまでは発注者・担当者・受注先が何度もメールラリーを行い、名刺を作成していたことが判明。これを皮切りに、個々の担当で脈々と受け継がれてきた仕事のやり方が、課長と私から見たらムダだった、というようなことが続々と判明した。名刺については、自動発注システムを即座に導入し、完全自動化に切り替え、その他の仕組みや作業についても、コロナの混乱に乗じて廃止したり、新たな仕組みを構築するなどした結果、約2名分の作業が削減されるに至った。そして、幸運なことに、社内に大きな混乱は起こらなかった。これは、皆が新型コロナウイルス感染症という人類史上最悪の出来事に向き合い、臨機応変に対応する能力を身に付けていたからに他ならない。

残された検討課題

（1） 危機に強い組織づくり

新型コロナウイルス感染症に限らず、あらゆる非常事態に迅速に対応するための組織力と、組織運営力を育んでおく必要性を強く感じた。非常事態に陥ってから、どうするんだと議論しても後の祭りである。かといって、いくら完璧なマニュアルを作成したところで、必ず隙間ができる。その隙間を埋めるのが、経験豊富な現場の長である。彼らに対し、平素から、明確な権限委譲を推進しておくことが好ましい。

（2） デジタル・トランスフォーメーション（DX）の推進と教育

新型コロナウイルス感染症対応の初期段階において、ほぼ全ての部署が在宅勤務の環境整備に苦戦した。この段階で、自宅のWi-Fi設備の接続方法から、Ｗｅｂ会議用のカメラやマイクの在庫等、ありとあらゆる問い合わせがシステム担当部署に殺到したことを確認している。有事に対応するためには、平時からの教育や備えがものを言うということを改めて認識した。

（3） 省人化

製造現場において、誰もが、「自分も感染しているのではないか」という不安に支配され、なやみごとの相談が増加したことを記憶している。現場で作業をしていると、どうしても人との接触は避けられない。一方で会社として、供給責任は果たさなければならない。そのジレンマを解消するためにも、生産現場の省人化は避けて通れない道であると考える。

おわりに

テレワークや時差出勤、フレックスタイム制度等が推進され、時間のリミテーションが一気に高まり、与えられるタスクを自らがベストな環境で仕上げるというスタイルが定着した。また、日々新たに生ずる課題に対処する能力が向上したことで、「できないならどうすればできるようになるか」を各々が考え、行動するようになった。

新型コロナウイルス感染症は、われわれに「考える」きっかけを与えてくれたのだ。

※内容については、すべて執筆者個人の見解であり、フジッコ株式会社の公式的な見解を示すものではありません。

第4章　企業における変化2（採用活動の変化）

淡野健（学習院大学キャリアセンター　担当次長）

1．新卒学生のキャリア支援の現場から見た考察

2020年初頭から世界規模で波及したCOVID-19により社会全体が、以前の「当たり前」から今後は「当たり前でない」世界に想像を超えるスピードで変化した。その影響は就活戦線において22卒（現4年生）・23卒（現3年生）そして現在に至るまで及び、大学生活と卒業後のキャリア選択にまで大きな環境変化があった。

私は、企業での採用責任者経験と大学でのキャリア支援経験の両側面を経て現在に至るが、コロナ禍での影響を学生生活シーンと就活シーンの二面において考察を述べたい。

学生生活シーン：ワイガヤ＋イモヅルの大切さ

本学では3年次4月から対象学年全員に「進路ガイダンス」をオリジナル講座で展開をしている。その内容は他社の話者を招いてではなく内製化（本学生ニーズを最も理解するキャリアセンター製作のオリジナル内容）で実施し、参加率はコロナ禍前までは対面式で就活希望学生の98％（2019年実績）であった。講座では複数の協力会社（例：ナビ会社）から他学にない参加率と内容との声があがり、2人1組による自分プレゼンから学生記述の内容を学生間で意見交換するアクティブラーニング方式で大講堂での講座（1講座約600名参加）は90分間活性化した内容（他社アンケートより）との評価であった。

学生時代を振り返るオリジナルシートを用いて（資料①参照）、「何をやってきた（WHAT）？」よりも、「なぜやったか（WHY）？」「どのようにやったか（HOW）？」そして「結果はどうだったか（RESULT）？」それを「どのように考え感じ・気付き思ったのか（THINK・FEEL・KNOW）？」を記入する。その振り返りを自分自身の言葉で言語化することが重要である（資料②参照）。

その言語化は他人と比べることではない……を伝え続けている。つまり自分自身が分析する考察をもとに学生同志が会話・意見交換・相互理解すること（通称ワイガヤ）が学生時代の神髄であることを学生に気づかせ、引き出す講座（CO

【資料①】

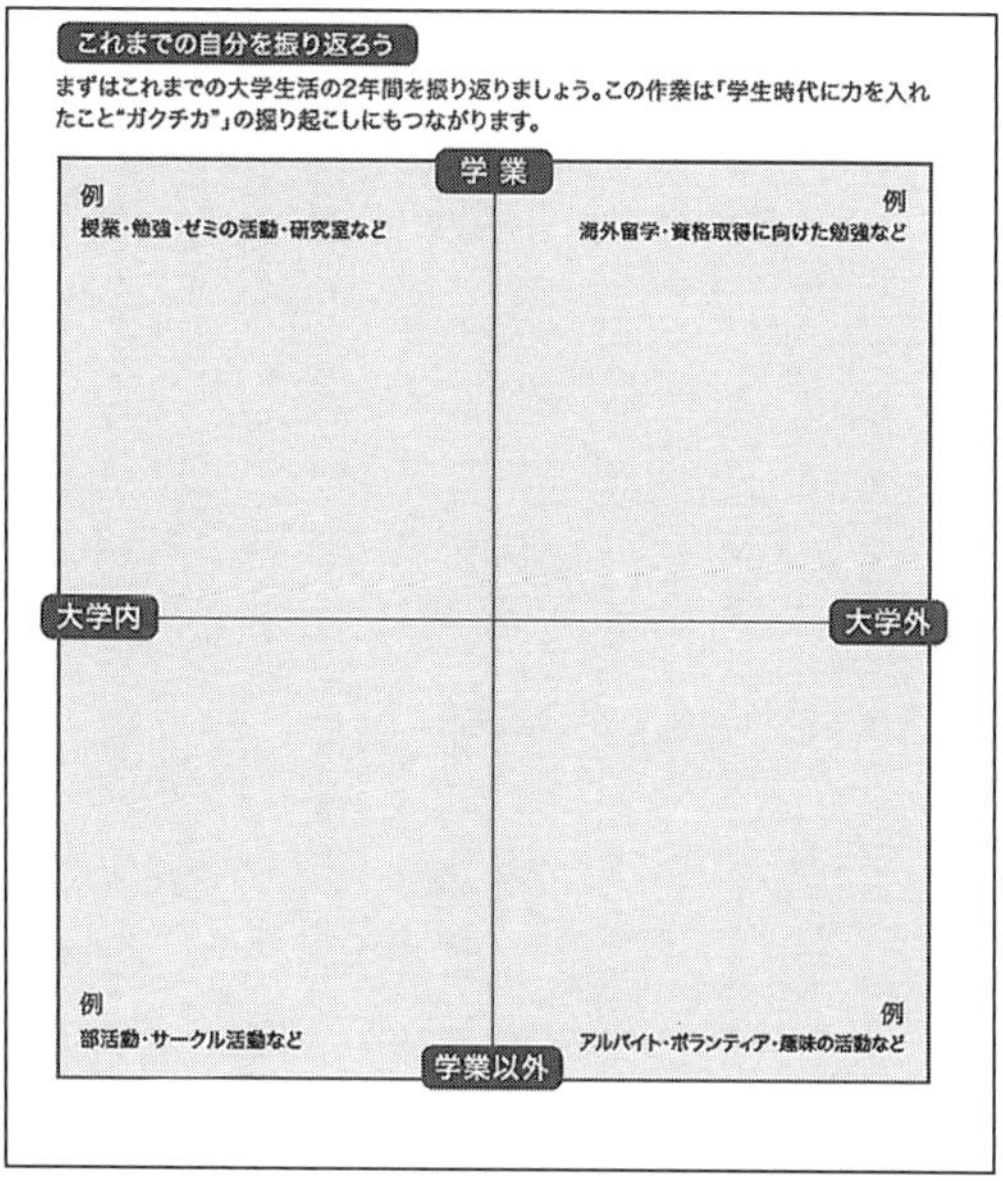

【資料②】

POINT

『何をやってきた』でなく『何を得たか』
『成功・失敗の体験から学ぶもの』

WHATより（何をした？）　WHY？（なぜしたの？）　HOW？（どのようにしたの？）

and　RESULT？（どうだったの？）
FEEL？　THINK？　KNOW？
（どんな気付きや何を思い感じたの？）

ACHING）で実施してきた。
私は、コロナ禍により、改めて学生時代のワイガヤこそが重要な行動経験であり、学業面は勿論、課外活動、学内から学外活動まで全ての内容に通じるもの、と確信した。更にWITHコロナ社会が長期化する現況において、ワイガヤに加えイモヅル式の行動も重要な行動経験であることを加えたい。例えば、授業にとりあえず参加してみる！ まずは参加した就活講座で他学生の状況を目の当たりにして気付く！ 皆が行き誰かと一緒ならやってみる！ これは後述する情報過多な就活情報市場における就活シーンにおいては更に重要な行動パターンであることが挙げられる。

一方、この2年間のアカデミック領域（研究・授業場面）では、顕著な環境変化により授業担当の教員から多くの苦悩の声が上がった。オフライン（教室での授業）からオンライン（非対面式）への移行は教員ごとのITリテラシーの差異が生じ、授業内容は大学教員に依存されているため、急速なオンライン化をスピーディーに変革し授業展開するには時間を要するケースもあった。今年度に入っても大型教室による授業（いわゆる階段教室での100名単位の履修）は原則オンライン式を継続し、感染症対策を講じて対面試験またはレポートによる評価（これも感染状況如何で変更が生じた）となった。一方、少人数のゼミナールは、本来の対面式に戻したいものの帰省中または健康面の理由から通学が困難な学生への対応が必要となった。私は一部経済学部授業を担当教員と担ったが、少人数ゼミナール（15名ゼミ生で12名対面・3名オンライン式のケース）のハイブリッドの運営場面において、3名への意見交換は画面上で、他は対面の結果、通信タイムラグやゼミ生同志の温度差がある現場実態も見た。
コロナ禍により学生の試験対策も変化した。形式変更やレポート提出回数増で傾向見直しが余儀なくされることにより、試験情報（前年度試験対策や過去問題）や手法が変わった。つまり前例を踏襲しても役立たない、正に「脱・前例主義」（現代社会そのもの）である。常々キャリアセンターから、「社会に役立たない学業はない」「レポートや学び経験こそ今後の社会に役立つ大事な行動」と伝えている。

キャリアセンターから学生へのメッセージとしては社会全般がハイブリッド（オンライン・オフラインの共存）というキーワードを伝授し、ハイブリッド社会に適応対応できることが価値の1つであると述べている【資料③参照】。

【資料③】

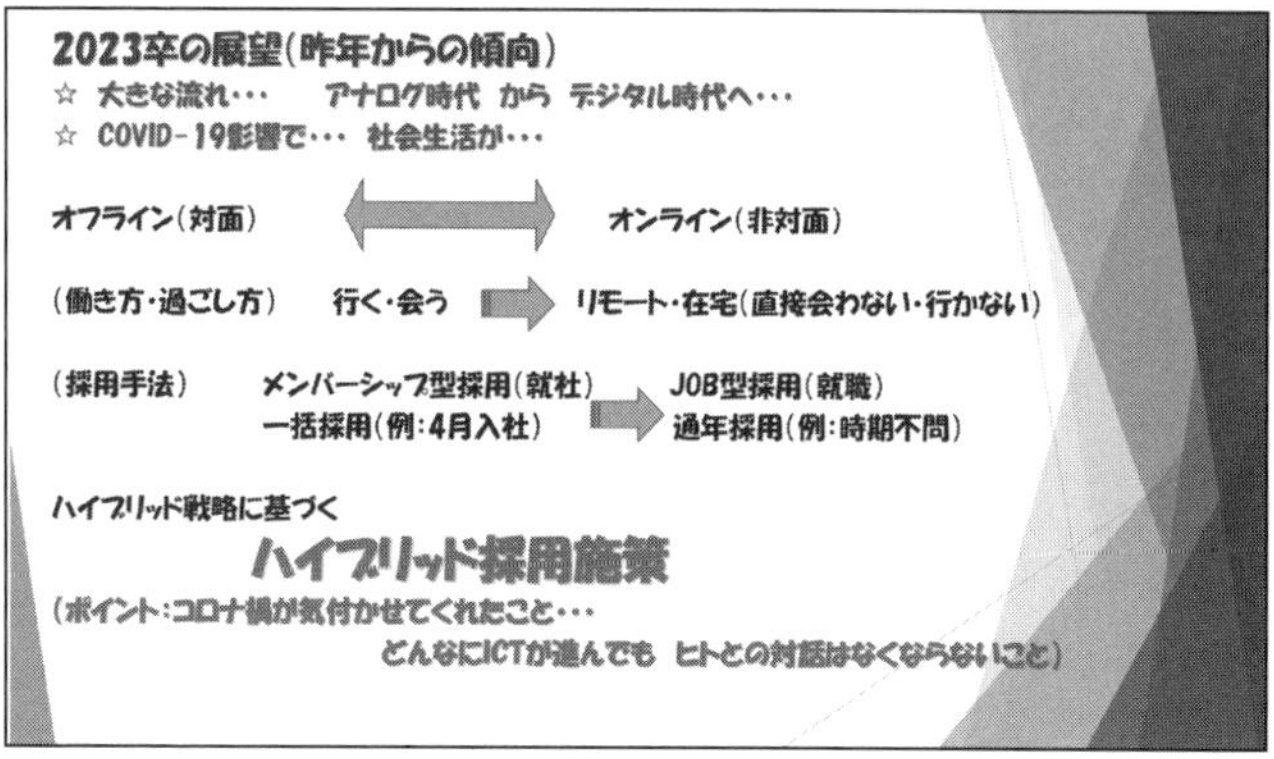

就活シーン：各側面の変化

大前提として政府主導の3年次3月からの採用広報開始・4年次6月からの選考開始という指針は形骸化され、早期化となり学業に影響を及ぼすケースがあることを述べたい。これはコロナ禍の影響とは無縁で、政府指針が形骸化されている就活スケジュールの実態を認知しているにも関わらず誰も改善しない。本学では、数年前から「現スケジュールの変更、3月以降広報開始後自由選考、学業影響絶対不可、不定義なインターンシップの廃止」の提言をしているが残念ながら一大学の提言では改革にならないのが実感である。

◎その1：企業　側面のポイント

【21卒】

●2020年初頭のCOVID-19により急速にオンライン化になった採用選考戦線
●企業は大混乱の中、初の緊急事態宣言下で非対面式に強制移行
●最終面接まで一切本人に会わず、入社式にて初対面というケースも散見
●この影響（企業人事・内定者の相互の情報不足、内定者同志のコミュニケーション・同期の一体感の醸成・企業へのロイヤリティー）は入社後の課題感として企業は認識
●コロナ禍で企業：約1か月、公務員：約2か月選考の後送り傾向

【資料④】

1）未曾有の社会（感染症対策）に適応する！
⇒　まずは自分の健康は自分で守る
侮らない・罹らない・うつさない・・・

2）社会の動きに注目する！
⇒　前例が通じない・昨年の遣り方が通用しない・
自分のキャリア選択に対して、より真剣に…

3）大学生活・・・コロナ禍を理由にしない！
⇒　学生だけが不憫ではない。
苦労している社会　や大人がいる、ということ。
その時の大事なスタンス・・・
考えたもん勝ち！やったもん勝ち！
行動したもん勝ち！・・・　これが社会！

【22卒】
●前年傾向を見て、スケジュールはコロナ禍以前に戻る
●一方最終面接の対面化やグループでのオンライン面接の導入など多局面から人物判断したいという傾向
●短期採用終了組と長期採用継続組の二極化が顕著（どちらが優秀かとは無関係）

【23卒想定】
●採用意欲は継続的に顕著であり業界毎の差異も現実
●早期に学生接点を持ちたいという採用側志向は引き続き強い模様
●採用手法の見直し図る企業も存在

◎その2：就職情報会社他　側面のポイント
●ネット時代からSNS屈指時代に移行をして「就活ビジネス」の多岐化は拡大傾向
●就活生は情報過多で情報収集時代でなく真の情報を選択し編集する時代の到来
●従来通りの母集団形成（ナビ会社に広告を出して応募学生数を確保）から書類選考・面接・内定という方式の限界は企業も実感。更に、紹介型採用手法・企業がスカウトする手法・SNSを使った手法（例：マッチングアプリ他）など多様化する就活ビジネス参入企業の登場は今後も継続傾向

◎その3：就活生への支援実態
本学では上記の市場傾向を明確にデータと共に伝授して現状の就活マーケットの理解から支援を始めている。特にマスコミのメッセージとして、コロナ禍により大学生活が疲弊・非充実など、被害者的な報道が多いと感じる。そこで本学で

は、このコロナ禍で新たに気付いたこと・挑戦したこと・じっくり考えられたこと・動いてみたこと……に注目して、限られた大学生活の中でどう過ごしていくか？　をポイントとしている（資料④参照）。

私含めて先人たちも、社会での多くの失敗・経験や知見があって今がある。自分自身が振り返れば、大学３・４年生で社会を知っていたか、働くことについて考えたか、甚だ疑問である。更に、情報過多時代、加えてコロナ禍時代……社会の変化スピードは自分の学生時代よりはるかに早く、卒業後のキャリア選択の幅も令和時代は拡がったといえよう。

その中で、間違いなく次世代の日本の人財（ヒトの財産）に成り得る大学生の卒業後のキャリア選択については、単に知名度や大きい企業（ブランドイメージのみ）で働く者だけが優秀ではない事は明らかである。また大きなオフィス街で働くことだけがエリートではなく在宅でも地方でも、「社会のためにどう働くか？」が最も重要でＪＯＢ（仕事の種類）に優劣はなし、と伝えていきたい。本学ではできるだけ自分が納得できる充実した大学生活を過ごして、社会に出て働くんだ！　という覚悟を持って、来たる春のスタートラインに立つこと、が本当のスタートであると伝えている。

昨年の東京オリパラに、「皆一緒でなくてイイ、他人と違っていてもイイ」というメッセージがあった。要は自分らしく生きることこそが価値であることが重要！　これも、もしかしたらこのコロナ禍で改めて気付かされたのかもしれない。

最後に、皆さんは「外国人からどんな仕事をしているのですか？」と聞かれ、どう答えますか？　企業名ですか？　組織名ですか？　役職？　商品名？　……でしょうか。

ちなみに私は「次世代の日本のヒトの財産（人財）を創り育てています！」と答えるようにしている。

（２０２２年１月掲載）

2. オンラインを活用した実践型インターンシップ〝地域ベンチャー留学〟について

伊藤淳司・堀川風花・上野裕美子・渡邉蛍都
（ＮＰＯ法人ETIC.（エティック）ローカルイノベーション事業部）

ＮＰＯ法人ETIC. の紹介と地域ベンチャー留学の実施の背景

ＮＰＯ法人ETIC. は１９９３年に「起業家マインドをもった人材の育成」を目的に設立された団体です。１９９７年よりベンチャー企業等の起業家・経営者のもとでの３～６か月程度の長期実践型インターンシップの「コーディネート事業」を祖業とし、多様なプログラムの実施を通じて大学生・社会人の起業家型リーダーの育成を行ってきました。

大学生向けには、２０１１年から、より多くの大学生が参加できるプログラムにするために、コンセプトは変えずに長期休暇中だけで参加可能な「地域ベンチャー留学」を開始しました。地域ベンチャー留学は、春休み・夏休み限定で４―６週間、大学生が地域に住み込み、地域企業の経営者と二人三脚で企業の新規プロジェクトに挑戦する実践型インターンシッププログラムです。

２０１１年の開始以来、44都道府県の１６０市町村８００社の受け入れ企業に対してこれまでに約１４００名の大学生が参加し、地域の経営者が「本当は挑戦したいのにどうしてもできていない（＝経営戦略上、重要性は高いけど優先順位は低い）」案件を全国の地域コーディネーターがプロジェクト化し、大学生が期間限定で経営者や社員と取り組み多くの事業成果を出してきました。

２０２０年４月にコロナ禍の影響が拡がってからも、２０２０年度は、コンセプトは変えずにフルオンライン型の実践型インターンシップの開発に挑戦し、２０２１年度からは以下の３種類の形態で実施しています。

①フルオンライン型：現地に一度も行かずに全てオンライン
（Zoom 会議、Slack 等）で完結

②ハイブリット型：30～40日間程度の活動期間中、最初の1週間程度（途中や終盤の場合もあり）は現地に訪問して現地で必要なことを実施し、他の期間はオンラインで実施する
③現地住み込み型：最初に現地に入る際にPCR検査・隔離措置をした上で、期間中は原則、地域に住み込みで実施する

長期実践型インターンシップの企業への導入事例として以下の映像を是非ご覧ください。
https://youtu.be/rhfPgrK_cFY（約15分・YouTube）

大学生へのオンライン活動の浸透とともに、地域企業も、もともとオンラインでのコミュニケーションに長けている経営者だけではなく、インターン導入をきっかけに組織としてDX（デジタル・トランスフォーメーション）への挑戦のスタートとして位置づけるケースも出てきています。また、企業側がコロナ禍において新たな事業を展開する際に、既存の正社員とだけで実施するのではなく、大学生も含めて多様な働き方・考え方を持つ新たな「人材」との出会いを求めるケースも増えてきています。

一方で、大学生の仕事を選ぶ視点も、1つの組織に縛られず、また、空間・距離を超えてオンラインを絡めてプロジェクトや事業を進めていくことができる企業や地域が大学生の目に留まりやすくなっている傾向もあります。そうした企業を就職活動も含めて選ぶ傾向は今後も加速していくと考えています。

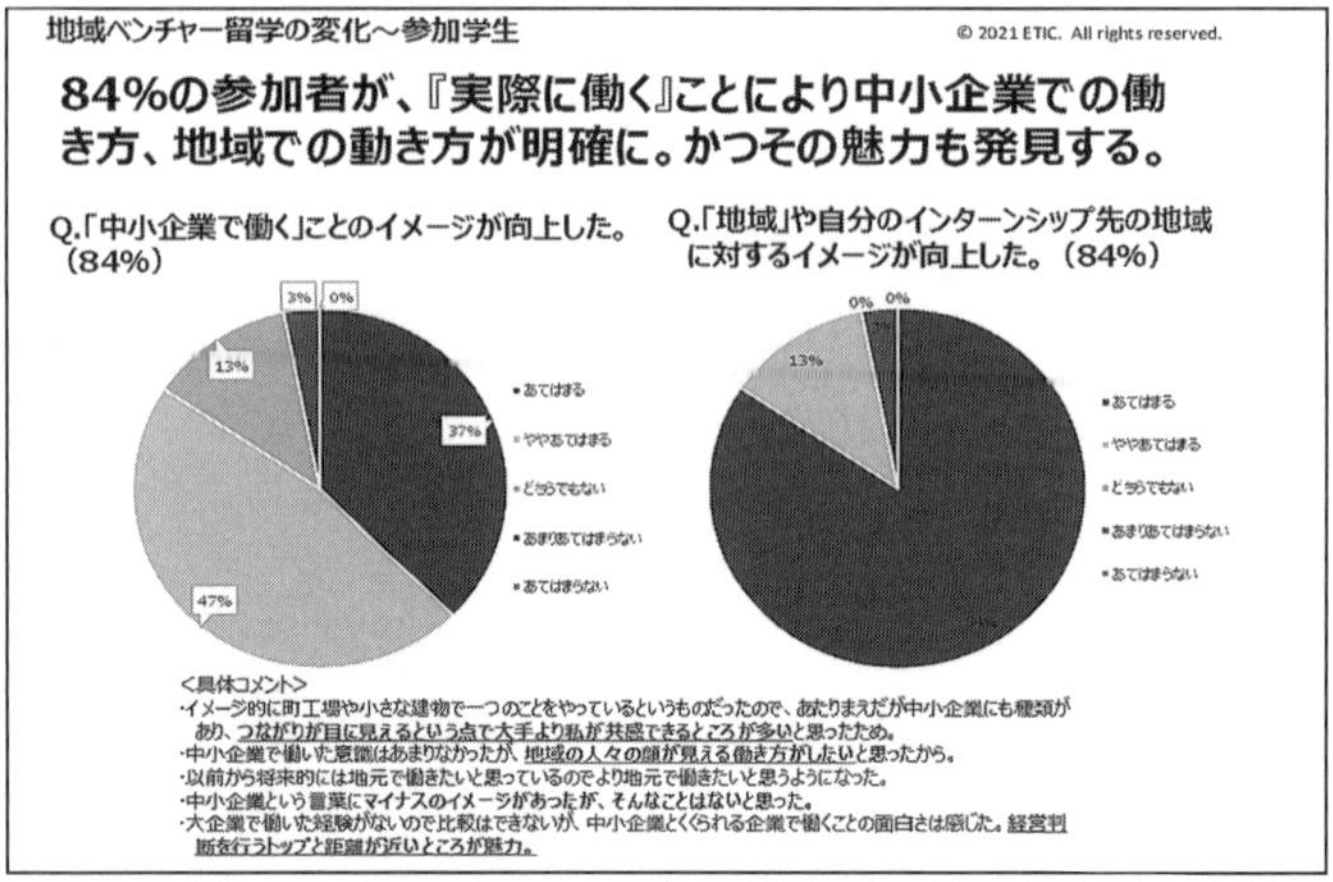
地域ベンチャー留学の変化～参加学生
© 2021 ETIC. All rights reserved.
84%の参加者が、『実際に働く』ことにより中小企業での働き方、地域での動き方が明確に。かつその魅力も発見する。
Q.「中小企業で働く」ことのイメージが向上した。（84%）
Q.「地域」や自分のインターンシップ先の地域に対するイメージが向上した。（84%）
37%
47%
13%
3%
0%
あてはまる
ややあてはまる
どちらでもない
あまりあてはまらない
あてはまらない
<具体コメント>
・イメージ的に町工場や小さな建物で一つのことをやっているというものだったので、あたりまえだが中小企業にも種類があり、つながりが目に見えるという点で大手より私が共感できるところが多いと思ったため。
・中小企業で働いた意識はあまりなかったが、地域の人々の顔が見える働き方がしたいと思ったから。
・以前から将来的には地元で働きたいと思っているのでより地元で働きたいと思うようになった。
・中小企業という言葉にマイナスのイメージがあったが、そんなことはないと思った。
・大企業で働いた経験がないので比較はできないが、中小企業とくくられる企業で働くことの面白さは感じた。経営判断を行うトップと距離が近いところが魅力。

地域ベンチャー留学の参加学生は、実践型インターンシップを通じて、働くことに対して「基準の明確化」が顕著に現れています。地域や中小企業で働きたいかどうかも重要であるが、自分がなぜ仕事をするのか、仕事とは何か、どのような仕事をしていきたいのかという自分なりの判断軸が学生の中で生まれていくことが、学生が参加している価値の1つなのではないかと感じています。

「地域ベンチャー留学の参加者の声」として以下の映像を是非ご覧ください。

https://youtu.be/yfLx7c1GI-k（約18分・YouTube）

また、地域ベンチャー留学では約1か月、1つの地域に入って生活をして仕事をします。都会の生活とは違い、交通の便や周囲の環境により、1人では生きていけないので、社員さんをはじめ、多くの地域の人との関係性づくりをしながらインターンシップを実施しています。そうしたことから、上記の図のように地域への愛着度は高くなります。インターン終了後も何度もその地域に足を運ぶ学生、またファーストキャリアでその地域の企業を選ぶ学生、そして一度は都市部の大企業に就職したのちにセカンドキャリアで学生時代に地域ベンチャー留学でお世話になった地域に転職をする学生もいます。

おわりに

皆さんはインターンシップを通じてどのような価値を、参加する学生や企業に提供したいとお考えでしょうか？ETIC.ではインターンシップの運用で最も大事なことは期間の長短ではなく「インターンシップの実施目的を関係者（＝企業、学生、地域、大学）で醸成・共有すること」だと考えています。インターンシップの必要性は疑う余地はありませんが、目的を明確にした多様なインターンシップを皆さんと一緒に創っていきたいと考えています。

本稿では文字数も限られていましたので、インターンシップの運用で重要な役割を果たす「中間支援機能（地域コーディネート機関）」などについては、お時間がある方は是非、下記もご視聴ください。

参考資料

●地方創生インターンシップ研修会（基礎編）セミナー（約80分・YouTube）
「今だからこそつながる、地域のインターンシップの作り方」（内閣府主催・地方創生インターンシップ推進研修会（基礎編）セミナー映像）
https://www.youtube.com/watch?v=0Ab4zL9MXNM

●内閣府【地方創生カレッジ】No.167「地域にも企業にもメリットのあるインターンシップとは」（約150分）
https://chihousousei-college.jp/e-learning/expert/synthesis/industrialization/167.html

（2022年1月掲載）

3. コロナ禍によって生じた、採用・選考活動における企業側の変化

増本全（株式会社リクルート就職みらい研究所　所長）

コロナ禍を機に、採用・選考活動のオンライン化は一気に加速した。急遽、オンライン対応へと切り替えざるを得なか

った21年卒採用の経験を経て、22年卒採用ではオンラインと対面、それぞれの特性の理解と使い分けが広がっている。

コロナ禍は採用・選考活動にどんな影響をもたらしているのか。採用進捗を見ると、21年卒では採用活動の後ろ倒しが内定率に影響したものの、22年卒では、オンライン等の活用が広がり採用プロセスが順調に進み、コロナ前の数値傾向に戻っている。

では、具体的な選考方法はどう変化しているのだろう。

22年卒採用の実施企業調査では、1次面接では「Ｗｅｂのみで実施」が32・8％と最も高く、次いで「対面のみで実施」が29・9％だった。一方、最終面接では「対面のみで実施」が62・9％と突出して高くなっており、選考の場での目的に応じて、手段を使い分ける姿勢が読み取れる。22年卒学生がＷｅｂ・対面選考を受けたタイミングを見ると、Ｗｅｂ上での面接は4月以前に受けた学生が増加、対面では4月以降が増加している。選考が進むにつれ、対面を取り入れていったと考えられる。

企業に、「Ｗｅｂ選考において対面選考と比較して伝えづらくなった情報・把握しづらくなった情報」を聞いたところ、伝えづらくなった情報では「社員の人柄や魅力」「職場の雰囲気や組織風土」、把握しづらくなった情報では「学生の人柄や魅力」と答えた率が高かった。一方、言語化されやすい「会社の知名度」「労働条件」、学生の「学力」「スキル・専門性」ではＷｅｂのやりとりでも課題を感じていない傾向がある。

会社説明会など一方通行で情報を伝える機会ではＷｅｂを活用し、双方向のコミュニケーションにより理解を深める場では対面を選ぶ。目的に応じた使い分けはますます広がっていくだろう。

インターンシップでも進化する企業の試み

「インタラクティブな場なのでオンラインは難しい」。コロナが広がった当初、そんな企業の声が多く寄せられたのがインターンシップだ。

ただ、コロナ2年目の23年卒採用では、企業側の様々な工夫が見られている。「職場や工場の見学」「社員の業務の一部

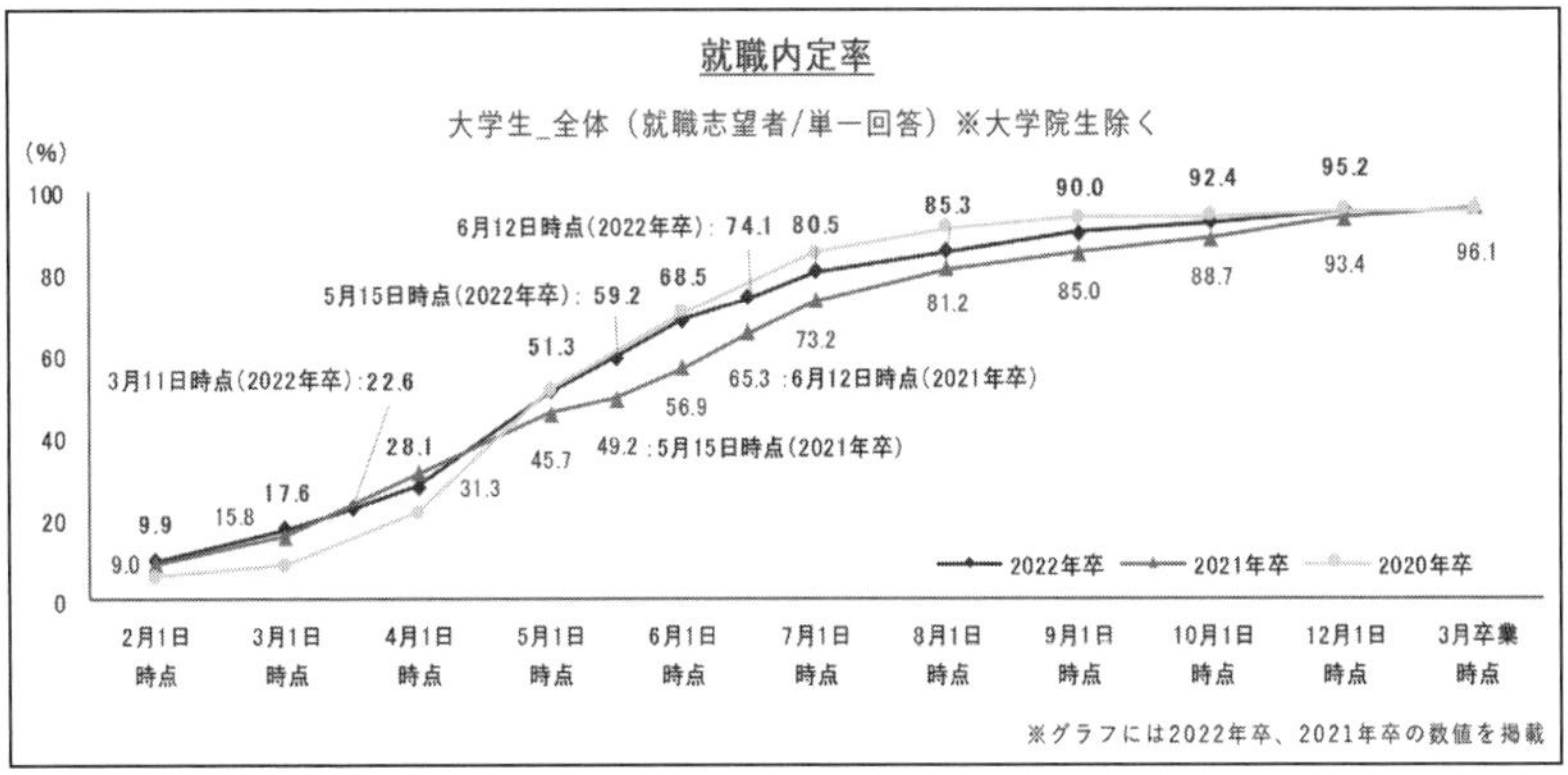

＊就職みらい研究所『就職プロセス調査』2021年12月1日時点 内定状況

を経験する」など、これまで対面で行っていたプログラムのWeb形式の参加が増え、仕事内容を伝える動画配信や、社内コミュニケーションツールに学生を入れてのリモートワーク体験、お客様とのオンラインミーティングへの同席など、在宅勤務空間に入って社員と一緒に仕事をするケースも多い。

23年卒のインターンシップの参加状況を見ると、平均参加社数は5・30社と前年の4・03社に比べて増加しており、学生の活動量は上がっている傾向が見られる（「2023年卒 インターンシップ・就職活動準備に関する調査」）。

インターンシップ満足度では、対面開催の満足度は90％、Web開催では88・1％と対面の方が高いものの、ほぼ同水準に。満足度の上昇率ではWeb開催が大きくなっており、企業側のWeb活用や工夫が進んでいる様子が見てとれる。

オンライン慣れで進む学生の「対面よりWeb」の志向変化

コロナ禍で2年間を過ごした学生側にも変化が見える。

各採用フェーズにおいて、Webと対面どちらも参加経験がある方にどちらがよいかを聞いたところ、合同説明会・セミナー、個別の説明会・セミナー、面接選考すべてにおいて「Webの方がよい／どちらかというとWebの方がいい」が対面を上回る結果になっている。

21年卒向けのプロセス調査（20年6月実施）時点では、面接選考で「対面の方がよい／どちらかというと対面の方がよい」と答えた学生

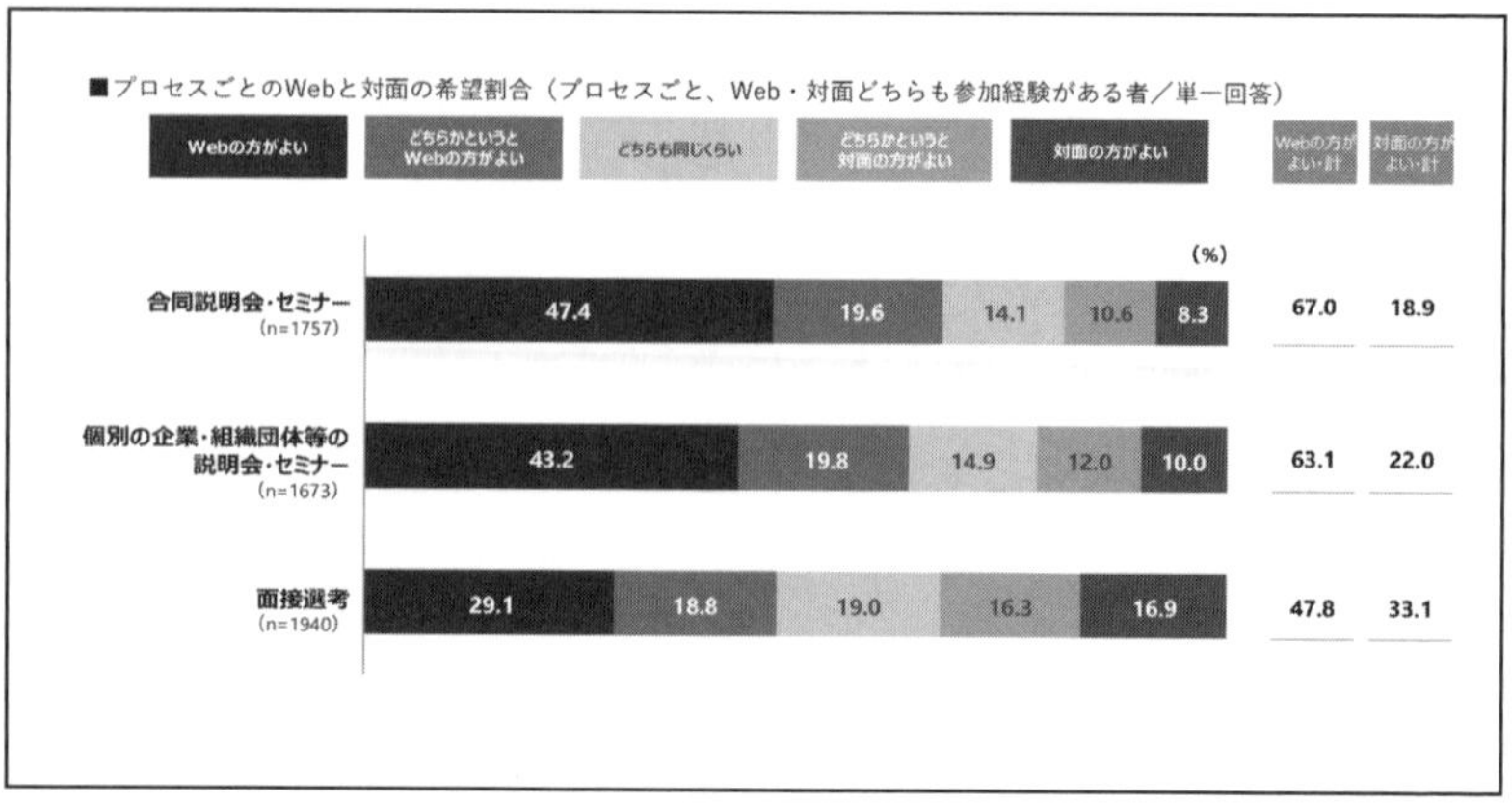

＊就職みらい研究所『就職活動状況調査2022年卒』

は60・3%で、Webがよいと答えた22・6%を上回っていた。その1年後の同調査では、同じ面接選考での対面希望は33・1%。Web希望は47・8%となり、合同説明会、個別の企業説明会でのWeb希望傾向はさらに顕著だ。コロナ禍でオンライン授業が進むなど慣れが広がったことや、Webの利便性や心理的安全を評価した学生が増えたと考えられる。

学生の情報収集でも変化が見られる。22年卒学生では、ツイッターやインスタグラムなどのSNS、ユーチューブなどの動画配信サービスを活用した割合が前年比11ポイント増。伸び率で他のメディアを圧倒しており、次いで、逆求人型（スカウト型）の就職情報サイト利用は9.6ポイント増になっている。企業に対するいい情報も悪い情報も瞬時に広がるようになっており、企業側は情報発信のメディア選択だけでなく、どのような良い体験を提供できるかが大切になるだろう。

費用や時間の効率化により、企業のコミュニケーション設計はより重要に

学生にとって、Web活用の大きなメリットの1つに、「交通費・時間の削減」がある。就活にかかる費用は21年卒、22年卒の2年連続で減少し、コロナ禍前と比べて約4割減となっている。交通費や宿泊費、スーツなどの衣服費の減少率が大きく、特に地方在住の学生の費用負担が減っている。

学生の活動実施状況を見ていくと、個別企業の説明会では平均19

・7社と21年卒と比べて5.1社増加、面接も平均10・9社と21年卒と比べて1.5社増加している。学生からは「移動時間とお金がかからないので、選考を受けるか迷っている企業にも積極的に挑戦することが出来た」という声があがっており、より多くの企業の選考に参加できるようになった様子がうかがえる。

オンラインにより就活の〝効率化〟が進むからこそ、「わざわざ対面の場に行ったのに、オンラインでも得られる情報しかなかった」というシビアな視点も生まれている。企業側にはますます、学生との対話の目的や伝えたい内容に応じて、コミュニケーション設計を考える姿勢が求められるだろう。

（2022年1月掲載）

4．アンコンシャス・バイアスをテーマにしたハイブリッド就活イベント

間宮芳郎（一般財団法人大阪労働協会人材開発部　統括チーム長）

大阪労働協会は、大阪府や京都府、経済産業省や中小企業庁など、官公庁や地方自治体の公共事業を多数受託運営しており、それらの受託事業を通して「中小企業としごとを探している方との最適な出会いの場を創る」ことにフォーカスし、毎年様々な新規事業にチャレンジしている。

本稿では弊会がコロナ禍において実施したハイブリッドの業界研究会イベントをご紹介する。

まず、本イベントをハイブリッドで開催した経緯として、コロナ禍になりインターンシップもオンラインの開催が大半でリアルに話す経験ができていない学生が多く、コロナ禍の就職活動では、先を見通せない部分や、リアルでのコミュニケーションが難しい部分があり、学生のほとんどが就職活動に不安を抱いていることが分かり、実質的に就職活動が開始されるインターンシップ期間から、新型コロナウイルスの影響によりリアルで情報収集する機会が限られていたため、「自分に合いそうな企業をどう探せばいいか」分からなくなり、企業理解や志望意欲醸成が難しかったとの声を多く聞く

ことがあった。また、採用する中小企業も同様にオンラインコミュニケーションに苦労して、自社の魅力を上手く発信しきれていなかったことが課題であった。

そこで、学生及び中小企業が抱える課題の認識に基づき、能動的キャリアデザイン層（大学生）に対しては中小企業の魅力を訴求し、業績向上やイノベーション創出に資する良い人材との出会いを提供する取組として、また、能動的キャリアデザイン層（大学生）に対しては中小企業の働き方を知ってもらう取組として、ただリアルやオンラインでの業界研究会イベントを開催するだけでなく、業界研究会イベントの重要なコンセプトとして【学生と企業が互いの本当の魅力に気付く日】になるよう「アンコンシャス・バイアス」をテーマに、大学生及び中小企業が知らず知らずのうちに抱く、偏見、先入観、思い込みを排除できるようなプログラムとして特徴をもたせることにした。

（リアル会場スケジュール：①ミニセミナー②アイスブレイク③企業ブースへの周遊タイム）
（オンラインスケジュール：①ミニセミナー②アイスブレイク③企業説明会）

まず、企業と学生が互いの素性（企業名・大学名）を明かさないように、リアル会場では参加者全員が仮面舞踏会で装着するような仮面をつけ、オンラインでは全員が画面オフにすることをルールとして、企業・学生両者がアンコンシャス・バイアスとは何かを簡単に学べるような①ミニセミナーを受講した。その後、②アイスブレイクとして「今の仕事のやりがい」や「自分が働く上で大事にしたいこと」など、「働く」について語り合った。その結果、学生側は普段なら業界や企業名だけで判断をしてブースに足を運ばない中小企業と接触・交流が可能となり、また企業側も「出身大学」「出身学部」「性別」ではなく学生の個性に触れることで無意識に交流を図ってなかった学生との接点をつくることできた。次に③企業ブースへの周遊タイムでは仮面を外して、通常の業界研究会イベントのように企業研究・業界研究会を実施した。アイスブレイクの効果もあり、ブース内では活発なコミュニケーションが生まれていた。全体を通して本イベントの仕掛けには一定の成果があったと言えるだろう。

実際に参加学生のアンケート結果からもイベント満足度が9割となっており、その理由として下記のようなコメントがみられた。

●正直興味がないと思っていた企業様にも目を向けられ、企業説明を聞くことで興味をもてたから。
●イベントがなければほぼ目を向けることがなかった企業を知ることができた。
●仮面をつけて行う就活に関するイベントということでどんな内容になるのか予想がつかなかったので、最初は就活の息抜きにと思って参加したのですが、参加してみると、大阪や和歌山にあるさまざまな企業の存在を知ることができ、また参加企業の方々が業界や就活に関することを親切に教えてくださったので、想像以上にタメになったからです。本当に参加してよかったです。ありがとうございました。

また、企業からも同様に下記のようなコメントがみられた。

●今までにないテーマでのイベントで、学生にとっても魅力的なものになったと同時に、企業としても今までに出会ってこなかったような学生と接点を持つことが出来る機会となった。
●学生が企業のネームバリューにとらわれることなく、名前の知らない企業のブースにも積極的に訪問されていたのが当社としては大変うれしかったです。「はじめて聞いた名前の企業だったが、説明を聞いて魅力的に感じた」という声をよく聞いたので、参加してよかったと感じました。

改めて、学生・企業ともに無意識のうちに「決めつけ」や「思い込み」によって将来の大きな可能性を狭めてしまっていることが就職支援の現場ではたくさん起きている問題だと感じるイベントであった。改めて適切に魅力ある大阪企業の情報が学生に届いていない現状に目を向けて、これからも【学生と企業が互いの本当の魅力に気付く】場を提供できるような取組みを積極的に実施していくつもりである。

以上、弊会が対面とオンラインのハイブリッドで開催したイベントについて紹介した。オミクロン株の出現など今後もコロナ禍における対面開催の制限が続く可能性がある。今後ますますイベントのオンライン開催やハイブリッド開催が求められるのではないだろうか。

（2022年1月掲載）

5. 新卒採用を見直す企業と学生のコミュニケーション

宮地太郎（マイナビキャリアリサーチLab　主任研究員、株式会社マイナビ社長室HRリサーチ1部）

2022年卒採用の前に2021年卒採用を思い返す

筆者は雇用全般の調査を行うマイナビキャリアリサーチLabで、主に新卒領域の調査を担当している。新型コロナウイルス感染症（COVID-19）によって生じた新卒採用の変化をまとめていく。思い返すと、今から約2年前の2020年1月に国内初の感染者が報じられ、同年3月に広報活動開始となる2021年卒採用では、その影響を大きく受ける形となった。会社説明会や選考は延期や中止となり、多くの企業が採用計画の変更を余儀なくされた。筆者は当時このタイミングでは企業の新卒採用の運用支援をする業務に携わっており、オンライン化を模索する企業、従来通り対面で進める企業、再開未定のままの企業、と様々な反応があったと記憶している。新型コロナウイルス感染症に関係なくオンライン化を見据えスムーズに対応できた企業も一部あったが、多くの企業が混乱の中、対処的なオンライン化や、感染症対策を実施しつつ、オンラインと対面を使い分けながらなんとか新卒採用を止めまいと奮闘。そして、息も整わぬまま2021年卒採用と並行で、主に2022年卒学生を対象としたインターンシップや採用活動準備を進めることとなった。

オンラインでインターンシップができるのか？

就業体験を行うことが目的のインターンシップをオンライン化できるのか？　と言った不安や懐疑的な意見も多くあったのは事実。また準備が間に合わない、新型コロナウイルス感染の第2波と重なるなどの要因で夏季休暇中のものは中止や延期となることも多かった（8月の実施率は前年から11・1pt減少）。しかし、秋から冬にかけてオンライン活用が拡がり、9月以降は前年を上回って実施される結果となった。

2022年卒学生にこれまでに参加したインターンシップの開催形式を聞いたところ、対面形式のインターンシップのみに参加したという学生はわずか5％。残り95・0％もの学生がなんらかの形でWeb開催のインターンシップを経験したと回答している※1。

結果、企業のインターンシップ実施率はシーズントータルでは低下したものの、オンライン活用の進んだ上場企業では74・1％となり、大きく受け入れ数を下げることなく、学生の参加率は微減ながらも84・5％と高水準をキープする結果となった※2。2022年卒採用は広報活動開始前の時期からオンラインが本格的に導入された初めてのシーズンとなったオンラインインターンシップ元年と言えるだろう。

スムーズに採用活動が実施できた一方で、「内定辞退」の増加が課題に

2022年卒採用は2021年9月の時点で採用充足率（内定者数／募集人数）は83・6％となり前年より上昇傾向。採用活動の期間に関しては、前年と比べると、採用活動の開始時点からオンライン導入が進み、比較的スムーズに採用活動が実施できたため「短期化」の割合が若干増加している。

しかし、採用活動の印象については、「前年並みに厳しかった」と「前年より厳しかった」を合わせると77・8％となっており、企業側にとって採用しづらい厳しい状況が続いているといえる。「厳しかった」理由で前年に引き続き最多だったのは「母集団の確保」だったが、「辞退の増加」が前年から大きく増加しており、特に上場企業では55・9％と「母集団の確保」よりも高く、厳しい理由としては最多となっていた※3。

2021年6月に実施した「企業新卒採用活動調査」より、上場企業では各フェーズでのオンライン化割合が高く、また半数が「一度も会わないまま内定を出したことがある」と回答していた。新型コロナウイルスの対策として導入されたオンライン化の利便性により応募者は増えたが、志望度や応募後の「惹きつけ」が高められなかったと推察される。

学生はコロナ禍で活動が制限。ガクチカ不足も話題に

学生の動きとしては「個別企業セミナー」もオンライン開催によって、時間や金銭的な制約や参加ハードルが低下することから、参加率が「前年より上がった（やや＋大幅に）」との回答が41・5％となった。選考もコロナ対策による緊急事態宣言の影響を強く受けた前年と異なり、企業側が事前に準備対応をしていたため、2022年卒の内々定率は前年より大幅に上回り進捗した※4。

しかし、この学年は研究活動やゼミ活動が開始・本格化する3年次の授業をオンラインで受けていることが多く、思うように学業に取り組めなかった。「アルバイト」や「学生時代に打ち込んだこと」などについても、コロナ禍で活動が制限されていたことで、話しやすいエピソードや実績がなく、答えづらいと感じた学生も多かった（ガクチカ不足）。また、「先輩よりも厳しくなる（多少＋かなり）」と考える割合が3倍になっている。景気悪化により企業の採用意欲が下がるのではないかと懸念する声が多くみられた。

また、入社先企業を決めきれない理由を聞いてみたところ、「実際に自分が働く姿をイメージできない」「自分を理解してもらえているか分からない」「同期の様子が分からない・交流が足りない」と言った不安の声があった。つまり学生にとってはスムーズに内々定を得られたとしても、選考においてもどこか手ごたえがなく、不安が解消されないまま納得感が得にくい状況であったと推察される※5。

企業と学生とのコミュニケーションを見直すきっかけに

2022年卒採用は企業、学生、学校がそれぞれ新型コロナウイルス感染症の影響を受けながらも、それぞれがなんとかしようと考え実行したシーズンだった。結果スケジュール上は大きな停滞はなくスムーズに進んだものの、企業と学生お互いの納得感においては課題も見え、より良い方法や工夫はこれからも模索され続けるであろう。

新型コロナウイルス感染症の影響はオンライン化を進めただけではなく、より大事な変化として企業と学生がお互いにわかりあうためにはどうすればいいのか？　ということを改めて考えるきっかけとなったと私は好意的に捉えている。採用担当者は選考のオンライン化によって、学生の本質が見えにくくなると考え、「エントリーシートの内容は今のままでいいのか？」「選考回数は増やさなくても良いか？」「情報提供は十分にできているのか？」と前向きな検討をしている様

を筆者は目のあたりにしてきた。

　企業にとっては些細な情報でも学生にとっては入社を決める大きな判断材料となる場合が多々ある。ちょっとした不安の解消が学生にとっては大きな意味を持つ。新卒採用において企業が学生に内定を出し、学生が内定を承諾する以上はお互いの理解と納得が必要となる。売り手でも買い手でもない、一方向の選ぶ・選ばれるでもない、そのような認識がより良い企業の採用と学生の就活につながっていくだろう。また、そのような時代になるように筆者も尽力していきたい。

※1 マイナビ２０２２年卒広報活動開始前調査（２０２１年２月）
https://www.mynavi.jp/news/2021/03/post_30003.html
※2 マイナビ２０２２年卒企業新卒採用活動調査（２０２１年６月）
https://career-research.mynavi.jp/reserch/20210817_13299/
※3 マイナビ２０２２年卒企業新卒内定状況調査（２０２１年９～10月）
https://career-research.mynavi.jp/reserch/20211101_18485/
※4 マイナビ２０２２年卒大学生活動実態調査（２０２１年８月）
https://www.mynavi.jp/news/2021/09/post_31806.html
※5 マイナビ２０２２年卒大学生活動調査（２０２１年６月15日）
https://www.mynavi.jp/news/2021/06/post_31197.html

（２０２２年１月掲載）

N
W
E
S

第2部

キャリア教育の多様性

第1章　外国にルーツを持つ子どものキャリア教育

白井章詞（長崎大学　准教授）

1. キャリア教育の射程を問い直す

年号が平成から令和へと変わり、記念すべき最初の研究大会（第41回 日本キャリア教育学会）を長崎大学で開催致しました。令和元年という記念すべき年に、本学において研究大会を開催できましたことを大変光栄に思っております。当初、実行委員会として、どのようなテーマ設定のもと、企画シンポジウムで何を発信していくべきか、大変に悩みました。議論の結果、研究大会のテーマは「キャリア教育の射程を問い直す」となりました。既存のキャリア教育を批判的に検討するだけではなく、いまだ射程外にいると思われる支援を必要としている層を照射したいと考えたからです。

我々が着目したのは、日本で暮らす外国籍の児童・生徒の存在でした。2018年に成立した改正出入国管理法は、在留資格「特定技能」を創設しました。特定産業分野において、今後34万人の外国人材受け入れを数値目標として定めています。特定技能2号では、家族帯同を認めていますので、これに伴い、日本の教育現場には、今後、外国籍の児童・生徒が一段と増えていくことが予想されます。しかしながら、日本語を母語としない児童・生徒にとって、言葉の理解と学習内容の理解という2つの壁を乗り越えるのは容易なことではありません。また、こうした児童・生徒のキャリア形成には、特有の難しさがあると考えました。1つは、1991年以降の日本経済が大きく落ち込んだ時期がそうであったように、安価な労働力として雇われた外国籍の労働者は容易に解雇される可能性が高いということです。そうした者のなかには、帰国する旅費がないためにホームレス化したり、その子弟は学業を続けられなくなる者もいました。その結果、地域社会が抱える大きな社会問題となりました。親の経済力に左右されることなく、学校は全ての児童・生徒にとって安心して学べる場所であり居場所であることが求められています。その安心は、一時的なまやかしからではなく、将来に対する夢や希望を持ち、実現に向けた見通しから生まれてくるものでなくてはなりません。ですから、現状を報告することで、キャリアの専門家である皆様の知見を活かしていただきたいと思ったのです。もう1つは、こうした児童・生徒のなかには、将来、母国や第3国に移り住むことも考えられます。日本人の児童・生徒もこれまで以上にグローバル化した社会で生きていくことになるでしょう。そうなった場合、日本の社会システムを前提としたキャリア教育だけでは機能不全に陥る可能性があります。

私は、教育には大きな可能性があると信じています。しかしながら、全ての課題に応えられるほど万能ではありません。日本におけるキャリア教育は、今日までの20年間のうちに急速に広がり、幅広く実践されるようになりました。既に、隅々まで行き渡っているかのような印象を受けます。しかしながら、視点を変えると、まだまだ取り組むべき余地の大きさに気づかされます。今回の教育現場からの報告が、参加した皆様にとって、視点を変える1つの機会になれば幸いです。

（２０２０年４月掲載）

2．夜間中学に通う学齢超過の子どもたちの現状と課題

西田裕子（全国夜間中学校研究会　理事）

外国にルーツを持つということ

日本で生活する外国にルーツを持つ人々は、さまざまな問題を抱えている。言葉の壁は、生活言語を習得しても解消されない。語彙だけでも、和語や漢語、外来語など、多種多様である。日常会話ができても、漢語や外来語で表現される学習言語を理解できないことが多い。また、行政機関や各専門家、報道機関などは、日本母語話者でも理解できない言葉を日常的に使っている。さらに、文化や社会制度、生活背景などの違いにより、社会から孤立する人も多い。

言葉の壁や生活背景の違いは、外国にルーツを持つ子どもたちの教育にも大きな影響を与えている。夜間中学には、このような問題を抱えた人々も通っている。

夜間中学に通う学齢超過の子どもたちの現状

夜間中学には、公立の夜間中学校（全国34校）と、ボランティアが運営する自主夜間中学とがある。公立の夜間中学校には、さまざまな事情で実質的に義務教育を受けることができなかった学齢超過の人々が通っている（詳細は「全国夜間中学校研究会ウェブサイト　http://zenyachu.sakura.ne.jp/public_html/default.html」参照）。

夜間中学に通う外国にルーツを持つ子どもたちが抱える問題には、日本語の未習得、義務教育の未修了、教育制度や文化の違いなどがある。母国で義務教育を修了していても、言葉の問題や、教育内容が十分でない場合がある。また、義務教育制度の違いから、高校受検に必要な条件を満たしていない場合もある。

日本語の未習得は、日常会話や日本社会の文化への理解、義務教育段階の教科知識の習得、市民的教養と批判的思考力の獲得、社会とのつながりなどに大きな影響を与え、子どもたちの進学や生活を困難にする。また、義務教育未修了のまま学齢超過した子どもたちは、日本だけでなく母国でも、将来への展望を持つことができない状況に追いやられている。

夜間中学校の入学相談に来る10代の学齢超過者の中には、昼の中学校に編入学する方がよいと思われるケースも、少なくない。しかし、教育委員会の認識や学校の受け入れ体制が十分でないために、昼の中学校への編入学がかなわないことがある。また、日本の教育制度に対する保護者や本人の理解が十分でないために、学齢期に母国と日本を往来し、義務教育未修了のまま、学齢を超過することもある。

このような問題の背景には、家庭における経済的問題と教育の悪循環がある。生活基盤を築くことに精一杯の家庭の中には、学校経験が不十分な保護者もいる。また、外国にルーツを持つ子どもたちの教育問題を考慮していない、日本語習得を前提とした日本の教育制度や、子どもたちを家族滞在で呼び寄せることのできる年齢の問題がある。

これからの教育における課題

グローバル化する日本社会で、外国にルーツを持つ人々の学習権を保障するシステムの構築は、早急に取り組むべき課題である。そのためにも、外国にルーツを持つ子どもたちの日本語習得や学習機会の保障、小・中学校や高等学校における受け入れ体制の充実、保護者の社会認識の育成が必要である。

また、子どもたちの母語・母文化の保障や居場所づくり、孤立する保護者の支援などは、学校と地域の連携によって進めていかなければならない。

（２０２０年４月掲載）

3．私が出会った外国にルーツがある子どもたちの現状とその後―ベトナム人の子どもを中心に―

金川香雪（城東町補習教室　代表）

私が出会った外国にルーツがある子どもたちとは

姫路市内の小学校で教諭として21年勤務し、１９９５年４月にベトナム人の子どもたちを支援するための日本語指導担当教諭という立場で外国人の子どもや保護者に対する日本語、生活、学習全般の支援を開始した。日本語指導担当者として４校の学校に勤務したが出会った子どもは、ベトナム、カンボジア、ブラジル、中国、フィリピン、ペルー、韓国、スリランカ、ナイジェリア等である。

ベトナム人の子どもたちの現状

姫路市にインドシナ難民受け入れのための「難民定住促進センター」が１９７９年12月から１９９６年３月まで開設されていたので、ベトナムからの難民が多く居住している。難民として渡日した1世だけでなく、日本で生まれた2世や3世、家族として呼び寄せられた子ども、再婚呼び寄せで連れてこられた子どもなど、現在も増えている。親世代は、県営住宅や市営住宅等ベトナム人集住地域の中で生活し同胞が多い職場に勤務しているため母語での会話に頼り、日本語での会話が十分できない人が多い。日本生まれの世代は、保育所や学校で日本語を習得し母語を使わなくなり、保護者との意思疎通が難しくなっている。しかし、日常会話ができても学習言語は難しいため学年が上がるにしたがって学習内容を理解することが出来ず、高校や大学等進路決定時期になって希望する進路に進むことは難しい現状がある。

進路について

子どもたちは、出会った当初は、高校に進学することを諦めていた。日本の教育システムが分からない親には相談できず、家族と同じ職業に就くしかないと考えていた。しかし、近年になって、学校だけでなく、城東町補習教室で毎週土曜日に日本語・生活・教科学習の支援を受けて、希望する進路に進み夢を実現させた先輩の姿を見ることが出来るようになってきた。それにより、自分の人生は自分で切り開いていくしかないと考え頑張って勉強する子どもたちが増えてきた。

2019年度の進路状況　8名

対象在籍者：私立中高一貫校高等部2名（ベトナム）、県立高校1名（中国）、国立教育大学1名（日本・フィリピン）、私立大学栄養学部1名（ベトナム）、市立看護専門学校1名（ベトナム）、県立大学経済学部から大阪市内の商社1名（ベトナム）、中学卒後未進学1名（フィリピン）。8名中7名は、小学生の時から補習教室で学習し学習支援の他に進路指導とキャリア教育を行ってきた。学力をつけるだけでなく、自分が今後どのように生きたいのか、何の仕事に就きたいのかを常に意識し、そのために必要な学習は何か、力をつけるにはどのようなことをしないといけないのかを話し合いながらキャリア教育を進めていった。小学生には、キッザニア甲子園で職業体験をする機会を設け自分の知らなかった仕事に対しての興味や関心を持つ機会とした。中学生以上は、実際に姫路市内にある中堅企業の見学を通して、職業に対する意識や理解を深め進路を決定する手助けとなる機会を設けた。その結果、目的意識を持って希望する進路に進むことが出来るようになった。

しかし、中学1年生で渡日したフィリピンからの女子は、日本の学校生活に適応できず入学した中学校から他校に転校した。そこでも適応することが出来ず不登校になり、1年前に土曜日の補習教室に居場所を求めて来るようになった。進路決定時期には日本語力がついていなかったため進学する高校が見つからず日本での生活も進学も諦めざるを得ない状況になった。母国に帰って高校に進学することに一縷の望みを抱いて卒業式を迎えたが、運悪くコロナウイルスが世界中に蔓延し母国に帰国することが出来なくなり進学の時期を逸してしまった。落ち込んでいた彼女を励まし、来年までに日本語力をつけ日本の高校に進学する方法を模索することを約束し、日本で生きていくモチベーションを保つことがようやく出来たが1年後が心配である。渡日歴の浅い外国からの子どもたちが進路を見据え夢を実現させていくにはまだまだ厳しい現実がある。

必要な支援

日本語力と学力をつける以外に、小学生の時から自分のアイデンティティーを見つめ、夢を持ち、それを実現するために必要な力は何かを意識させる活動としてのキャリア教育を進めていく必要がある。中学生からは、具体的にどのような職業があるのか企業見学を通したキャリア教育へと繋げ、何度も繰り返して様々な職業があり頑張れば望む職業を選択できることを伝えることが大切であると思われる。

進路を切り拓いていった先輩の話や姿に触れる機会を設け、モチベーションを保ち続けられるような支援も必要である。

今後の課題

外国にルーツがある子どもたちに対して日本人と違った進路指導やキャリア教育をする必要があるのではないか。

（2020年4月掲載）

4. 〝多文化共生〟元年へ―「新移民時代」取材班からの報告と「やさしい日本語」の取組について―

福間慎一（西日本新聞クロスメディア報道部　デスク／記者）

もはや常識ですが、日本の人口は減っています。そして日本で暮らす外国人は増えています。2019年6月末で282万人。日本で暮らす人の50人に1人です。そして当然、外国にルーツがある子どもも、急増しています。日本語指導が必要な外国籍の児童・生徒は約3万4000人。10年間で1.5倍に増えました。

２０１８年４月に就労目的の在留資格を新設する改正入管難民法が施行されました。欧州では戦後、出稼ぎ者を受け入れた欧州で排斥運動が社会問題化しました。よく知られているのが、劇作家マックス・フリッシュの「労働力を呼び寄せたつもりが、やって来たのは人間だった」という言葉です。「労働力」「人材」という言葉に置き換えられがちな外国人は、生活者でもあります。まず共に生きる存在としての視点が必要です。

共生を妨げる最も身近で最も大きな壁が「言葉の壁」です。多様な国籍の方が来日する今日、多言語での対応には限界があります。注目されているのが、日本語が苦手な外国人にも伝わりやすい「やさしい日本語」。１９９５年の阪神大震災の際に日本語も英語も理解できず困った外国人がいたことから提唱されました。「優しい」と「易しい」という意味が込められていて、今では自治体などが行政情報の発信にも活用しています。

「高台に避難を」は「高い　ところに　逃げてください」に。漢字にはルビを付け、単語を判別しやすい「分かち書き」に。話すときは、はっきり、さいごまで、みじかく、の「はさみの法則」で——。でも、先立つのは「どうしたら相手によりよく伝わるだろうか」という想像力です。

日本で暮らすとっかかりとして「やさしい日本語」が普及すれば、外国から来た人たちの大きな力になります。西日本新聞も地域に根ざす報道機関としての使命を果たす思いから、「やさしい日本語」でのニュース発信を２０１８年11月に始めました。子どもや障害がある人にとっても分かりやすい「やさしい日本語」は、他者に寛容な社会の潤滑油になり得ます。

２０１９年６月、外国人への日本語教育を国の責務とする「日本語教育推進法」が成立しました。「やさしい日本語」の第一人者でもある一橋大の庵功雄教授は本紙のインタビューに、次のように語っています。

「タイから来た技術者が『私』のことを『わたチ』と言ったとする。それだけでその技術者を能力が低いと言えるのか。もし私たちが『she』と『sea』を分けて発音できないだけで、英語圏で無能扱いされたら、どう思うだろう。発音に多少気になるところがあったとしても、それは日本語。重要なのは、相手が何を伝えようとしているかを理解すること。『公平な耳』を持つことが、多文化共生への第一歩だ」

参考資料

●西日本新聞のキャンペーン報道「新 移民時代」の記事一覧はこちら
https://www.nishinippon.co.jp/theme/new_immigration_age/

●「やさしい日本語ニュース」の一覧はこちら　https://www.nishinippon.co.jp/theme/easy_japanese/

（2020年4月掲載）

第２章　障がい学生のキャリア教育

1. 障害のある学生へのキャリア支援・就活支援の取組

窪貴志（株式会社エンカレッジ　代表取締役）

障害のある学生の就活の現状とは？

障害のある学生の人数は年々増加しています。（独）日本学生支援機構の調査によると、２０１９年の障害のある学生の人数は３７６４７人であり、10年前の5.3倍にあたります。その中でも、精神・発達障害の増加が顕著です。

障害のある学生の就活では、障害の診断や障害者手帳があっても、必ずしも障害者雇用を選択するわけではなく、一般雇用で働きたいと考える学生も多くなっています。背景として、現状の障害者雇用では、一定の配慮が受けられ働きやすさは整っているものの、業務内容が限定されてしまうことも多いため、働きがいやキャリアアップの面で物足りなさを感じてしまいます。一方で、一般雇用での就職を目指そうとすると、障害特性によっては、社会性やコミュニケーションの苦手さなどから、採用されにくかったり、採用されても職場で配慮を受けにくかったり、といった課題にぶつかります。したがって、多くの障害のある学生は、一般雇用と障害者雇用の狭間で、キャリアについて大いに悩むことになります。

障害のある学生が安心してキャリアを考えていくために必要な事

そんな障害のある学生が、就職へのさまざまな不安や悩みを解消しながら、安心して自身のキャリアを考えていくためにどのようなことが必要なのか、ここでは３つのポイントを提示したいと思います。

①社会や仕事について学ぶ機会
障害のある学生の中には、アルバイト、インターンシップのような社会体験がなく、社会や仕事について学ぶ機会をもてなかった学生が少なくありません。そうした学生にとっては、安心して社会体験が出来る場や社会人と話をする機会が有効に働くでしょう。さらに、障害のある社会人の働き方を知る機会があれば、より実感を持って考えられるようになります。

②自分を知る機会（強みと苦手さ・配慮事項）
自分の強みと苦手さ・配慮事項を知ることは、自分自身の働きやすさを実現するために、障害者雇用／一般雇用問わず大切です。障害者雇用を目指す場合は、「このような配慮があれば強みを発揮することが出来る」ということを明確に伝えることで採用に繋がりやすくなります。一般雇用においても、働く中で上手くいかない場合、自力で解決していく必要があるため、苦手さとそれに対する解決策を整理しておくことが必要です。

③大学の支援者など第三者による伴走的なサポート
障害のある学生の場合、障害特性により、1人ではキャリアについて考えをまとめにくいことがあります。また、同じ障害のある学生や社会人と出会いにくい事もあり、他者や社会から学べる場面が少なく、途中で行き詰まりやすくなりがちです。したがって、第三者である、大学などの支援者と一緒に考えることで、課題解決につながりやすくなるでしょう。

エンカレッジの取組事例の紹介

以上3つのポイントを踏まえ、私たちが実施している取組の一部をご紹介します。

①働くチカラPROJECT（https://en-c.jp/service/student.html）
学生がグループで楽しく学べる就活準備講座を実施しています。障害の診断の有無にかかわらず参加でき、過去

に400名以上の学生が参加しています。

〈就活のハジメ（全学年を対象）〉

楽しくコミュニケーションについて学んだり、スケジュール管理や気持ちのコントロールなど、就活に向けての準備を始められる就活準備講座です。

〈就活のススメ（主に3〜4年生向け）〉

自己分析、企業研究、面接対策、ビジネスマナーなど就活で必要なことを一通り学べるほか、インターンシップで仕事体験もできる就活対策講座です。

②家でも就活オンライン（https://career.en-booster.jp/ieshu/）
就活が不安な障害のある学生が、安心して就活を進められるようサポートするオンラインの就活応援プログラムです。就活に役立つ動画や対策講座など、就活の準備と対策ができるコンテンツや、オンラインでの企業相談会、企業との採用マッチング座談会など、色んな企業と安心して出会える場を用意しています。2020年度に、のべ200名以上の学生が参加しています。

③ダイバーシティ就活（https://en-c.jp/service/divercity.html）
配慮は必要だけど、強みや専門性を生かして働きたい学生と、個をみて活かす採用を考える企業とのマッチングをサポートするプロジェクトです。障害の有無に関係なく参加することが可能であり、強みも必要な配慮もどちらも企業にオープンにし、それらを踏まえた上で活躍の場を考えてくれたり、相談に乗ってもらったりする機会を創ります。そうすることにより、本人の強みを活かすことと働きやすさを整えることの両面を実現していきます。2019年度は、京都大学、筑波大学、早稲田大学、大妻女子大学等、関東・関西の20以上の大学の協力を得て、90名以上の学生が参加しました。

以上それぞれの取組に対して、学生の準備や振り返りを行うＩＣＴツール「Boosterキャリア（https://career.en-booster.jp/）」などを活用しながら、大学と我々とが学内外連携することで、より学生の気づきが促進されたり、就職につながりやすくなったりしています。

最後に

現在、障害のある学生のキャリア教育は過渡期にあり、学内体制、支援に必要な知見、企業の受入体制の未整備などから、これが正解と言えるものはありません。今必要なのは、学生、大学だけではなく就活の前段階から企業とも連携し、それぞれの現状を共有しながら、あるべき姿を探っていくことだと考えています。今後、そういった学内外連携が進むことで、障害のある学生が安心してキャリアを考え、自分の希望に応じた進路に進んでいく事を願いたいと思います。

（２０２０年７月掲載）

2. 視覚障害者の就労スキル開発

竹下浩（筑波技術大学　教授）

未熟な営みですが、以下共有させて頂きます。視覚障害のお話ですが、他領域の知見が参考になりますので、ご指導を頂戴できれば幸いです。内容は、学部1年生向けの「視覚障害者社会参加論」と、事務系職種の視覚障害者と上司向けの就労スキル開発支援です。

視覚障害者社会参加論

去年は鍼灸学専攻４名、理学療法専攻２名、情報システム学科２名でした。ここでは、読む・考える・話す・書くスキルを開発します。学生の見え方は様々なので、教材は、点字・14ｐ・18ｐ・24ｐを使用します。字が大きくなれば、読む時間がかかります。点字の場合は漢字だとさらに時間がかかります。そこで最初の数回では、速読の練習をします。各自の読む時間を測りますが、周囲との優劣ではなく、自分がどれだけ改善できるか挑戦します。

教材は、障害者雇用・就労支援に関する書籍、視覚障害者の就労の現状と課題に関する論文、視覚障害者のキャリア発達影響要因の論文、そして筆者の障害者就労支援に関する学会発表や論文です。パソコン教室後ろのテーブルに輪になり、感想や意見を共有します。教材は様々な障害者の雇用事例が紹介されており、視野を広げることができます。

最後の20分で、レポートを提出します。パソコン席に戻り、ウェブ検索しながら、ワード1枚で作成します。場数を積むごとに文字数が増え、説得力が出てきます。

実社会はギブアンドテイクで、アウトプットが問われますので、自発的にチームを組成し、茨城県学生ビジネスプランコンテスト２０１９に挑戦しました。結果1チームが「お出かけの大革命：道との対話による共生社会実現」で日刊工業新聞社賞を頂きました。

授業評価では、他者意見の興味（グループワーク形式で親しみ易かった・他者との意見交換・インプットとアウトプットの練習・学生が積極的に参加しやすかった）、心理的安全感（思ったことを自由に発言できる・発言機会が多数設けられている）、学びと発揮の動機付け（実社会の現状をもっと知りたい・全体に発言機会を回して欲しい）、教員の支援（事例が判り易い・ビジネスプラン時の授業外助言・先生の工夫が伝わってきた・話し声も大きく聞き取り易い）がありました。

本年後はコロナの影響で、10月に対面、11月以降は遠隔が想定されます。上記評価を踏まえてゼミ形式をウェブでどう実現するか、工夫と結果については改めてご報告させて頂きます。

就労スキル開発と支援プログラム

研究の一環で、企業向け支援を実施しています。視覚障害者の就労は、伝統的な「三療」（按摩・針・灸）が制度改正（晴眼者の参入）により当事者優位性が低下したり、90年代以降開発された職種（プログラマー・調律師・電話交換手）がＧＵＩ（視覚的操作）・電子ピアノ・ダイヤルインの普及で減少したりと、就労機会確保が急務となっています。

近年、パソコンや音声読み上げソフト等の技術進歩で、重度視覚障害者でもウェブ検索や文書や表を読むことが可能になり、事務系職種での活躍が期待されています。

一方、実態調査では、現場は当事者にどんな仕事が任せられるか判らないなど、雇用率達成を求めるだけではドロップアウトや周囲の疲弊につながると指摘されています。そこで筆者は、当事者の就労スキルと上司の支援スキルの発達メカニズムを研究しています。

事務系職種の就労スキルには、技術的（オフィス系ソフト）・対人的（コミュニケーションなど）・概念的スキル（部門間関係理解や段取りなど）があります。目に見えない能力（例：学歴による選抜）と異なり、スキルは遺伝や性格、障害に関わらず、誰でも訓練すれば上達できます。障害の有無や程度でなく、養教育歴により訓練機会が異なり、それが得意・苦手を構成するのです。

特定子会社と一般企業の当事者13人・上司19人から収集した語りのデータを修正版グラウンデッド・セオリー・アプローチで分析した結果、様々な心理学的要素のうち、上司の観察した不足スキル・本人が認識する苦手スキル・上司の雇用観・本人の就労観・上司の支援スキル・本人の強みの発揮が重要であることが判りました。例えば、少人数環境に慣れた人は、代表電話や来客応対ができず、周囲から孤立するかもしれません。一方で、人の輪に声を掛け、議事録を率先して作成することで良好な関係をつくれる人もいます。本人たちは技術的スキルを苦手とする一方、上司たちは対人的スキル不足を観察しています。１００％晴眼者扱いの上司もいれば、福祉的雇用もあります。上司と部下という社会的文脈では、相手に言えないことが存在するため、共通する説明モデルを理解することで、直接対峙せずに歩み寄りが可能になるのです。

学会報告などの度に協力企業に還元、希望先にはオーダーメイド支援も行います。当事者はどこで躓き、どんな努力が有効なのか。上司はどんな配慮や指導をしているのか。双方の考え方や感情に、何が影響するのか。これらを理解した上で、ニーズに応じてオフィス系ソフト・社会的スキル・図で考え伝える訓練を行います。

（２０２０年７月掲載）

第3章　ジェンダーから見たキャリア教育1　性的マイノリティ

三部倫子（石川県立看護大学看護学部　講師）

1．性の多様性からみるキャリア教育

「キャリア教育の多様性」という特集テーマに文章を寄せて欲しいとの依頼を受け、キャリア教育の専門家ではなく、医療系単科大学に勤める一般教養の教員の私が書けることは何だろうかと考えてきた。「私見」にとどまってしまうが、本稿では私のこれまでの研究教育活動の知見から、性の多様性が前提とされない社会のなかで疎外される学びや働きの現状を読者の方と共有し、今後のキャリア教育における「性の多様性」について共に考える際の一助となれば幸いである。

「性的マイノリティ」にされる人びとは、生活上、生まれた時の性別に違和感のないシスジェンダーかつ異性愛の人びとは気付いていない困難に見舞われたり、それを回避するために自衛を講じるなど余計な負担を強いられている。キャリア教育の目的である「個人が生活し、学び、働く際の選択や意思決定および適応の支援を行うこと」にそって、（1）生活や学びにおける困難、（2）働く際の選択や意思決定に関して、性的マイノリティが経験していることを紹介する。

生活や学びにおける困難

特に義務教育までの学校空間は、制服（標準服）や修学旅行など男女性別二元論で区分けされており、生まれた時の性別に違和感のあるトランスジェンダー等には学校生活を送る上で様々なハードルを設けられている。未成年の多くは保護者である家族とともに生活をしているが、性的マイノリティの場合はこの家族のなかで「マイノリティ」でありうるため、学校でも家庭でも孤立しやすい立場におかれている。子育てをする性的マイノリティもいるが、大抵の家族は異性愛や性

別二元論を前提としている。つまり、性的マイノリティは親とは違うセクシュアリティを生きている場合がほとんどなのである。

それゆえ親が子どもの性別移行を受け入れておらず、子どもが性自認にそった学校生活を望んでも親の反対に合う、子どもの同性への恋愛感情や同性の恋人を親が受け入れずに子どもの側が悩むということが生じる。こうした場合、学校や大学側は、カミングアウトされた親のマイノリティ性に気付き、親をも支援するという視野を持つ必要性がある。しかしながら、親の理解や受容が得られないケースもどうしてもある。少なくとも学校側は子どもが自分の力で決定できるような指導や支援をしていけるよう、関係機関とも連携していく術が求められるだろう（文末資料参照）。家族のなかで居場所をもてなくても、学校をはじめとする社会の側ではのびのびとできるというイメージを創る手助けはできるはずであり、それが本人の生きていく力となる。

働く際の選択や意思決定

近年、いわゆる「ＬＧＢＴフレンドリー」企業と就職活動生のマッチングのできるサイトやイベントが行われるようになっている。このような取組は喜ばしいことだが、元来、「フレンドリー」をうたっている企業に限らず、本人が希望する職種や企業に勤められるのが理想である。

現在の生徒や学生は、インターンシップを通して就労体験をする機会がある。他方、企業の側からすると優秀な人材をトライアルで採用する場にもなりうる。インターンシップの際、企業と生徒・学生とのパイプ役となるのが、キャリア教育や進路指導に関わっている担当者である。学生個人がインターンシップ希望の企業に性的マイノリティに関する配慮について問いあわせるのは、自らのセクシュアリティを相手に意識させることにもなり、心理的・社会的にもハードルが高い。ここで、パイプ役である担当者が双方の間を取り持つことで、企業は自社の取組を多様性の観点から再検討できるし、学生もセクシュアリティに過度の心配をせずに、安心してインターンシップに集中できるだろう。キャリア教育を担当する人びとは、こうしたことからも性の多様性をしっかりと学ぶ必要がある。

常に感じていることだが、なんらかの「マイノリティ」関連教育が「マイノリティ」を自認する人びとの「ため」だけの教育であってはならない。セクシュアリティは、誰を好きになり、誰と生きていくのか、自分をどう表現するのかにかかわる、誰にでも共通する大切な人権である。セクシュアリティを尊重し、誰もが加害者にも被害者にもならないような教育は、学校、家庭、職場において多様な性を前提とした社会づくりの基盤である。そのような社会は誰にとっても生きやすい社会なのである。

参考資料

●神谷悠一・松岡宗嗣（２０２０）『ＬＧＢＴとハラスメント』集英社
https://shinsho.shueisha.co.jp/kikan/1027-b/

●文部科学省（２０１６）『性同一性障害や性的指向・性自認に係る、児童生徒に対するきめ細かな対応等の実施について』 https://www.mext.go.jp/b_menu/houdou/28/04/__icsFiles/afieldfile/2016/04/01/1369211_01.pdf

●性別違和のあるお子さんと家族のための情報サイト https://245family.jimdofree.com

●ＬＧＢＴの家族と友人をつなぐ会 http://lgbt-family.or.jp/

●国立大学法人筑波大学（２０１７）『ＬＧＢＴ等に関する筑波大学の基本理念と対応ガイドライン』
https://www.tsukuba.ac.jp/images/201703271334_LGBT_1.pdf

（２０２０年10月掲載）

2. 過酷な〝通過儀礼〟としての就職活動―ジェンダー、セクシュアリティの視点から―

荘島幸子（帝京平成大学健康メディカル学部　講師）

筆者の専門領域は心理学である。実験をやったり、心理検査を教える傍らで「ジェンダー心理学」や「青年心理学」といった授業も担当している。これが「ずっと聞きたかった話」「社会に役立つ」という理由で学生からそこそこ好評を得ていたらしい。これらの科目では、セクシュアリティ（性同一性や性的指向など）やジェンダー、そしてキャリアの話を盛り込んでいる。性的マイノリティについて扱うときは、その存在を教えるだけではなく、多様なセクシュアリティ（男性、女性、トランスジェンダー、いずれでもない）を持って社会で生きるとはどういうことかという視点から考えてもらう。例えば、トイレのマーク1つとっても「LGBT」や「性別」の問題に発展するし、性的マイノリティ者が社内のトイレを使うことを躊躇しているといったデータも呈示できる。その中で、見知らぬ他者の生きづらさに気付いたり、翻って自分の生きづらさに触れることがある。それが学生のモヤっと感＝リアル＝や聞きたかった話とつながるところがあるのかもしれない。

さて、モヤっとした感覚が具体的な形を帯びて、多くの学生の目の前に現実の壁として立ちはだかってくるイベント、それは就職活動である。大学生になって受験から解放され、いろいろな役割実験を行い、自由奔放なファッションに身を包んでいた彼らが一様に髪を黒く染め、就活用のメイクを学び、まるで戦闘服のようなスーツとパンプスに履き替えて大学の外に出ていく。青年心理学の授業で、学生に現代の通過儀礼について尋ねたら、「就職活動」と答えた学生がいた。通過儀礼とは「子どもが、子ども世界からきっぱりと決別し、完全に別の存在になるための儀式」であり、しばし、苦痛と試練を伴う。それを耐え抜いてこそ自信と誇りが生まれ、晴れて正式なメンバーとして大人社会の仲間入りができる……。まさに、青年たちにとって就職活動とは通過儀礼にふさわしい。多くの学生はモヤっとした違和感を持ちながらも、それを問いただすことはせずに戦闘を終え、大人社会へと踏み出していく。

しかし、その土俵にすら立つことができない青年たちがいる。特に深刻なのは、「男・女」という既存の性別カテゴリからはみ出るケースである。性同一性が身体的な性別と異なるトランスジェンダーや、性別を決めかねている人にとって就職活動とは文字通り、完全に「別の存在にならなければならない」儀式である。履歴書の性別欄に○がつけられない。本来の自分を偽って入社するのか、それとも希望の性別をカミングアウトするのか迫られる。しかし、多様性に理解のある会社かどうか分からぬままカミングアウトすることはリスクを伴う。トランスジェンダーの人生において自殺念慮が高まるピークの山は2つあるといわれる。1つが中学校時代。そして第2の山は大学時代である。私は、これは大学から社会への移行時、つまり就職活動の時にあると考えている。この2つの山は、「男」「女」が明確に区別される時期という点で共通するが、異なる点もある。それは中学の頃にはまだ定かではなかった性同一性のありようが、大学を出る頃にははっきりと自覚している者が多いということだ。中学の頃は、生きづらさを抱えながらも息をひそめてなんとかやり過ごすことができても、青年期後期には自分の生き方を社会のなかでどう実現していくのか、どのように折り合いをつけるのかという現実的な検討が必要になる。しかし、具体的な人生の道筋を描く作業は1人では到底困難だ。自分がこう生きたいと願っても、拒絶され、傷つく体験となることもある。セクシュアリティが社会（会社）に認められるかどうかは、本人にとっては生きるか死ぬかという問題に直結する。

「ＬＧＢＴに関する職場環境アンケート２０２０」（©特定非営利活動法人 虹色ダイバーシティ、国際基督教大学ジェンダー研究センター、２０２０）では、当事者の雇用形態に関する現状が示されている。トランスジェンダーでは、全体の15・3％が仕事をしておらず、FtX（出生時に女性として割り当てられたが、性同一性が定まっていない者）では、非正規雇用がおよそ半数であり、困難が伺える。「普通の会社では雇ってもらえないと分かっているので、手に職をつけなくてはと思い、資格がとれる大学（専門学校）に入学しました」と話す学生も多い。勤務している大学でも数名の学生から同じ話を聞いた。全員トランスジェンダーである。一見、積極的な選択のように聞こえるが、この選択の背景にあるのは、この社会では働けないという絶望である。排除をあらかじめ回避するか、当たって砕けるかという2択のなかで、過酷な通過儀礼を経験している。当事者に限ったことではない。多くの学生が強固な性別規範を前にして疑問を持ち、生きづらさを感じている。これから先求められる大人社会の「男らしさ」「女らしさ」を見通して、萎えている。マイノリティに限った話ではない、これは私たちの問題である。「ダイバーシティ」という言葉が虚しく漂っている。

最後に、就職をサポートする取組を紹介する。

参考資料

●認定ＮＰＯ法人 Rebit によるキャリア事業

「ＬＧＢＴ就活：ＬＧＢＴの人もＬＧＢＴでない人も、自分らしくはたらく。自分らしく生きる」

（ロールモデルや企業の取組の紹介、フォーラムの開催など） https://rebitlgbt.org/

（２０２０年10月掲載）

3．当事者の就職・キャリア形成について考える

原田泉（鹿児島県総務部財政課）

今回頂戴したテーマは、「ジェンダー、性的マイノリティから見たキャリア教育」ということで、今回はＬＧＢＴ当事者である私のあくまでも私見で構わないとのことだったので、私自身のこれまでの経験を述べさせていただく。

はじめに私自身について。トランスジェンダーという言葉を知り自分の中で探し続けていた自分と合致したのがおよそ20年前、大学1年生の頃だ。それまでは、自身が何者なのか、周囲の人と違うのかなど、今自分が属されているものとは違うという違和感を抱きながらも大きくはみ出ることなく過ごし、敢えて考えない選択をしながら過ごしていた。

それだけに、自身が何者かということが分かった時、やっと名前が与えられたような、存在価値を認められたような喜びと同時に、家族に対し申し訳ないという強い思いや、家族に拒絶されるのではないかという強い恐怖が同時に芽生えたのをはっきりと覚えている。

そんな私もこの20年の間に沢山の出会いと、家族や周囲の方々の支えのおかげで様々な経験を積み、現在では鹿児島県の職員として日々仕事に従事させていただいている。

さて、ここからは本題のマイノリティ当事者が感じる苦労、葛藤、これまでに助けられた周囲のサポートなどを、私自身の経験をもとに、就職活動時、就職後の２つの時点にわけて記述していく。

就職活動について

今でこそ、カミングアウトや企業での認知度も向上はしているが、マイノリティ・ＬＧＢＴと一言で括っても内容は多種多様であり、就職活動にはほぼ全てと言っても良いほど、各段階において男女という性別の振り分けが紐づいてくる。

例えば、書類選考では履歴書の性別欄、証明写真。さらに日本では、一般的にリクルートスーツ姿で撮影することが多

く、男性はネクタイといった象徴的なものがある。

次に、面接試験では、服装、そしてカミングアウトするかどうかという大きな問題がある。カミングアウトすることで、差別されるのではないか、落とされるのではないかという怖さから当事者はどうすべきか悩むものである。

私自身、過去4度のキャリアチェンジをしてきたが、初めての就職活動の際は、戸籍の性にできるだけ近い服装を纏《つくろ》って面接を受け、2回目以降は、履歴書の性別欄には戸籍上の性別を書いたものの、履歴書写真と面接では、自分を隠すことはやめ、本来の自分の姿で挑み、面接の際には最初にカミングアウトをするように変わっていった。

就職後の問題について

就職後の問題としては、まずトイレ。これは当事者もだが、共に働く人々にとってもセンシティブな問題になりうる。私の場合3社目では、上司に笑顔で、「どっち使うんだっけ?」と聞かれ、そのナチュラルな思いやりに非常に救われたものである。

そして、健康診断。病院によって更衣室の手配など対応の可否が分かれるので、自分で病院を探し、選択させていただくことで周囲の人を気にすることも、気を使わせてしまうこともなく、安心して受診することができた。

また、入社に伴い先に全ての従業員へ周知しておくべきか、営業であれば、営業先の企業への周知などもあげられる。細かい問題については、私の意見としては当事者本人が率先して考え、動き、社内でコミュニケーションをとっていけば問題はないと感じている。

当事者のキャリア形成に必要なこと、これからのキャリア教育に期待すること

私自身もこれまでの人生の中で自身がマイノリティであることを理由に逃げていた時期もある。それは、自分が自分でない性で就職をしたくないという思いからだ。だが今、その思いを払拭できている要因は、絶対的な理解者がいること。家族、友人、先輩、後輩。本来の自分を知っても肯定し、理解してくれる人達の存在だ。

今後の教育の中で、幼少期より当事者に会い、話し、考える機会を創出し、LGBTやマイノリティという言葉が、male、female のように特別ではない言葉に、全ての特別な括りがなくなる世の中になっていくよう、全ての人が人とし

て同じようにキャリア形成の為の一歩を踏み出せるような教育をしていただけたらと願っている。

最後に、私はこれからも私自身の姿を通し、当事者はもとより、周囲でどう手を差し伸べていいか悩まれている方々の何かのきっかけになれるよう、そして決してマイノリティはディスアドバンテージではなく、1つの個性でアドバンテージにもなり得るということをこれからも証明していきたい。

（2020年10月掲載）

4. かわったこと、かわらないこと─職場での性別移行について─

ほんまなほ（大阪大学COデザインセンター　教授）

おどろいた同僚たち

わたしは1998年から大阪大学に勤めています。職場で、トランス（生まれたときに割りふられた性別と異なる性別で生きているひとたちの総称）としてはじめてカムアウトしたのは、さいきんのことで、2016年の秋でした。研究室のゼミの場で、ほかの教員と学生たちのまえで、長年、うまれたときに割りふられた性別をじぶんのものとはおもえずに違和を感じつづけてきたこと、いまはジェンダー・クリニックに通って診断を受け、性別移行のための治療をおこなっていることを話しました。カミングアウトの決断とその後を支えてくれたのは、まだまだ数すくない女性教員たちでした。彼女たちはわたしを女性としてあたたかく迎えいれ、いろんな相談にのってくれました。もとからわたしのことをオトコとおもったことはなかった、といってくれる同僚もいて、彼女たちのサポートがなければ、カムアウトすらできなかったでしょう。

2017年春には、大阪大学がLGBTに関する基本方針を策定するということで、「当事者教員」として策定委員に指名され、役員たちのまえでカムアウトし、すべてのひとにとって性的指向、性自認（性同一性）、ジェンダー表現の多様性が尊重されるべきである、というSOGI（Sexual Orientation and Gender Identity）の多様性と権利について解説しました。だれもSOGIということばをしらなかったのです。それをきっかけに2017年冬には、文学研究科でSOGIの多様性に関するファカルティ・ディヴェロップメント研修を担当し、研究科教職員のまえで性的指向、性自認、ジェンダー表現、身体的特徴にかかわる多様性の説明をしながら、わたしは女も男もすきなバイセクシュアルであること、うまれたときに割りふられた性別に一致しないトランスであること、女性としてのジェンダー表現を好むことを話しました。わたしは着任してからずっと、髪をながくのばし、ピアスをして、スーツ・ネクタイはぜったいに着ないで、フリルがついていたり、ピンクや赤といったあざやかな色味の服を身につけたり、ときどきスカートをはいたりしていたので、教職員学生のあいだでは「変わったファッションのひと」「中性的なひと」という見方が定着していたのだとおもいます。それでも、わたしがトランス女性であるとカムアウトしたことに多くのひとがおどろいたのが意外でした。それだけひとが、うまれたときに割ふられた性別を確固たるものとして信じていて、また、レズビアン、ゲイ、バイセクシュアル、トランスはどれも、見てすぐにそれとわかる特徴を持っていると思いこんでいるんだと、あらためておもいました。

いちばんの苦痛

服装や髪型を自由にえらぶことができたのが、大学教員としてこれまでわたしが生きのびてこれたおおきな理由の1つです。服装や髪型がきめられた職場であれば、そもそもそこに就職できなかっただろうし、できたとしても、たえられずにもっとはやく性別移行の手続きをとったでしょう。

そんなわたしでも苦痛だったのは、男子トイレの使用でした。カラフルでヒラヒラした服を着ていたので、わたしがトイレに入るとおどろかれるし、なにより、個室を使っていたにせよ、男子トイレに入ること自体がいやでいやでしかたありませんでしたが、ずっとがまんしていました。入るとほんとうに吐き気やめまいをもよおすのです。女子トイレを使いたい、でもそんなことを口にすれば、ゼッタイに変質者だとおもわれる、その恐怖感の方が大きかったのです。性別を問わないトイレの設置は、すべてのひとにとって有用だとおもいます。しかしトランスのひとたちにとっては、一時の避難所でしかありません。わたしも多目的トイレができてから性別移行の一時期まで使っていました。女男別トイレと並んであるそのトイレに入ると、はっきりいってとてもミジメなきもちになります。「おまえはフツーじゃない」といわれているような気分です。また多目的トイレはけっこう使用中のことが多く、ドアのまえで立ってまっていると、通りすがりのひとにジロジロ見られます。これも苦痛です。女子トイレを問題なく使えているいまは、決して性別を問わないトイレには入りません。入ると移行時のミジメな気持ちがよみがえってくるのです。「トランスなら性別を問わないトイレを使えばいい」は、「黒人なら黒人専用のバスを使えばいい」というのと同じくらい、シス（＝トランスでない）ジェンダーであることの特権にもとづく考えです。女子トイレを使うようになって、もう何年もたちますが、いままでいちども苦情やトラブルに見舞われることなく、街中の混みあった女子トイレにならんでいても、だれもわたしのことを気にとめません。

通名使用から改名へ

２０１８年からは、大学に通称を使用する願いを出し、はじめてのケースだから検討する、と数か月待たされましたが、正式に認められて、授業や広報物で「ほんま なほ」が使えるようになりましたが、給与関係の書類だけは戸籍名を使わなければなりませんでした。名前は性自認とジェンダー表現を他者にしめす重要な存在です。「わたしはトランスの女です」といちいち口にしなくても、名前が性別をあらわしているので、それだけでストレスが激減します。しかし、職場で通称を使いはじめるまでかなり葛藤がありました。大学教員特有の事情として、これまでの研究業績に旧名が残ってしまうのです。すでにいくつもの著書や訳書を出していて、過去の名前をかえることはできません。じぶんの過去の業績がすべてなくなってしまうのではないかと心配もしました。これは婚姻時の別姓使用や通称使用と共通する問題です。もちろん、業績をうしなうことはありませんでしたが、過去の名前をすべて書きかえたい、というきもちになんとかくぎりをつけ、過去の名前も引き受けていまのじぶんがいる、ということを認めるようになりました。しかし、近年研究者は業績をインターネットで公開しなければならなくなり、旧名がむやみに晒されるのはやはり苦痛です。

翌２０１９年には戸籍名も改名し、通称を使用したのは一年たらずのあいだでした。ここ数年、大学のLGBTsサークルとも交流をふかめることで、トランスの学生と出会う機会にも恵まれました。わたしが大学生だった90年代、教員になった２０００年代、そして２０１０年代と、トランスやＬＧＢをとりまく状況は大きくかわりました。それでもわたしよりも年上のトランスの教職員はまだまだ望む性別で仕事ができないひとが少なくありません。生まれたときに割りふられた性別で生きなければならなかった期間がながければながいほど、職場での移行はむずかしいという現実があります。いまの大学生も、在学時は問題なく望みどおりの性別で生活できていたとしても、就活や就職時に履歴書をみて、トランスであることが知られてしまいます。明らかに、就職に困難がともないます。ぶじに就職できた場合、上司以外はだれも職場で戸籍上の性別を知らないケースもあります。理解のある家族と医療者と経済状況に恵まれて在学中に戸籍上の性別を変更できたら、シスジェンダーとまったく同じように働くことができますが、そういうひとはまだまだ少ないでしょう。わたしが教授に昇任するときに履歴書を提出しなければなりませんでしたが、性別欄を空欄にしたままにしました。採用時に性別記載が不要になる日がくることを願ってやみません。

トランスにまつわる誤解とシス異性愛規範

性別欄をなくし、性別を不問にすることと、性別そのものをなくすこととはまったくべつのことです。トランスときくと、「男でも女でもないひと」と思いこんでいるひとがすくなくありません。わたしが毎年、授業でジェンダーとセクシュアリティの問題について講義するときに、受講生に尋ねると、LGBTに関するそれなりの知識を持っているひとでも、やはりそのようにおもっているひとが多く、性別をなくしてしまえば、トランスの悩みはなくなるのではないか、と意見を書いたりします。しかし、トランスのひとたちの多く、すくなくともわたしの知りあいのほとんどは、じぶんを女または男とおもい、そのように生活していますし、もちろん、どちらでもない、または、どちらでもある、と感じているひともいます。それが多様であるということです。だれも、性別をなくしてほしいとはかんがえていないでしょう。ただ、性別が社会的障壁となることがなくなってほしい、と望んでいるだけです。

理解がすすんでいるようにみえる現在になっても、性的指向が典型ではない大学生のほとんどがまわりにカムアウトできず、それを隠して学生生活をおくり、就職しても職場で隠しつづけなければいけません。異性への性的指向が「デフォルト」である社会では、なにもいわなければ異性愛者とみなされてしまいます。わたしも職場の女子会でじぶんの好みの男性の話をなんのためらいもなくすることができて、これがシスジェンダー・異性愛の特権なんだ、としみじみおもいました。「異性」という表現がそのことばどおりの意味をこえたニュアンスで公私問わずつかわれるのがほとんどであり、それにきづかないでいられるのが異性愛者の特権なのです。わたしが男性として認識されていたときには、男性の好みについて話すのがむずかしく、こんどは女性として認識されると女性の好みについて話すのがためらわれます。好みの話だけではありません。性的指向は、性に関係のない日常のさまざまな規範やルールの大前提となっています。同性間であれば性的なまなざしを意識しないでいいはず、というのがその1つです。逆に、異性間であればかならず性的なまなざしがある、もしかりです。そして多くの場合、そういった規範の多くは異性愛シス男性中心の視点でつくられ、語られるのです。また、性的なものを「公的」空間からしめだし、「私的」なものにしようとする規範もまた、職場などで性的指向のちがいをあきらかにする妨げになります。性的な表現はあってはならないとされる場所では、性的指向にふれると、それじたいハラスメントだと訴えられてしまいます。公私と異性愛規範にもとづくハラスメントの考え方は更新される必要があります。

大学でおこなっている当事者学生の交流カフェでは、カフェの終了時間がきても、みんな帰りたがりません。集まっている部屋の一歩外にでると、その学生たちはじぶんにとってたいせつなところにふれないよう、こころにふたをして生きなければならないのです。もうそういう時代はおわりにしなければなりません。

（２０２０年10月掲載）

5．多様なジェンダー・セクシュアリティをどれだけ想定することができるか

松岡宗嗣（一般社団法人 fair　代表理事）

私はゲイであることをオープンにしながら、政策や法制度を中心としたＬＧＢＴに関する情報を発信する「一般社団法人 fair」代表理事を務めています。また、ライターとして HuffPost や Yahoo! ニュース、現代ビジネス等でＬＧＢＴに関する記事を寄稿しています。特に「企業とＬＧＢＴ」という観点からは、今年6月より施行の「パワハラ防止法（改正労働施策総合推進法）」を受けて、集英社新書より共著『ＬＧＢＴとハラスメント』を7月に出版しました。

こうした経験をもとに、多様なジェンダー・セクシュアリティの視点から見るキャリア教育について考えてみたいと思います。

今年5月に発表された厚生労働省の委託調査によると、いわゆる「ＬＧＢＴ」と呼ばれる性的マイノリティのうち、職

場でカミングアウトしている人の割合はたった1割程度だということがわかりました※1。また、性的マイノリティではない人に「自分の職場に性的マイノリティがいるか」を問うと、約7割が「いないと思う」「わからない」と回答しており、まだまだ多くの人が「自分の周りに性的マイノリティはいない」と認識しているのが現状です。

しかし、性的マイノリティは人口の約3〜8%程度と言われており、学校や職場、地域社会などどこにでもいる存在といえます。まずは、性的マイノリティは「いない」のではなく、「見えていない」という課題を認識することが重要ではないかと考えます。

上述の調査によると、職場で困りごとを抱える性的マイノリティ当事者の割合は、LGB（同性愛や両性愛者）の36・4%、トランスジェンダーの54・5%にのぼっています。当事者の多くが「プライベートの話をしづらい」「異性愛者としてふるまわなければならない」「自認する性別と異なる性別でふるまわなければならない」などの点から困難を感じているのです。

いわゆる「ホモネタ」など、性的指向（自分の恋愛や性愛の感情がどの性別に向くか向かないか）、性自認（自分の性別をどのように認識しているか）に関するハラスメントを「SOGIハラ」と言います。当事者は日常的にこうしたハラスメントを受けることもあり、同調査の「神経過敏」「絶望的」「自分は価値のない人間」などと感じているかという項目を見てみると、性的マイノリティはそうでない人に比べて、メンタルヘルス不調の割合が高い傾向もみられています。

そもそも性的マイノリティは、学校でいじめ被害を経験している割合も高く、例えば小・中学校の保健体育の教科書には、思春期には「異性に対する関心が高まる」などの記述があり、特に同性愛・両性愛者は「自分は異常な存在」であるというメッセージを教科書から突きつけられます。「シスジェンダー・異性愛者」を前提とした現状の社会では、性的マイノリティは学校だけでなく、企業や行政、医療福祉など様々な領域やライフステージにおいて困難が生じます。

多様なジェンダー・セクシュアリティという視点から「キャリア教育」を考える際、性的マイノリティがこれまで直面してきた、またはこれからの人生において立ちはだかるさまざまな困難をどれだけ想定した教育や支援ができるかが鍵となってくるのではないかと考えます。


そして「あらゆる領域に多様なジェンダー・セクシュアリティは関係する」という前提――ジェンダー・セクシュアリティ主流化の観点が重要ではないかと考えます。

例えば、性的マイノリティの多くは、幼少期から自分の身近な関係の中に、ゲイやトランスジェンダーであることを公表している大人を見つけられないことで、ロールモデルとなる存在を見出すことができず、人生設計が難しくなってしまう側面があります。

社会に根強く残る差別や偏見は、当事者に「スティグマ（負の烙印）」を押しつけ、当事者自身も差別を内面化してしまい、自己肯定感の低下へとつながってしまいます。

前述の調査では、バイセクシュアルの当事者のうち、「職場でカミングアウトをしない理由」について「仕事と関係がないから」と回答した割合が他のゲイやトランスジェンダーなどの人々より多かった一方で、職場で「差別や偏見を感じる」や「メンタルヘルス不調」の割合もＬＧＢＴの中で一番高い傾向がみられました。

当事者の中には、自分がそもそも何に困難を感じているのか、困難の背景はどこにあるのかといったことを認識すること自体が難しい側面があることも押さえる必要があるでしょう。


キャリアについて考える際に、典型的なジェンダー・セクシュアリティを前提とした決め付け、押しつけを行っていないかにも注意が必要だと考えます。

例えば「女性」に関するキャリアを考える際に「結婚」や「出産」を前提としていないか、という点については、いわゆる「マジョリティ」であるシスジェンダー・異性愛者の女性であっても、誰しもが結婚／子育てをするわけではない、ということは自明でしょう。

ここでさらに、レズビアン女性の場合を考えてみると、そもそも同性カップルは法的に結婚できないため、パートナー関係がどのように保障されるのかという問題が生じてきます。例えば、慶弔休暇や配偶者関連の福利厚生、転勤の際の家族帯同などにハードルが立ちはだかります。ジェンダーギャップ指数が121位、男女の賃金格差も残る日本社会で、女性どうしで生活する上でのキャリア・経済的な不安をどう乗り越えていくかなどの課題もあります。

さらに、トランスジェンダー女性の場合は、そもそも自分のキャリアを描く以前に、職場で「女性」として勤務できるのかどうか――履歴書の性別欄や会社での通称名使用、制服、更衣室、トイレなどの設備を性自認に基づく利用ができるのかなど、様々なハードルがあります。また、実質的には保険が適用されない性別適合手術を受けるためには多くの費用が発生し、働きながらお金をため在職中に手術に臨むという当事者もいます。

「女性」と一言でいっても、上述したような性のあり方や経験が異なるという前提を持つこと、マジョリティの性のあり方〝のみ〟を前提とした教育や支援をしていないか見直すことが必要ではないかと考えます。

近年は「LGBT」に関する社会の関心の高まりから、積極的に性的マイノリティに関する施策を打ち出す企業も増えてきました。一方で、例えば大学のキャリアセンターで性的マイノリティの当事者がキャリアに関する相談をしようとしたところ「それは福祉課に行ってください」と門前払いを受けたという事例や、「(同性愛は)気のせいではないか」などとハラスメントを受けてしまったという当事者もいます。

まだまだ多様なジェンダー・セクシュアリティに関する適切な認識が広がっているとは言えません。こうした多様な性のあり方を前提としたキャリア教育、支援を実践するためには、まずは一人一人が、自分の中の「無意識の偏見」と向き合うことが重要ではないかと考えます。

※1　厚生労働省（2020）『令和元年度　厚生労働省委託事業　職場におけるダイバーシティ推進事業　報告書』
https://www.mhlw.go.jp/stf/seisakunitsuite/bunya/koyou_roudou/koyoukintou/0000088194_00001.html
（2020年10月掲載）

第4章　ジェンダーから見たキャリア教育2　女性

佐々木千景（内閣府男女共同参画局推進課　課長補佐）

1．男女共同参画とキャリア教育

内閣府男女共同参画局では、「男女共同参画基本法」に基づき、政治、経済、地域、教育・メディア等の社会のあらゆる分野における男女共同参画を推進している。昨年12月に、男女共同参画社会の形成に向けた今後5年間の基本的な方針と具体的な取組を定めた「第5次男女共同参画基本計画」を閣議決定した。本計画の中から、キャリア教育と関連の深い事項について御紹介したい。

世界経済フォーラムが発表している最新の「ジェンダーギャップ指数」において、我が国は153か国中121位、先進国でも最低水準という結果となっていることを御存知だろうか。このような結果となっているのは、女性議員比率の低さに代表される政治分野の取組の遅れと、いわゆる管理職の女性比率の低さに代表される経済分野の取組の遅れが要因である。

政府では、2003年に「社会のあらゆる分野において、2020年までに、指導的地位に女性が占める割合が、少なくとも30％程度となるよう期待する」との目標を掲げて、取組を進めてきた。しかしながら、女性の参画が進んでいる分野もある一方で、遅れている分野もあり、全体として「30％」の水準に到達しそうとは言えない状況にある。その要因としては、①政治分野において立候補や議員活動と家庭生活との両立が困難なこと、人材育成の機会の不足、候補者や政治家に対するハラスメントが存在すること等、②経済分野において女性の採用から管理職・役員へのパイプラインの構築が途上であること、そして、③社会全体において固定的な役割分担意識や無意識の思い込み（アンコンシャス・バイアス）が存在していること等が考えられると総括できる。

「ジェンダーギャップ指数」の順位が示すとおり、我が国の状況は国際的に見て遅れたものとなっている。男女共同参画はそれ自体が最重要課題だが、グローバル化が進む中、世界的な人材獲得や投資を巡る競争を通じて日本経済の成長力にも関わるものであり、こうした危機感の下、本計画を策定した。

また、計画の策定プロセスでは、若者たちの意見を含め、パブリックコメントでは約５６００件、オンラインで２回開催した公聴会では約５５０件と、第４次男女共同参画基本計画の際の約1.6倍の御意見をいただき、これらの御意見を可能な限り反映するよう努めた。例えば、若者から非常に多くの意見が寄せられた、「就活セクハラの防止」について、内容を充実させ、取組を新たに盛り込んでいる。

以下では、全11分野から構成される計画の中から、５つの分野を御紹介したい。

【第1分野　政策・方針決定過程への女性の参画拡大】

「２０２０年30％」目標に代わる新たな目標として、２０２０年代の可能な限り早期に指導的地位に占める女性の割合が30％程度となるよう取組を進め、さらにその水準を通過点として、２０３０年代には、誰もが性別を意識することなく活躍でき、指導的地位にある人々の性別に偏りのないような社会となることを目指すことを掲げている。①政治分野では、政党に対し、政治分野における男女共同参画の推進に関する法律の趣旨に沿って女性候補者の割合を高めることを要請することや、地方議会における議員活動と家庭生活との両立やハラスメント防止についての取組の促進など、②司法分野では、最高裁判事も含む裁判官全体に占める女性の割合を高めるよう裁判所等の関係方面に要請することなど、③経済分野では、企業における女性の参画拡大や女性の能力の開発・発揮のための支援などについて記載している。

●主な成果目標

衆議院議員の候補者に占める女性の割合※

（現状）17・8％（2017年）⇓（目標）35％（2025年）

参議院議員の候補者に占める女性の割合※

（現状）28・1％（2019年）⇓（目標）35％（2025年）

民間企業の女性登用

係長相当職に占める女性の割合

（現状）18・9％（2019年）⇓（目標）30％（2025年）

課長相当職に占める女性の割合

（現状）11・4％（2019年）⇓（目標）18％（2025年）

部長相当職に占める女性の割合

（現状）6.9％（2019年）⇓（目標）12％（2025年）

※政府が政党に働きかける際に念頭に置く努力目標

【第2分野　雇用等における男女共同参画の推進と仕事と生活の調和】

働きたい人全てが性別に関わりなくその能力を十分に発揮し生き生きと働くことができる環境づくりを図るため、①男性が子育て等に参画できるような環境整備の一層の推進、②職場や就職活動における各種ハラスメントの防止や男女間賃金格差の解消、③積極的是正措置（ポジティブ・アクション）の推進等による職場における女性の参画拡大、④非正規雇用労働者の待遇改善や正規雇用労働者への転換に向けた一層の取組などについて記載している。

●主な成果目標

民間企業の男性の育児休業取得率
（現状）7・48％（2019年度）⇓（成果目標）30％（2025年）

【第3分野　地域における男女共同参画の推進】

固定的な性別役割分担意識等を背景に、若い女性の大都市圏への流出が増大していることから、女性にとって魅力的な地域を作っていく必要があること、地域における女性デジタル人材の育成など学び直しを推進すること、女性農林水産業者の活躍の推進、地域活動における男女共同参画の推進などについて記載している。

●主な成果目標
地域における10代～20代女性の人口に対する転出超過数の割合
（現状）1・33％（2019年）⇓（成果目標）0.8％（2025年）

【第4分野　科学技術・学術における男女共同参画の推進】

研究職・技術職に占める女性の割合は増加傾向にあるものの、日本は16・6％と諸外国と比較して低水準にとどまっていることから、①科学技術・学術分野における女性の参画拡大、②性差の視点を踏まえた研究の促進、③男女の研究者・技術者が共に働き続けやすい研究環境の整備、④女子生徒の理工系進路選択の促進などについて記載している。

●主な成果目標
大学（学部）の理工系の教員（講師以上）に占める女性の割合
（現状）理工系：8.0％（2016年）、工学部：4.9％（2016年）⇓（成果目標）理工系：12・0％（2025年）、工学部：9.0％（2025年）

【第10分野　教育・メディア等を通じた男女双方の意識改革、理解の促進】

「令和元年度男女共同参画社会に関する世論調査」によれば、社会全体における男女の地位の平等感について、「平等」と回答した者の割合は21・2％に過ぎない。背景には、固定的な性別役割分担意識や性差に関する偏見・固定観念、無意識の思い込み（アンコンシャス・バイアス）があることが挙げられる。このため、地方公共団体や関係機関・団体と連携し、男女双方の意識改革と理解の促進を図る取組について記載している。また、人々の意識を変えていく上で、教育は極めて重要な役割を担っている。初等中等教育機関の先生の男女比は半々であるにもかかわらず、校長などに占める女性は依然として少ない状況であることから、学校教育における政策・方針決定過程への女性の参画を促進する取組についても記載している。

●主な成果目標

「社会全体における男女の地位の平等感」における「平等」と答えた者の割合

（現状）21・2％（2019年）⇓（成果目標）ほぼすべてを目標としつつ、当面50％（2025年）

初等中等教育機関の教頭以上に占める女性の割合

副校長、教頭

（現状）20・5％（2019年）⇓（成果目標）25％（2025年）

校長

（現状）15・4％（2019年）⇓（成果目標）20％（2025年）

今後、5次計画に基づき、女性が直面している具体的な課題を一つ一つ解決し、「すべての女性が輝く令和の社会」の実現に向けた取組を推進していく。5次計画の概要や本体は内閣府男女共同参画局HP（https://www.gender.go.jp/about_danjo/basic_plans/5th/index.html）に掲載しているので、是非、御覧いただきたい。

（2021年1月掲載）

2．女性研究者の卵を育てる

青野篤子（人文社会科学系学協会男女共同参画推進連絡会　第4期委員長、福山大学　名誉教授）

人文社会科学系学協会男女共同参画推進連絡会（GEAHSS）について

１９９９年に「男女共同参画社会基本法」が公布・施行され、あらゆる分野でのジェンダー平等を達成することが喫緊の課題とされた。学問・研究におけるジェンダー平等をめざして、２００２年には自然科学系分野に属する学協会が集い、男女共同参画学協会連絡会が発足した。しかし、人文社会科学系学協会男女共同参画推進連絡会（Gender Equality Association for Humanities and Social Sciences:GEAHSS）が発足したのはそれから15年後の２０１７年5月であった。このタイムラグは何によるのだろうか。

まず、人文社会科学系分野は自然科学系分野と比べて大学生や女性研究者の比率が高い傾向にあり、男女の格差が大きな問題とみなされなかったことが関係していると思われる。また、日本の学術研究の方向性を左右する科学技術基本法（１９９５年施行）では、「科学技術」は技術と一体化した科学と定義され、人文社会科学は科学とみなされてこなかったことがある。そのため、学術の振興は自然科学系を偏重する形で進められてきた。ようやく２０２１年の改正で、「人文科学のみに係る科学技術」が追加されることになる（法律の名称も「科学技術・イノベーション基本法」に変更）が、ここでも技術の発展やイノベーションが前提とされている。このように、日本での「科学」の定義は自然科学に偏っており、自然科学と人文社会科学との乖離を生んでいたと言えよう。

学問分野と女性の参画

男女共同参画（ジェンダー平等とイコールではないが）の進展度を、全体に占める女性の比率だと考えると、分野を総合した女子学生の割合は、大学で45・4％、修士課程31・6％、博士課程33・7％であることから、研究者候補となる女性は少数派であることがわかる。専攻分野別に見ると、人文科学（哲学のように女性の比率が低い分野もある）、薬学・看護学等及び教育学等では女子学生の割合が高い一方、理学及び工学分野等では女子学生の割合が低く、専攻分野によって男女の偏りが見られる。工学部は大学で15・4%、修士課程で13・6%、博士課程で18・3%、理学部は大学で27・9%、修士課程で23・7%、博士課程で19・7%と低率である（女子中高生の理系進路選択支援プログラムを導入した後でこの程度である）。

ちなみに、社会科学は理系の医学・歯学とほぼ同レベルであり、一概に、理系で男性の比率が高く文系で女性の比率が高いとは言えない。また、人文科学・社会科学の中でも女性比率の高低にはかなりの変動があることに留意すべきである。すなわち、男女共同参画の施策を考える際に、理系・文系、人文科学・社会科学という区分は見直されるべきだろう。文理融合、人文科学と社会科学の融合による学際領域が増えているのは、その兆候と言えよう。

「リケジョ」の功罪

学問分野のジェンダー平等を進めるためには、研究者の支援やキャリア形成は当然のことであるが、児童・生徒・学生の教育を通してそのすそ野を広げることも重要である。その方策の1つとして相対的に女子学生の少ない「理系」分野に女子高生をいざなう「リケジョ」プロジェクトが継続して実施されている。このプロジェクトは工学部への女子の進学率を増加させるなど一定の成果をもたらした反面、弊害と言える面も持っている。「リケジョ」は特別な人たちであり、自分にはそのような才能はないと女の子たちの意欲をなくさせる可能性がある。そして、他の進路への支援が相対的に薄くなる可能性も免れないだろう。また、高校の進路指導では伝統的に、理系・文系のコース設定が行われてきたが、自分がどういった進路に進むかというよりも、理科や数学ができるかどうかでコースを決めることもあるのではないだろうか。

青野（2008）は、中学生・高校生を対象に、好きな教科と希望する職種などについて質問紙調査を行っている。中学生・高校生ともに、数学と理科については、女子より男子の方で好意度が高く、国語と英語については、男子より女子の方で好意度が高かった。このようなジェンダー差の受け皿として理系・文系コースが機能しているのだとすれば、コース分けを見直す必要があるのではないだろうか。ランドセルメーカーのクラレが毎年行っている小学生の希望職種についての調査で、小学6年生が希望する職業で男子は4位に研究者（2019年は2位）が入っているが、女子には10位以内にも登場しない。これは、女性研究者のロールモデルが少ないことが大いに影響しているだろう。理工系のみならず、幅広い学問分野の存在を教え、経済学者になりたい、哲学者になりたい、歴史学者になりたい、というような人材を育ててほしいものである。

引用文献

●青野篤子（２００８）「ジェンダーの 観点からみた中学生と高校生の職業態度」（心理科学、29巻、18―31ページ）

参考資料

●男女共同参画学協会連絡会　https://www.djirenrakukai.org/
●人文社会科学系学協会男女共同参画推進連絡会　https://geahssoffice.wixsite.com/geahss
●男女共同参画白書 令和2年版　https://www.gender.go.jp/about_danjo/whitepaper/r02/zentai/index.html

（２０２１年1月掲載）

3. 灯火をつなぐ

大坪久子（日本大学薬学部薬学研究所　上席研究員（男女共同参画学協会連絡会））

２０２０年12月半ばに、私は多くの仲間に助けられて、教材用ＤＶＤ、"SEE BIAS and BLOCK BIAS"を、男女共同参画学協会連絡会（以下、連絡会）のホームページにアップロードした。

私は元々分子生物学者で、染色体上を「動く遺伝子」の研究が専門だが、60代を前にして女性研究者支援に軸足を移した。その活動の場が、理工系の学協会の連携組織「男女共同参画学協会連絡会」で、大規模アンケート調査、政府への要望活動、女子中高生夏の学校の支援等、18年近く、その時々に必要とされることを続けてきた。その中で、最も大切にしてきたことが、「女性研究者のキャリア形成」と「無意識のバイアス」のかかわりであった。

私と無意識のバイアス（Unconscious Bias）との出会いは、私が連絡会大規模アンケート報告書（第2回、２００７

年発行）を抱えて、２００８年春に港区赤坂の米国大使館に押し掛けたところから始まった。当時、米国大使館内には、米国科学財団（ＮＳＦ）の日本出張所があった。出張所長、Machi Dilworth氏は米国籍の日本人で、ＮＳＦの官僚出身の方であった。私は、日本の理工系女性研究者のどう見ても悲惨としか言えない現状を示して、先進的なアメリカの女性研究者支援事業、ADVANCEプログラムについて教えを乞いたいと伝えた。ＮＳＦや米国の大学教員メンバーと親しく情報交換をする機会は、翌２００９年２月、Machiさんと北海道大学が企画した国際ワークショップで訪れた。その時、私は初めて“Unconscious Bias”という言葉を耳にした。無意識のバイアスについて、実際に手ほどきをしてくださったのは、Machiさんが紹介してくださったコロラド大学教授、Patricia Rankin先生であった。

Rankin先生は、北海道大学のワークショップで私が話した連絡会の大規模アンケートのデータに非常に興味を持ってくださり、「あなた方には、すでにデータがあるではないか！　すばらしいことだ。ただ、そのデータの背景の掘り起こしが不十分だと思う。また、そのデータの先に、何を目指すのか、それが見えていない！」とコメントしてくださった。今思えば、その時、私は彼女のことばを全く理解できていなかったと思う。ただ、発表を褒められたことだけが嬉しかった。彼女は２００９年の秋学期にコロラド大学大学院の講義（ＷＥＢコース）に私たちを誘ってくれた。前半が「無意識のバイアス」、後半が「Leadership Development」。講義は15回×２で、計30回。あとあと、このWebinarは、無意識のバイアスの研究事例を具体的に知る上で大変な助けになった。連絡会大規模アンケートとMachiさんとRankin先生が結びついていなかったら、日本における無意識のバイアスの理解は、もっと表層的でその場限りになっていたと思われる。

無意識のバイアス－Unconscious Bias－とは、誰もが潜在的に持っている偏見、知らないうちに脳に刻まれた固定観念のことである。よく知られている例は「女子は数学に向いていない」「女性はリーダーになりたがらない」等々……。対象は、ジェンダーのみならず、人種・宗教・障がいの有無等、多々あるが、判断に際して、往々にして安易で便利なショートカットとして機能する。特に、採用や昇進などのキャリア形成の重要な過程で女性やminorityに不利に働きがちである。そして、大切なことは、無意識のバイアスが選ぶ側だけにあるのではなく、選ばれる側にもあるということ、さらに、個人の無意識のバイアスは決してなくならないこと。我々はそれらの事実を知って、その影響を最小限に抑える工夫をすることが最も必要なことである。

始めに述べた教材用ＤＶＤ、“SEE BIAS and BLOCK BIAS”は、実際のバイアスの働き方とそれに如何に対処するかについて、現時点で得られる限りの知見をまとめたものである。だが、このようなささやかな教材は、どのように貴重な内容であろうとも、放っておいて行き渡るものではない。結局、私は、連絡会所属の各学会への配信に加えて、知人、友人、先輩、後輩、大学参画室関係者、女性研究者メーリングリスト等を総動員して「どうぞ、視聴をおねがいします」と宣伝これ相務めた。嬉しいことに、後輩のそのまた後輩から「自分でも気づかないことに気づかされて勉強になった。知人にも知らせる」とコメントが届いた。同様の反応は、全国のあちこちで、ぽつぽつと野火のように揺れている。まだ数は少ないけれど、ようやく、ＤＶＤで意図した内容がしっかり伝わったと確信できた。「無意識のバイアス」の灯火が、多くの人々の間を、次々につないでいってくれたら、というのが、私の今年の夢である。

参考資料
●男女共同参画学協会連絡会　https://www.djrenrakukai.org
●無意識のバイアス・コーナー　https://www.djrenrakukai.org/unconsciousbias/index.html
●SEE BIAS and BLOCK BIAS　https://www.djrenrakukai.org/unconsciousbias/see_bias_block_bias/index.html

（２０２１年１月掲載）

4. DV被害を経験した女性のキャリア支援

小川真理子（東北大学男女共同参画推進センター　准教授）

本稿では、DV（ドメスティック・バイオレンス）被害を経験した女性たちのキャリア支援に関連して、これまで行ってきた調査研究・教育活動の知見から、その実態と課題について述べたいと思います。

私の研究テーマは、DV被害を経験した女性たちの支援を行う民間シェルターの研究です。

民間シェルターは、草の根の女性たちによって設立され、30年以上も前から地道にDV被害を受けた女性とその子どもへの支援を行ってきました。DV被害者を匿い安全を確保するという役割があるため、場所を非公開にし、その活動実態はほとんど知られていません。

DV被害者支援には3つの局面があります。DVの「発見・相談」、DV被害者の「一時保護」及び「自立支援」です。このすべての局面において途切れのない支援を行うことが重視されています。女性が暴力を振るわれても家庭に留まる理由は、暴力を振るわれている「被害者」だと自分で認識できない程に支配／服従の関係に組み込まれてしまっていたり、社会における女性の待遇の低さと離婚後の生活に対する不安、子どもに父親のいない生活を送らせたくない等々の理由があったりします。

現状では、一時保護を境に、一時保護される前の支援と一時保護後の支援の間に切れ目があり、制度の行き詰まりが指摘されています。2001年にDV防止法が施行されて以降、日本では、行政・公的機関が中心となってDV被害者支援を行っています。しかし、DV防止法施行後20年を経た今も課題は多くあります。行政の支援は一時保護が中心になっており、一時保護後のDV被害者の生活再建や社会復帰のための「自立支援」が不十分であることが調査研究により明らかになっています（小川・小口・柴田 2020）。

DV被害者支援を先駆的に行ってきた民間シェルターは、一時保護後の「自立支援」に注力し、中長期的な支援を行ってきました。行政では縦割りの弊害等があり、民間の柔軟な支援が必要とされてきたのです。民間シェルターはこれまで行政の支援を補い、独自の支援を展開してきました。

ＤＶ被害女性が「自立」して生活すること、安全で安心した生活に戻り、社会復帰をすることが支援の最終的な目標になります。ＤＶ被害者の中には、ＤＶ被害の影響から身体的なダメージだけでなくＰＴＳＤ（Post Traumatic Stress Disorder：心的外傷後ストレス障害）等の精神的なダメージが続いたり、暴力を振るう夫等から逃れた後、見知らぬ土地に移り住み、隠れて生活をしなければならない場合もあったりします。心理カウンセリングや治療を受けながら、就職活動をしたり、仕事をしたりしている被害女性もいます。

そうした女性に対して、キャリア関連の支援では、①ＩＴ講座、②対人関係スキル研修、③キャリア・カウンセリング等を自治体や民間支援団体は提供しています。自治体の提供している支援は、多くの場合、ノウハウのある民間支援団体が委託を受けて行っています。

一部の民間シェルター・民間支援団体では、就労支援の場としてのレストラン運営、手作り工房、社会復帰に向けた外資系企業と連携したキャリア支援、カフェ運営等を展開しています。また、被害者の回復段階に応じたカウンセリングやセラピー、キャリアセミナー、子どもの居場所づくり等の多様なプログラムを切れ目なく提供しています。別の民間支援団体では、複数の民間団体が連携してＤＶ被害者に同行する支援事業を中心に、人材育成、支援モデル開発等を行っています。他には、心の傷つきやトラウマに焦点を当て、ピアサポートグループや子どものための心のケアグループを実施する民間団体、臨床心理士、精神科医等の専門家集団による母子への支援プログラムや加害者更生プログラムの提供、ファシリテーター養成講座、地域でサポートグループを行ったり、面会交流や避難に特化した支援をしたりする民間団体等もあります。ＤＶ被害者のニーズに応じた具体的な支援を編み出してきたのが民間団体です。民間シェルター・民間支援団体がＤＶ被害者に寄り添う支援を貫き、柔軟な発想と支援体制を形づくってきたからこそ、このような支援の形が次々と生み出されてきたといえます。

昨今様々な困難が複合的に絡まりあったＤＶの実態が明らかになってきています。ＤＶ被害に加えて、離婚問題、経済的困窮、ＰＴＳＤ等の精神的な疾病、障がい、虐待経験、妊娠出産等の問題を抱えていたり、さらに外国人のＤＶ被害女性は、言葉の問題や文化の違いから、より困難な状況に置かれていたりします。こうした状況において、民間シェルター・民間支援団体の柔軟性や機動性は一層重要性を帯びてきています。コロナ禍において非正規雇用の増大や不安定な経済状況の中、ＤＶ被害女性の置かれる立場は大変厳しいものになっています。暴力からやっとの思いで逃れても、過酷な社会の壁が立ちはだかることは容易に想像できます。それゆえ、ＤＶ被害女性の生活再建や「自立支援」に向けた長期にわたる、きめの細かい支援は不可欠です。その際、ＤＶ被害者が常に尊重され、不利益を被らないような支援のあり方を考えていくことが肝要になるのです。

引用文献

●小川真理子・小口恵巳子・柴田美代子（２０２０）「日本とシンガポールにおけるＤＶ被害を受けた母子への支援と法制度に関する一考察」『アジア女性研究』（第29号、37―54ページ、公益財団法人アジア女性交流・研究フォーラム）
http://www.kfaw.or.jp/wp-content/uploads/2020/04/f6285b1ec29f5d07ae1be01943f067b7.pdf

（２０２１年１月掲載）

５．女性のキャリア教育

丸山実子（島根大学大学教育センターキャリア担当（旧キャリアセンター）副センター長／准教授）

島根大学は２０１９年度科学技術人材育成費補助事業「ダイバーシティ研究環境実現イニシアティブ（牽引型）」の取組機関に選定された。事業内容は、「女性研究者のライフイベントに配慮した研究環境の整備」、「女性研究者の積極採用や上位職への積極登用」、「女性研究者の裾野拡大」、「女性研究者リーダー育成のための優れた取組を支援」の４つを軸に進行していくものである。

こうした取組の中で、筆者は改めて女性に目を向けた良質なキャリア教育を提供する役割として2019年7月から委員を務めている。4つの軸の中の1つ「女性研究者の裾野拡大」では主として大学・大学院のみだけではなく、それ以前の高校・中学・小学校までの裾野を広げたキャリア教育として繋げていくことに注力している。

昨今では理系に特化した理系女子＝リケジョなどへ焦点を充てて女子学生に特化した支援や取組も盛んに実施されているが、筆者は女子学生に特化する、所謂絞り込むというような方法ではなく、男性も女性も互いのライフキャリアを理解し、互いに研鑽・協力し、互いに心地よく人生を歩んでいけることを念頭に支援している。

しかし、男性のライフキャリアはイメージしやすいものの、男性以上にイベントの多い女性のライフキャリアはなかなかイメージしづらく、その理由の1つとして可視化されていない実情がある。学生アンケートにも、「人生のモデルとなる人が身近にいない」「同性で相談できる相手がいない」「モデルケースを見たことがない」という結果もあることから、様々な働き方と密接に関わる生き方も理解できるよう「ロールモデル集」を作成することとした。

当初、男性・女性混載することも考えたが、まずは、女性ロールモデル集を作成し、これを男性に目通し理解をするきっかけと手立てとして提供していくことにした。時間の限りも影響したことでまずは、「身近な登場人物」「大学近隣」「研究をしている」というカテゴリーに分類して取材をした。こうしてダイバーシティ推進室としては初回になるロールモデル集は、幼少期からの様々なキャリア選択の中で理系進路を選択し、実社会で研究に関する分野で活躍されている女性の紹介と読み手への応援メッセージ付きで作成された。

具体的には、総勢14名の理系進路を選択した女性の経歴だけではなく、幼少期から現在に至るまでの時間軸を割り当てたことにより、中にはだいぶ遡る方もいらっしゃった。工夫した点は出来事と感情を一緒にして表示したことである。期待する効果として読み手にとって自分と重なる感覚や気づきに繋がるよう配慮し続けた。こうして取材時同行者と編集者とも想いを共有し続けたものである。こうしたチームワークが背景にあったことも感謝している。

さて、完成した「ロールモデル集」についてであるが、２０２０年コロナ禍の影響を受け手渡しが叶わなくなってしまった。すぐにデジタル化をしたものの、欠点として各自のタイミングで見てそのままで終わってしまう。そこで、２０２０年末に取り組んだことがある。このロールモデル集の登場人物と実際に会って質問に応えて頂くというトークセッションである。14名のロールモデルの中から2名にご協力頂き、オンラインではあるが、筆者がファシリテーターとなりグループワーク→ペアワーク→質疑応答という流れで実施した。結果と感想は、「モデル集の人と目の前で話せたことが嬉しい」「直接質問できてクリアになった」「勇気を貰った・励まされた」など、リアルに近い感覚でロールモデル集を活用した学びを提供することができた。中でも男性が半数以上を占める本学の男子学生は「知っていると思っていた以上の女性のライフイベントが意外にも知らなさ過ぎたので反省」「これからはパートナーとして男女一緒に役割分担していくことが大切」「男性の育休取得はマスト」など女性ロールモデルが提供した内容で男性としての役割、自分たちの働き方・生き方がしっかり伝わったのである。

女性のキャリア教育は何も女性だけに特化するものではない。ライフイベントが男性よりも多い実情、その変化に対応していかなければならない機会が幾度として存在する。その機会が男性よりも多いのは事実である。だから「女性を大切に」ということではなく、今後起こるであろうことを男女共に理解し共存していくことが大切であると考える。

そのために、女性は自分のことをもっと知っておくことが大切である。そして他者に現状を伝えられる力と行動力を身につけておく必要がある。これを教育していくことが女性のキャリア教育だと考える。今後ますます強化していく必要があるであろうし、このような多様な時代だからこそ、男性は女性の多様なライフキャリアを受け容れ参考にし、自己理解とその後のキャリアデザインができるようになって欲しい。

今こそすべての人が、自分らしくキャリアを積み重ねていけますように。

引用文献
●島根大学ダイバーシティ推進室　https://diversity.shimane-u.ac.jp/
●島根大学ダイバーシティ推進室 ロールモデル集　https://diversity.shimane-u.ac.jp/publications/role-model/
（2021年1月掲載）

第3部

キャリア教育の起承転結

第1章　起業　―雇われない働き方―

1．今の私を作るもの―フリーランスは経験の集大成―

井口華音（動画クリエイター（フリーランス））

職業、ユーチューバー。YouTubeに動画を投稿して4年半、動画クリエイターとしての撮影・編集だけでなく、近年ではYouTubeの枠を超えてライターやMC、英語実況、通訳等のお仕事もしております。ですが、最初はユーチューバーになろうと思ってなった訳ではありません。

私は長年、ミュージカル女優を目指していました。小学生の時に観たミュージカルに感動して「私も人を楽しませる存在（エンターテイナー）になりたい！」と思ったのがきっかけです。高校二年生でニュージーランドに留学して演劇を学び、更に本場でミュージカルを学びたいと考えてアメリカの大学に進学しました。けれど多くの文化や価値観に触れることで私自身の価値観も変容します。私の原点は「人を楽しませる存在」であり、ミュージカルでなくても良いのではないか。であれば、どのように何を伝えていくか。

留学中の経験は、そのヒントになりました。日本の大学では社会人を経ての再入学はあまり多くありませんが、アメリカでは社会経験を経ての再入学で新たな道を開くことが珍しくありません。社会経験を経てからの学生に、社会の意識のハードルが高くない。むしろ当たり前に存在するのです。入学資金を貯めて40歳で入学した女性もいれば、起業のために入学した男性もいました。最初は物珍しさに話を聞いていましたが、苦労や経験から気づきを経て別の道を目指すのに遅いことはないと話す彼らから強く感銘を受けました。

アメリカ留学でそのことに気付いてから、私の活動のキーワードに「伝える」が増えました。帰国してからアナウンサー学校に入ってリポーターやラジオ番組のアシスタント等、様々な「伝える」経験をしました。ですが、伝えたいことはその時々に変わってしまう。誰かの下で、「誰かの言葉」で話すことが多いため、どうしても「自分の言葉」が前に出てこないという壁に当たったのです。

そんななかでイギリスに行くことになった私は、日本とイギリス、アメリカの文化や人々の違い、海外生活でのリアル、カルチャーショックを日の当たりにし、これを何か形に出来ないかと考えました。日本人に向けて、海外にはこんな価値観があるから、もっと伸び伸びと生きてもいい、周りの目を気にしなくたって人と違うことは個性であり恥ずべきことではない、もっと自分を好きになっていい、褒められたら素直にありがとうと言ってもいいなど、過去の自分が感じていた生き方を変えるきっかけを作れるような発信が一番身近にできたYouTubeでの動画投稿が始まりました。

私の仕事に対するモチベーションは、私の動画から私のメッセージを受け取ってくれた人からの反応です。他愛ないコメントでも、私が自分の言葉を伝えるエンターテイナーとして働けていることを誇らしく思い、自分自身の言葉で発信しています。

目まぐるしく情報が過ぎてゆく現代、動画の投稿を続けることは簡単ではありません。手間をかけて作った動画の再生回数が伸びないこともあれば、たまたま撮れたものが大きく伸びることもあり、タイミングが大きく左右することもあります。もちろん戦略的に伸ばすこともできますが、絶対的な手法はなく、継続的に収入を得ることは簡単なことではありません。コロナで状況も変わり、再生回数が伸びた面もありましたが、自粛のなかでライバルの参入を多く受けるなど状況が大きく変わる一面もありました。閉じこもっていては周囲からの支援が少なくなることもあり、国内のメディアに特別にコネがあったわけでもない私には、非常に苦しいこともありました。

得意なことだけが取り柄になるわけではありません。けれど、得意なことは経験を積む流れを作ります。私は留学時代に気になったことを臆せずに聞いてきた経験から、インタビューが得意になり、自分だけでは得られない経験を聞くことを重ねてきました。経験がメッセージを作り、知見が面白さを拾い、広がった輪を繋げていく。常にこのアップデートを必要とされ、時にどの未来を見ているのかが分からなくなることもあります。そんな時に、次の言葉を思い出します。

Day By Day, What You Choose, What You Think And What You Do Is Who You Become - Heraclitus
（日々、あなたが何を選び、何を考え、何をするかが、今日のあなたを作る　―ヘラクリタス）

この言葉は、今の私が未来の私を作っていること、逆に今の自分は過去の私の経験が作ってくれていることを思い出させてくれます。未来を作るためには、まず今の自分という地盤をしっかり固めること。フリーランスという生き方を選んだのも、自分の経験があってのものです。

フリーランスは企業とは違う、素朴な観点や企業が拾わない影の部分からもコンテンツを作っていけます。それは自分自身の感性や経験の集大成であり、それがフリーランスとして働く意味にもなると考えています。幸いにも多くの出会いのなかで、私の生き方や考え方を評価し、応援してくれる方にも恵まれました。私が楽しく発信したいという意図に沿ってお仕事をいただける、そういった繋がりを作っていくことは、ミュージカルなどの表現者やアナウンサーではできなかったことでしょう。

ユーチューバーや動画クリエイターは長い歴史のある職業ではなく、新時代の職業だと言えます。私は結果としてこの職業になったとも言えますが、様々な経験をして自分に合っていたと確信しています。私は人を楽しませることを起点とし、自分の言葉で伝えることを芯として発信し続け、この夢の広がりのために様々な挑戦をしていきたいです。

それは突飛な生き方ではなく、誰にでも開かれた道なのです。留学時代に知った生き方を、様々な人へと届けていきたいと思います。

（2022年4月掲載）

2．曖昧さを楽しめる？

池田佳世子（フリーランス）

私はフリーランスとして生計を立てており、現在5年目。ありがたいことに、いろいろなご依頼をいただき、日々忙しくしています。

「どんな仕事をされてるんですか？」と問われると、いつも少し説明に困ります。それは、ひとことで説明できないご依頼が大小様々にあるからです。現在手掛けているお仕事は、執筆、編集、Webディレクション、ライター育成、SNSマネジメント、プロジェクトマネジメント、新規事業立案サポートなどなど。必ずしも目に見えるアウトプットばかりでなく、目に見えないものをつくるお仕事もあります。

なので、周りからは「仕事の内容がなんだかよくわからない」と言われることも。

ただ、独立する前から「なんだかよくわからないことをしている人」に私は憧れていたし、自分もそうなりたいと漠然と思っていました。今はそれがなんとなく叶っている気がして、現状には満足しています。

とはいえ、かつての私は会社員としての約14年間、約30回転職をしています。記憶から抜け落ちているものもたくさんあるので、たぶんそのくらい、という感覚なのですが、とにかく趣味の欄に「転職」と書けるくらい、転職をしまくっていました。

職種は、グラフィックデザイナーやWebデザイナーなどのクリエイティブ職から、アパレル関係、教育関係、ファミレス、居酒屋、コンビニ、ドラッグストアなどの接客、キッチンも経験済。その他、コールセンターにも長いことお世話になりましたし、単発バイトで工場の軽作業もいろんな業種でたくさんやりました。ときには「飲み屋のお姉ちゃん」のことも。

なぜそんなに多業種で働いたのか？　きっかけは新卒で広告代理店の制作として入社した会社の手取り給料が安すぎたこと。時代は2003年、副業なんてもちろん禁止されていましたが、なぜこんな苦しい生活を強いられなければならんのだ、という逆ギレにも似た思いから私は早速、定時後の時間に居酒屋でのアルバイトをはじめました。

もちろん、世の中的には褒められた行動ではないですが、私はそんな思いを味わわせてくれた新卒の会社に感謝しています。会社の言うことをきいていたら生活が苦しくなるなんて意味不明、会社は自分の人生を支えてくれない、自分の人生は自分で責任をとらねばという自立心を芽生えさせてくれたのですから。

もしまかり間違って上場企業なんかに入社してしまっていたら、今の私はないかもしれません。会社のルールを守って「きちんと」するかわりに「守られない状況で生きていく力」は奪われていたかも。

というわけで、時代を早々に先取って、新卒から私は常に2つ以上の仕事を掛け持ちする「パラレルワーカー」となったのです。

その後、いろんな経験を経て2018年に独立しましたが、私は屋号を持っていません。つまり「○○デザインの池田です」みたいな肩書がないのです。なので、お取引が始まって間もない企業さんに訪問するとなると

ガチャ（入り口の電話をとって受付につなぐ音）
私「お世話になります、池田です」
先方「どちらの池田さんでしょうか」
私「ええと……（汗）フリーランスの池田です……」

みたいな間抜けな会話が展開されます。

こんなに不便なのになぜ私が屋号を持っていないのか。

これは「開業届を出す時にそんな事を考えていられる余裕がなかった」というこれまた間抜けな理由なのですが、それ以上に「自分は○○屋として生きていく！」みたいな決意はなかったからなのです。Ｗｅｂや執筆のスキルはあったけど、じゃあ自分が「○○デザイン」みたいな屋号になるって、なんかしっくりこない。この先ずっと同じことをやり続けているって、なんか違和感、と。

結果的に独立して5年目の今、自分になんらかの屋号なんてつけようがないなぁと、日に日に強く感じます。なぜなら独立前だってあんなに転職していたわけで、今もどんどん自分に課されるタスクは変わり続けているからなんです。そのために、自分が屋号を持っていないことに意味がある気がしています。

それはどういうことかというと、現在の私のお仕事というのは、出会ったクライアントさんが「引き出してくださったもの」だから。私自身が気づいていない才能やスキルを見出して「これやってくれない？」と予想外のオーダーをくれるのは、いつも他者なのです。だからこそ、自分が自覚している狭い枠のなかから出してきた「屋号」は、むしろそれの邪魔になってしまうんですよね。

どんどんやりたいことを変えていきたい私にとっては、屋号なしというのは現在とてもしっくりきているのです。何屋なんだかわからない状態は不便なこともあるけれど、自分としてはすごくわくわくするのです。

現在、仕事をする「立ち位置」を表現する言葉が増えてきていて嬉しいと思います。それはつまり「会社員」とか「経営者」とか「自営業者」とか「フリーター」だけでない、いろんなステータスが生まれてきています。

しかし、まだまだ少ないとも感じます。

それは「雇われていない層」の中で。


（２０２２年4月掲載）

3.「雇われない生き方」を排除・阻止する就職・キャリア支援のあり方を問う
―「起業」を阻むカウンセラーという名の門番たち―

岩切準（認定NPO法人夢職人　理事長、公益社団法人チャンス・フォー・チルドレン　理事）

私は、2004年から首都圏を中心に、地域社会での子どもや若者の学びや育ちを支える社会教育、社会福祉に関する事業を行ってきました。具体的には、幼児から中学生までを対象とした自然体験・野外活動、スポーツ・レクリエーション、科学・文化・芸術活動、社会体験・キャリア教育等の教育活動を実施しています。また、地域教育、過疎地域での援農、災害復旧支援等に携わる高校生から若手社会人を対象としたユースボランティアの養成にも取り組んでいます。そして、コロナ禍からは、経済的な事情を抱える親子（ひとり親家庭、低所得家庭等）に対して、デジタル通貨を活用した新たな「食」の支援などを行っています。

また、2014年からは、経済的な理由によって学校外教育を十分に受けることが出来ない子ども達に対する支援を行っている公益法人の理事を務めています。他にもいくつかのNPO法人の理事を務め、これまで子どもや若者の教育や福祉に携わる仕事をしてきました。大学院修了後、すぐにNPOで起業したため、学生時代のアルバイトを除けば、企業等に雇われたことはこれまで一度もありません。

団体をはじめた2004年当時は、社会心理学を学ぶ大学3年生でした。大学院まで進学することを早くから決めており、他の友人が就職活動などで忙しくする中、団体を設立し、異質な存在だったと思います。昔からあまり学校に馴染めず、学校外での社会教育活動に強い関心を持っており、地域の子供会活動の延長線のようなつもりで、活動をはじめました。活動に取り組む中で、様々な背景を抱えた親や子どもと出会い、複雑に入り組んだ社会課題の現状を目の当たりにしました。

修士1年の後半には自分の進路を決める段階となり、他の学生と同じように就職活動を行い、大手IT企業やコンサルティング企業などから内定を頂きました。内定がもらえたことに喜ぶ一方で、自分がこれまで取り組んできた団体の活動を今後、どうするかも考えなくてはならなくなりました。関わってきた子どもたちや親から「これからも続けて欲しい！」という声も頂きましたし、社会課題に対して、気づかぬふりをして生きていくことにも疑問を感じていました。

ちょうど同じ頃に、すでにＮＰＯを立ち上げて活躍されていた若手の社会起業家の先輩方とお会いする機会があり、多くの刺激を受けることができました。そして、これまで関わってきた子どもたちに対する姿勢として、責任を真っ当することが自分の気持ちに嘘偽りのない生き方だと思いました。すべての内定を断り、これまでやってきた団体をＮＰＯ法人化して、チャレンジをしようと決断しました。

未だ忘れられない経験は、大学の就職・キャリア支援の相談室に、内定を全て断り、ＮＰＯで起業しようと決めたことを報告に行った時のことです。私の想いや考えを一切聞くことなく、絶対に内定先の企業に就職するべきだということを繰り返し伝えられました。そして、私の背景を全く知らない中で、いかに私が無知で経験が不足しており、いかにリスクが高いことをしようとしているのか、起業は後で後悔する愚かな選択であり、不幸な末路となることを延々と聞かされました。就職・キャリア支援のカウンセラーに、起業の経験がある人に、起業について相談したいと伝えると、そんな人はいないし、そんな相談は受けられないと言われました。ここには私が描くキャリアをサポートとしてくれる人は存在せず、どこかにつなげようという意志も皆無であることがよくわかりました。

あれからもう15年以上が経ちますが、「この中の選択肢の中から選びなさい」「選択肢に合わせて自分を魅せなさい」という就職支援はあっても、それぞれの考えや価値観に寄り添い、主体的な生き方を創り上げていくキャリア支援ができるところはまだまだ数少ないのではないでしょうか？

日本には、新たな価値を生み出していく存在が必要だと、小中高で様々な起業家教育やキャリア教育が行われていますが、社会に巣立つ前の就職・キャリア支援になると、このようなカウンセラーという名の門番によって「雇われない生き方」は排除・阻止されます。先日、「ゆるい大企業でホワイト過ぎて離職する若者がいる」ということが話題になりました。短いサイクルで大きな変化がある時代の安定とは、できる限り変化のない環境を選択することではなく、どのような環境であっても適応・成長していくことができる力を身につけることだと、厳しい時代を生きてきた若者はすでに気づいています。

私は、起業するための知識やノウハウ、コネもお金も全くありませんでした。大学院までに「わからないことはどのように学べばよいか」ということを学んでいたおかげで、必要なことはその都度、一つ一つ調べて紐解いてやってきました。そして、運よく志を同じくしてくれる仲間ができ、叱咤激励してくれるメンターやロールモデルと出会うことができました。学校教育を終えてから一度も企業等で雇われた経験もない中でやってこられたのは、このようなつながりを支えてくれた中間支援組織や仲間のコミュニティがあったからこそだと思います。

「進路・キャリア=進学・就職」ではないはずです。進路・キャリアは、本来、限られた人生をその人自身がどうよりよく生きるかを考えるためのものです。そこには多様な選択肢があり、時には選択肢すらないこともあるはずです。これからのキャリア支援は、学校内外に関係なく、相談者が描いているキャリアをより鮮明にし、創り上げていくことができるように、場や機会、人をコーディネートしていくことが求められています。時代の潮流に合ったキャリア教育や支援となっていくように、私自身も日々アップデートしながら、これからも挑戦を続けていきたいと思います。

（2022年4月掲載）

4.「変える、創る」ために必要なこと

片桐新之介（株式会社ふるらぶ　代表取締役）

「何かを変えたい」「何かを創り上げたい」と思うことができる人は、起業に向いている人ではないかと考えている。しかし実際に何かを「変える」「創る」ということは、とても難しいことである。物事には様々な事情が複雑に絡み合い、それを解きほぐすには多くの知識と知恵と努力が必要となる。

私が最初に会社員をやめたのは２０１１年９月の事。以後、ＩＴ企業に非常勤取締役としてかかわったり、商社に一時期就職（それまでにすでに始まっていた大学非常勤講師などの副業は許可いただいた）したことはあったが、この10年はほぼ雇われない生き方をしてきた。なぜ会社員であることをやめたのかということを今考えてみると、「物事の仕組みの中で、それを円滑に運営していく」ことに飽きたからだと思っている。しかし、起業して思うのは、その「物事の仕組み」は、実はとても素晴らしいものである、ということだ。かつて勤めていた大手百貨店とは今でも仕事をしているのだが、改めてその組織の緻密性や対応力に驚く。何より、外から見て思ったのは「新しいことをやっていこうと思う余裕と資金力」だ。

私が起業しているジャンルは広い意味で「地方創生」にあたる。しかし、そのテーマはあまりに巨大すぎるもので、どこから手を付けたらいいのかが分からない。私自身は東京都の文京生まれだが、実家に帰るたびに、大きなマンションや商業ビルが増えている東京の成長に舌を巻く。そして、小学生の頃は5分に1本だった最寄り駅の地下鉄が、さらに本数が増えているのに乗客も倍になっているような恐ろしい満員電車（しかもその状態が数時間続く）の状態を見て、この状況を変えたい、と思ったのがこの分野で生きていこうと思ったきっかけである。現在私はふるさと納税の仕組みを「変える」「都市に住む人と地方の新しいつながりを創る」ことをミッションとして取り組んでいる。その結果、あの満員電車の乗客が減っていくことに繋がっていければと思っている（もっとも新型コロナウイルスのせいで乗客は劇的に減ってし

まったが、テレワークなどは思ったほど普及せず乗客は日に日に戻ってきている)。

地方創生がなぜ必要かと考えると、そもそも地域に人がいなくなって首都圏に若い世代を中心に人が引き寄せられているからだ。地方に魅力ある産業などがあれば、若い人が流出しないで済むのかといえばそう簡単な話でもない。地方の行政や企業の多くは若い人にとって仕事先として魅力的ではないのが事実である(もちろんそうでない自治体や企業もたくさんあるが、食い止めきるまでには至っていない)。一方で、東京にはお金も人も情報も様々なものが集まる。その『仕組み』を変えていくためには、大きな力(ヒトモノカネ)を要する。

起業してすぐ思ったのは、そういった「仕組み」を変えるために必要な力が、1人では圧倒的に不足しているということだ。金も人も情報も、である。だから、目的を達成するためにはヒトモノカネを集めなければならない。ロールプレイングゲームで、主人公が小さな魔物を倒し(=小さな仕事から取り組んでお金を稼ぎ)、仲間を見つけ、装備をグレードアップし、より強大な敵(=仕事)に立ち向かっていくのと似ている。現代では、様々なスタートアップ支援があり、ヒトとモノとカネについては、その「主人公」の資質やアイデア次第では集まりやすい傾向にある。かといって、資金調達によりいきなり強大な敵を倒せるかということでもない。強大な敵(=仕事)であればあるほど、「様々な事情が複雑に絡み合い、それを解きほぐすには多くの知識と知恵と努力が必要」とするものであったりする。

そして、その大きな敵を倒しながら考えなければいけないのは「新しい仕組みを創る」ことで、これは「変える」ことよりとても大変である。大概の場合、仕組みを少し変えただけのものを「新しい仕組みを創った」と喧伝することが多いのだが、実際新しい仕組みを創るとは並大抵のことではない。なので、大手の企業でも新規事業開発、という部署がたくさんできているが、目覚ましい新しい事業はまだまだ数えるほどで、たいていは既存ビジネスと親和性のある領域に新規で進出する程度である(それが費用対効果としても正解なのだが)。そして、そういう進出においては大企業の力は素晴らしいものがある。前述のように私はかつて在籍していた某百貨店と、某地方自治体の商品開発のアドバイザーとしてかかわっているが、職務遂行能力、提案力、ネットワークの力はとても素晴らしいものである。雇われている間はこれほどのものと気が付かなかったのだが。

起業するということは、そういった大きな企業と後々に戦うことも意味する。そして、今までの企業が創り得なかったことを『創り出し』たり、変えられていなかったことを『変える』力をもたなければならない。それはとても楽しい仕事であり、同時に非常に厳しい戦いである。

起業する前に過ごした大きな組織での11年は、私に「仕組み」の面白さと素晴らしさと退屈さを教えてくれた。いずれ私は新しい『仕組み』を創ることをしたいが、それを保つためには「飽きられない」ように「変え続ける」必要も出てくるのであろう。その為には、1つ2つの成功事例にとらわれず、常に新しい情報を身につけ、また客観的な見地から自分の事業を見直す（メタ認知のような）行動を身につけておきたい。そして、仕組みを創ろうというのであれば、仕組みを内側からよく理解しておく必要もある。大学もアルバイト先の大手企業も政治も経済も、様々な仕組みがあり、その活動で成り立っている。その研究をしっかりしてからでも遅くはないだろう。雇われない生き方とは、新しい仕組みを創り続けられる生き方でもある。それは非常に楽しいが、とても大変な生き方でもある。

（2022年4月掲載）

5．自他共の幸福。個の輝きは、仲間、社会と共に。リーダーシップとフォロワーシップから考える。

高城幸治（岡山大学研究推進機構　産学共創教授、岡山大学イノベーションマネジメントコア（IMaC）ベンチャー支援フィールド　プロジェクトオーナー）

岡山大学（以下、本学）で大学発ベンチャー支援の担当をしておりますイノベーションマネジメントコア（以下、IMaC）ベンチャー支援フィールド　プロジェクトオーナーの高城です。長い肩書で恐縮です。

このIMaCですが、2021年10月に、産学官連携、ベンチャー支援、知的財産戦略、リスクマネジメント推進などの各種の取組みをプロジェクトベースで推進する母体として設置されています。

本学ではIMaC設置前にベンチャー支援の専門の窓口を持っていませんでしたが、現在は、IMaCの中にベンチャー支援チームが創設され、学内のベンチャー関係の窓口として相談対応など行っています。

ベンチャー支援に関しては、他大学、特に大都市部の大学や旧帝国大学に比較して遅れをとっていた本学ですが、単純に先を行く大学と同じような進め方をしてもその他の取組みの中に埋没してしまうという懸念があり、何を大切にして取り組むのか、本学のベンチャー支援の理念といいますか基本スタンスを明確にすることから始めました。

特に学生の起業を語る場合、単に起業した数に注目すれば、ある意味、大学組織の意向が優先されてしまい、結果を求めるあまり学生に起業を奨励する形となり、学生には、大人たちの思惑で敷設されたレールの上を走らされるようなネガティブな感覚を与えかねません。また、学生自らが動く主体性や積極性、モチベーション維持を阻害しかねません。

そこで大切なことは、学生にとってのキャリア形成に向けた選択肢として、起業を再評価し、起業という働き方を自身のキャリア形成に有効に活用していく術、経験、知識などを学生に身につけていただくことではないかと考えています。

ベンチャー支援チームでよく話すことがあります。それは、「リーダーシップとフォロワーシップ」の両立です。

本学には2022年度に「起業部」という学生サークルが創部されたのですが、起業部顧問の教員と何度も意見交換する中で出てきたことこそがそれであり、これは極めて重要な意味を持つと考えています。

起業すると言っても、自らが代表となり会社を設立するだけでなく、経営を支える人材も必要になります。そもそも、起業する前段階で、いわゆるチームビルディングが必須です。その時にポイントとなるのが、関係する皆が、リーダーシップとフォロワーシップを持って仲間と関わることです。

起業部では、このリーダーシップとフォロワーシップの両立をとても大切にしており、今年4月からはじまった部の活動で、イベント開催など様々な局面でロールプレイングを繰り返し、強いチームを作っていく素養を身に着けることに取り組んでいます。

人間の身体は細胞の塊でできています。最初の受精卵は卵割を繰り返して細胞の数を増やし、各器官を形成して個体を成していくのですが、卵割後の細胞一つ一つがすべての器官に分化できる可能性を秘めています。しかし、その可能性を特定の機能発現のためにそれぞれが特定の器官に特化することで個体が形成・維持されるわけです。見事なリーダーシップとフォロワーシップの両立です。

歯車という言葉は、どちらかというとネガティブなイメージで使われがちですが、それぞれの歯車が調和をたもってかみ合ってこそ、機構全体がスムーズに動けるようになるわけで、フォロワーあってのリーダー、リーダーあってのフォロワーの関係があります。

何を言いたいのか。リーダーシップとフォロワーシップの両立は、自分が起業するだけでなく、サポート役に回ることでも自分の自己実現を果たすことができることを理解することにつながると考えます。

学生期間中にとりあえず起業してみる、起業に関わってみる、そのプロセスで経営や事業運営の多くを学び、たとえ会社が継続できなくなったとしても、それは自身のキャリア選択の視野を拡げて自信を与えてくれる大きな糧になります。

起業とは、一見すると「雇われない働き方」ではありますが、その姿を機能面で見れば、1つの事業体やプロジェクトチームの運営そのものであって、雇われる側と言いますかパートナーとしてリーダーを支える働き方の基盤でもあります。一緒に夢、目標を共有し、共に協力して営まれるそのプロセスは、必ず自身のキャリア形成の土台になります。

「コーゼーション（目的（結果）からスタートして特定の結果を生み出

す手段を考える意思決定方法）」と「エフェクチュエーション（手段からスタートして今ある手段を使って可能な限りの結果をデザインしていく意思決定方法）」という2つの意思決定方法があると言われることがありますが、未来の予見が極めて難しい今の時代にあって、「エフェクチュエーション」型の意思決定方法がフィットする機会が多いと考えられます。起業においてもスピードが求められる中で、チームの力は極めて重要です。

答えのない世界に自らの仮説を提示し実践・実証していく起業の現場に、たくましいリーダーとフォロワーの姿があります。

単に雇われない働き方という雇用形態で見るのではなく、自身の果たすべき役割と自己実現のリンケージを楽しむ、そのような気持ちで起業に携わる人々が増えれば、きっと我が国の未来は明るくなるはずです。

参考資料

●岡山大学イノベーションマネジメントコア　https://www.orsd.okayama-u.ac.jp/IMaC/

（２０２２年４月掲載）

6. 働き方の選択肢から機会の選択肢としての起業

西村勇哉（ＮＰＯ法人ミラック　代表理事、株式会社エッセンス　代表取締役）

人社系院卒、ベンチャー企業に新卒で就職、老舗財団法人に転職、社外活動の立ち上げ、フリーランスとして独立、ＮＰＯ法人の創業、地方移住、国立研究所への部分出向、スタートアップ企業の創業、社会人大学院生として博士課程に進学。

学部を終えてちょうど20年が経って自分のキャリアを振り返ると、ちょうどこんな10のトピックスがあった。

現在は、滋賀県大津市に住み、２０１１年に設立した異分野をつなぐプラットフォーム事業に取り組むＮＰＯ法人ミラツク（京都府京都市）の運営と、２０２１年に創業した研究者メディア（ https://esse-sense.com ）に取り組む株式会社エッセンス（沖縄県恩納村）の経営をしている。また、２０２２年4月からは大阪大学大学院人間科学研究科博士後期課程（人類学）に社会人大学院生として在籍している。

今号のテーマである、「起業」という点では、２つの組織を立ち上げ、その２つの組織の中でフルタイム／非常勤・業務委託合わせて約40名の人たちと働いている。

組織の寿命が人の寿命よりも短い時代（帝国データバンクのデータでは２０２１年時点で37・５年）、また創業や起業が制度的にも社会的にも行いやすくなった時代、そして共創をキーワードにセクター間の役割分担が薄まる時代において、所属や立場がセクターをも超えながら変遷していくキャリアのあり方は珍しいものではなくなりつつある。

２００６年の頃は、大学院を経て設立４年目のベンチャー企業に入るという選択をする人は少なかったし、受け入れ側も少なかった。今では受け入れ側の拡充もあり、一般的な選択になりつつある。２００８年の非営利活動を行うことへの理解と認知は低かったが、今では誰もがカジュアルに行っている。２０２１年度総務省「科学技術研究調査」によれば、博士後期課程へ進学する社会人は、この17年間で60％増加してきた。

こうした時代において大切なことは自分の場合何だったのだろう、と振り返って考えると、それは「選択を行うための時間」というよりはむしろ「選択を生かすための時間」だったように思う。

例えば、外資系の大手企業と創業間もないベンチャー企業のどちらに入るか、を考えると、この２つの選択肢の中で比較することは無数にあり、一長一短に見えてくる。そうした中でベストな選択、というのは考えてもなかなか見えてこないが、ベストな選択が見えてこないのは、結局選択がよかったか悪かったかというのは、結果をもってしか計り得ないからだろう。

そうすると、どこに入社するかよりも入社した後にそこで何を行うか、が次の自分を育ててくれたように思える。それは、どのような機会を得て、どのように取り組み、何を学び、どう次に活かそうとするか。社会で生きるということは、このサイクルの中で少しずつ出来ることの範囲を広げながら誰かの役に立つことのように思う。

2021年に2つ目の法人を創業したとき、1つ目の法人の中の事業ではない理由は何なのか、を繰り返し考えた。ある法人の中の事業もしくはプロジェクトであることと、法人であることは、一見かなり近いことに見えるかもしれない。たしかに、何か事業を立ち上げるだけであればどちらも選択肢としてあり得るし、既存の法人の中で立ち上げた方が手続き上の煩雑さも少なく、社会的な認知も高い状態で取り組めるので、かかる苦労を鑑みても悪くない選択のように思える。ただ、実際、自分がその2つの選択肢を目の前にしたときに感じたことは、既存の法人の中で事業を立ち上げることと、新しく法人をつくって事業を立ち上げることは全く違うものということだった。その違いは、「どのような機会を得られるか」という観点で説明付けることができる。

1つの法人を立ち上げるためには多くの人の協力が必要だ。手続きを行う士業の方々、登記を行う自治体、口座を開設する銀行といった基礎的なことから、共に組織を担う役員、組織をみてもらう監査役、自分たちでは持っていないスキルや技術を持つ事業パートナー、現場で手を動かすスタッフ、資金面を担ってくれる出資者、事業を受け取ってくれるユーザー、少なくともこれらの人たちがいて初めて新しい法人が成立する。

これらの人たちを誰にお願いするか。この選択の繰り返しによって生まれた人の関係性の集合体としての組織は法人という人格を擬似的に纏いながら、統合された1つの存在として認識されるようになる。

既存の法人の中で事業を立ち上げる際も、もちろん多くの協力者が必要だが、その多くは事業自体を形成するためのスキルと技術を担う人たちと、事業を受け取ってくれるユーザーに絞られる。

法人を立ち上げることは、より広い範囲での協力者が必要になる。そして、そこに生まれた存在はこれまでの既存の法人とは異なる認識を得ることになる。この新しい認識が期待を生み、結果として「新たな機会」を起こす。

つまり、既存の法人の中に事業を起こすことと、新しい法人を立ち上げることでは、得られる機会が変わってくる、というのが2つ目の法人を立ち上げる際に考えたものであり、実際に立ち上げてから1年経ってその想定はまさに目の前に起こり続けてきたことでもある。この新しく得られた機会は、自分自身に対して新しい取組、新しい学びを起こし、以前は描けなかった次の展開を描くことを起こしている。

起業をする、というのは、あくまでも仕事の形態の1つの選択肢としてフラットに並べられるものかもしれない。ただ、そこに生まれる関係性は、組織の中で起こす事業とは大きく異なってくる。広がった関係性が新たな機会を生み出し、結果、キャリアとしての学びの質を変えてくれるように思う。人生のどのタイミングで起業を通じた学びを得るか（もしくは得ないか）を選択するという視点で起業というものを考えると、そこには働き方の選択を超えた学びの選択としての価値があるかもしれない。

（2022年4月掲載）

7.「社会起業家」というキャリアを選ぶ人々の活動スタイル

松井孝憲（KIBOW社会投資　インベストメント・プロフェッショナル、株式会社グロービス経営大学院　教員）

近年、「社会起業家」が増えている。社会起業家とは、一般的に、深刻な社会課題の解決と経済的な事業性を両立する経営を実践する起業家と言われる。日本では特に、2011年の震災以降、社会に対する意識が高まる中で、このような人々が現れてきた。加えて近年では、「ミレニアル世代」・「Z世代」と呼ばれる年代層から、最初から社会貢献要素が入った事業を構想する経営を実践する人々が増えてきている。

彼・彼女らは、起業家であると同時に、社会課題の解決を目指す活動家でもある。このようなキャリアはいかにして開かれ、どう実践されているのか。本稿では、筆者がいくつかの社会起業家への投資・経営支援を行う中で見えてきた社会起業家のキャリアスタイルについて紹介したい。

自然な成り行きの中での起業

社会起業家の特徴としてまず上げたいのが、彼・彼女らにとって社会起業家になることは、決して、特別な一大決心ではなかった、ということである。一般的に起業というキャリアは退路を断って、大きなリスクを背負うような印象をもたれやすい。一方で、社会起業家たちの起業に至る背景を聞いていると、もちろん何かしらのキャリア上の意思決定はあったにせよ、人生の退路を断って「この起業に懸ける」というような意思決定ではなかった。むしろ、自分の問題意識を持ちながら様々にアクションを取る中で、自然と活動が広がり、「この社会課題を解決するには、起業した方がいいかもしれないな」という、成り行きの中で起業に至った人々が多い。

実際、筆者が経営支援に携わる社会起業家は、もともとは企業に勤めていた、あるいは別の事業に携わっていた人々がほとんどである。最初から社会に対する高貴な問題意識を持ち、起業することを目指していたわけではなく、企業に勤めながらも取り組み始めた活動・アクションが広がり、リーダーとなるに至ったという人々がほとんどである。

そのため筆者は、社会起業家の多くに、オーセンティックリーダーシップの要素を感じる。「偉大なリーダーであろう」と意気込むよりも、等身大で自分なりの価値観を持って活動する姿に、社会起業家特有の柔らかさを感じさせる。

目の前の一歩を積み上げるスタイル

2つめに上げたいのが、社会起業家は、社会課題を解決するという大きなビジョンを持っていると同時に、目の前の一歩を大切にしている、ということである。これは先に紹介した、彼・彼女らの起業のプロセスにも合致する。

社会起業家は、事業のビジョンとして深刻な社会課題（例えば、貧困、教育格差、ジェンダーギャップ、環境問題、等）の解決を掲げる。その一方で、ビジョン実現のためのアクションは大胆な取組ばかりではなく、目の前の一歩 ―例えば一つ一つの顧客接点や、小さなサービス改善など― の積み重ねであることが多い。掲げるビジョンは大きくも、それを実現する方法は、着実な取組を続けながら柔軟にやり方を変えていく。

このような社会起業家たちの活動スタイルは、クランボルツのプランドハップンスタンス理論を思い起こさせる。自分の中での問題意識や事業のビジョンは一貫しつつ、今目の前で取り組んでいることが、その問題意識・ビジョンにふいに結びつく。そのようなきっかけから起業や事業成長がなされているのである。

社会起業家を、自分に合ったキャリアとして「選ぶ」

ここまでの紹介で分かる通り、社会起業家の多くは、最初から社会起業家になること自体を目指していたわけではない。あくまでも社会起業家でいることは、自分の問題意識や、ありたい社会像を実現するための手段であり、選択肢の1つである。事実、何人かの社会起業家も自身の事業について「いつか、この事業がもっと大きな企業の中に入るのも、悪くないなと思います」と言う。彼・彼女らにとっては、自分が社会起業家であることよりも、自身の問題意識に取り組める最良の方法を考えることの方が優先されている。

この点については、社会起業家たちのキャリア・アダプタビリティを感じさせる。彼・彼女は、自分の関心や好奇心を忘れずに持ち続け、それに取り組む方法を、自信を持ってコントロールできるよう努力をする。「何者であるか」に囚われることなく、柔軟に、かつ自律的に自分の生き方を選ぶことで、目指す社会像に向けて前進している。

以上、近年の社会起業家の活動スタイルについていくつかのポイントを紹介してきた。「先行きが見通せない社会」というのは、手垢の付いた言葉であるかもしれないが、近年は特に、自然災害・疫病・戦争など、まさに先行きが不透明な時代にますますなりつつある。そのような情勢の中で、社会課題解決のリーダーとして注目を集める人々が増えている。そんな時代の要請の中で生まれた社会起業家たちが、どのようなスタイルで社会や自分のキャリアと向き合っているのか、少しでも届けられていたら嬉しい。

（2022年4月掲載）

参考資料

● KIBOW 社会投資　https://kibowproject.jp/investment/impact.html

第2章　承継　―家業を継ぐ生き方―

栗津紅花（紅花書道塾　主宰）

1．仕事を楽しむ姿

私が書道家を志すことを明確に決めたのは小学5年でした。曾祖父、祖父も書を指導する立場にあったのですが、直に指導を受けたことはなく、その道に進むように言われたこともありませんでした。ところが、母は私が低学年のうちから本物を見せに書道展にしばしば連れて行ってくれました。習字は姉の影響で3歳から習っておりましたが、芸術としての見方は分かりません。しかし、大人扱いされたようで、その空間にいられることが非日常でとても嬉しかったことを記憶しています。

しかし小学5年の時、ある1枚の書の前で豪速球が胸に飛び込んできた感覚を覚えたのです。ただそこにある1枚の書が人の心をこれほどまでに感動させるなんて、私もそんな書が書ける書道家になりたいと、それまでぼんやりしていた将来がはっきりした瞬間でした。

大学生と銀行員の間、助手を8年勤め、その後本格的に書の道に進みます。それを一番喜んだのは母でした。自然にその道に向かわせていたような気がします。

さて娘が生まれ3歳になった時、自分と同じように習わせたいと思い、塾を探しますが思うような塾が見つかりません。それなら自分で作った方が早いと思い、1つ目の教室をスタートさせました。更に息子が生まれた時も、3歳で筆を持ちました。周りよりちょっと上手く、自信になるところまではと思い指導しました。2人とも学生のうちに師範を取得して、指導者になったことが、紅花書道塾の層を厚くしてくれたように思います。
続けるのが難しいと言われる中高生も、塾生は殆ど辞めずに続けてくれています。様々なコンクールで最高賞を取っている憧れの先輩たち。アシスタントになり指導者の勉強をする大学生。朱墨での添削が解禁になる師範生。開塾していく人たち。少しずつ前を進む憧れの先輩という水先案内人がいることが、皆のモチベーションになっている気がします。

一方、国内外で大きな書道パフォーマンスイベントに出演して、多くの方に書の魅力を広げる活動を続けています。私1人でスタートしましたが、そのうちご依頼が重なり、止む無くお断りすることが出てきたので、娘と息子にも声をかけ、今では親子3人が出演できる体制になりました。

「世界87か国集結！　海上保安長官級会合」での書道パフォーマンスは、3人で出演しました。亡き安倍元総理が金屏風の前で演説をし、その後金屏風が左右に取り払われ、後ろから世界の海を表すブルーの毛氈《もうせん》の上に貼った白い巨大な紙が現れ、3人で音楽に合わせた書道パフォーマンスをしました。世界が1つになり、日本の伝統文化で最高のおもてなしができたように感じました。記念写真を撮りたいという国が後を絶たず、急遽プログラムを変更して続けたほどでした。数か月かけて提案して準備し、当日の感動は3人で共有できたと思います。

1つのイベントを一緒に作り上げる際は、親子の関係ではなく、それぞれがアーティストとして、よい物を作りたいという共通の思いで、忌憚のない意見を出し合います。伝統を土台に新しい風を入れ、まずはやってみるの姿勢で。
30年前に娘に習わせたいためにスタートした書道教室も、今では様々な形態の教室が15程あります。外国の子どもたち向け日本の小学校への入学準備教室。障害を持った方がアートで社会参加を目指す教室。会社の経営者向け。1人でじっくりプライベートレッスンなどなど。通常の書道教室も時間帯や月の回数など色々な種類を設け、オンライン、通信なども活用し、多様化したライフスタイルに合わせた習い方を選択できます。これも指導者がたくさん育っているおかげです。

伝統的な書道だけでなく、用紙や墨にカラーを用いたり、文字をデザイン化したデザイン書道も取り入れています。そのため、書の入った器、風呂敷、扇子、升などを商品化して、大型商業施設やデパートと契約したり、店舗ロゴ、商品ロゴなどを作ったり、時には他分野の方とコラボして、1人では思いつかない商品を生み出したりしています。またテキスト本なども出版したり、オリジナルの筆を作ったり、とにかく思いつくことを形にしています。

硬筆マイスター講師養成講座という資格取得制度を作り、敷居の高い師範より、短期間で取得して指導者になれる制度も作りました。また書道展を時々開催しますが、塾生の発表の場だけにせず、毎回テーマを設けて各界の方々に参加いただき、多くの方が足を運び、楽しんでいただける展覧会を目指しています。

新居を構えた娘は、自宅に書道教室を開きました。私が主宰する紅花書道塾の仕事の中で、海外の部門は一般社団法人国際書道教育協会を立ち上げ、理事長に就任した息子に託しました。「将来英語が話せるようになって海外で書道パフォーマンスをやりたい」「書道教室を開きたい」と目標を持っている塾生もたくさんいます。

自分が好きを仕事にして、先ずはやって見るを信条に走ってきて、ふと振り返ると、継承というワードが大きな柱になっていました。時として重くのしかかるものですが、楽しんで仕事をしているとどうやら素敵な魅力ある仕事に見えるのではないかと思います。

（2022年7月掲載）

2. 家業を継ぐ

岡村充泰（株式会社ウエダ本社　代表取締役社長）

家業を継ぐということで言えば、私の場合かなり特殊だと思います。株式会社ウエダ本社という会社は、私の母方の祖父、上田安則が1938年に創業した会社なので、社名と苗字は違うのですが、家業ではあります。ただ、母と結婚した父、岡村博が二代目ではありますが、私は弟であったことや、幼少のころから自立心が強かったこともあり、物心ついた頃から家業には入らないと言っていました。

その言葉通りに、大学卒業後は繊維商社に勤め、30歳になる年に「一生居たいか、居たくないか？」という選択から、自分の人生を考えて独立するなど好き勝手にやっており、会社の方は兄が三代目として継承していました。独立後は、イタリアからテキスタイルを輸入して商社などに販売する仕事の傍ら、国内で「売れない」という物を新たな商流や展開を考えて販売する事を行っていましたが、ある時、「文具業界向けに展開できないか？」という話があって、当時父が会長、兄が社長を務めている会社に提案に来る事になったのが、ウエダ本社との関わりでした。

当時は、ウエダ本社の下に子会社が2社あったのですが、ある時その代表達から呼ばれて相談されたことが「親会社であるウエダ本社が長年の赤字でどうしようもないので、それを潰して、自分達子会社を切り離して好きにさせて欲しい」というものでした。「元々、ウエダ本社に入るつもりもなかったのに、潰れかけて入るなんてあり得ない！」と抵抗したものの、結局は身内の会社であるので、折衷案として非常勤で関わることになりました。そこから初めて数字などを見てみると、悪くなりながら一度も手を打っていない様子が想像でき、このまま潰すのは勿体ないと改善案を出すようになるのですが、そもそも潰すことを求めていた子会社代表達は、それ以降反目する事となり、別で会社を作って、そちらに資産を移していこうとするなど、グループは大混乱、問題は泥沼化していきました。そこに思惑も絡んで彼らに協力する仕入先なども現れ、このままでは本当に倒産させられると思った私は、兄とも相談の上、ウエダ本社の代表となり、退路を断って改革に専念する事となったのです。

この様に、身内から「入ってくれ」と頼まれたことも無く、倒産しかかった会社に入るという、あまりないケースかと思いますが、何故その様な選択をしたのかを考えると、サラリーマン時代から「自分の役割は何か？ それを発揮するにはどの様にすれば良いか？」という事を考えて仕事をして来たように思いますし、ウエダ本社という〝法人〟の立場においても「役割は何か？ それを生かす事を考えると、できる事はあるのではないか？」と考えたように思います。「関係ない！」と言いつつも、自分にとって家業である事には間違いなく、とすれば、今の自分があるのも、生活し、成長して来たのも、その家業のお陰であり、それが倒産するかも？ というタイミングでそこに入らなければ、仮に自分の興した会社で大成功したとしても、どこかで負い目を持っていたのではないか？ とも思いますし、その後、曲がりなりにも20数年やって来られたのも、この時一気に色々な経験を積んだ事が自信にも繋がり、厳しい状況からスタートしたことが、既存の価値や考えに縛られず、周りから見ると、変わったこと、新しいことをどんどんやっていくイメージを持っていただける展開にもつながっているのだと思います。

ミッションや最近の流行りで言えばパーパス経営、SDGsを経営に取り入れることなど、サラリーマン社長の場合では、それらを心底身に着けるというのは、なかなか難しいのでは？ と思いますが、家業を引き継ぐ人というのは、自らと事業が一体化しているので「何の為にやるのか？ 何の為に存在するのか？」ということが考えやすいと思います。そんなことを考えると、短期的な利益を追い求めるのではなく、企業の本質的な価値を生み出していかなくてはならない今後の日本においては、中小企業を中心としたオーナーシップをもった経営者が、長期的スパンで経営していくことがより重要となっていくのではないでしょうか。そういう意味においても、家業を引き継ぐ人達の役割が大きいと思いますし、そんな長期的スパンに立つと、どんなに厳しい状況でも、全ては座学では得られない〝経験〟という資産になると思います。

最後に、私も来年になると二巡目に入る年齢となり、30歳の時に自分の人生を考えて独立してから、それまでと同じ30年間社長を務めて来た経験から、特に若い人や、これから起業する人、家業を引き継いでいく人に対しては、経験した者勝ちだと伝えたいです。私自身、考えた人生とは全く違うものとなっていますし、家業を引き継いでいなければ、どうなっていたのかは分かりませんが、確実に言えるのは、経験したことは何であれ資産となるということと、その経験から思わぬ方向に進んでいったり、後から思わぬ繋がりになることだらけと言っても過言ではないので、今見えている範囲での損得で計算するのではなく、どんな経験をも〝実学〟としてとらえて、ポジティブに向かっていってほしいと切に願います。

（2022年7月掲載）

草場寛子（株式会社盛光SCM　代表取締役）

3．事業承継において重要なこと

事業承継の種類

会社の経営を後継者に引き継ぐことを事業承継と言います。その際、パターンが大きく3種類あります。①社長の親族が引き継ぐ場合（同族経営）、②社員が引き継ぐ場合、③他企業が引き継ぐ場合（M＆A）の3つです。どれも一長一短なので、以下それぞれの利点（メリット、良さ）と難点（デメリット、難しさ）を、社長として様々な中小企業を10年以上見てきた経験に基づきながら、私なりにまとめてみたいと思います。

社長の親族が引き継ぐ場合

同族経営の中小企業では、社長の親族（血縁関係者、主に社長の子ども）が会社を引き継ぎます。中小企業の家系で幼少期から将来は社長になることを期待されて育てられた人が、社員経験を経て、それなりに段階を踏んで（専務などを経て）最終的に社長に就任するのが一般的です。社員に受け入れられやすい（赤の他人が社長になるよりも社員は納得しやすい）ので、事業承継に際して派閥争い等で揉めることが少ないのが利点です。ただし、社長就任が認められたとしても、社員が新社長についていきてくれるかどうかは、また別の問題です。社長の器（経営者の資質）がなければ社員はついてきてくれません。そこが難点です。とくに先代がカリスマ性をもった社長だった場合は苦労すると思います。身内としての甘えが経営の邪魔になることも多々あります。同族経営の場合、後継者選びの際に、感情に流されず冷静に社長の器があるか冷静に判断できるかどうかがポイントですが、そこが難点でもあります。想いが強すぎると「会社は社長（一族）のもの」という価値観が出てしまうので、「社長はあくまでも社員の代表」「会社は社員のもの」という考え方ができるかどうかも重要です。

社員が引き継ぐ場合

俗に「叩き上げ」とか「生え抜き」とか言われる社員が引き継ぐ場合、会社での勤続年数が長いため業界の知識もあるし、現場の関係者（ステークホルダー）との関係も良好なので、引き継ぎがスムーズにいくことが多いです。これが一番の利点です。ただし、当然ながら経営者に求められる資質と従業員に求められる資質は異なります。営業の能力と経営の能力は全く別物なのですが、そこを理解せずに営業成績トップの人に会社を引き継いでしまうと、そこから経営が傾いてしまう場合が少なくありません。また、権力で人が変わってしまうこともあります。自由に自分の給料の額を決められるし経費も使いたい放題、と社長就任後に急に浪費が増える、会社を私物化してしまう人も残念ながら現実に存在します。ひどい場合は人事権もあるので嫌いな人を辞めさせるということもあります。従業員から社長を選ぶ場合、単に売上一番の人を社長にすればいいわけではないのです。つまり、人選がとても難しいこと、従業員の中に必ずしも適任者がいるとは限らないことが難点です。会社を引き継いでくれる同族はいない、けど会社をつぶすのは勿体ない、という場合、まず社員から誰か良い人（次の社長候補）がいないか探しますが、結局は外から引っ張ってくることが多いように思います。

他企業が引き継ぐ場合

組織が組織を買収するM&Aの利点は、それぞれの強みを活かせること、改革スピードが速いことです。ヒト、モノ、スキルが揃っているため、ゼロからイチを立ち上げるよりも手っ取り早く物事を成し遂げることができます。ブランドが製造を買うパターン（例えば、デザインが得意な会社が工場を持つ会社を買うことによって作りたいものを形にすることができるようになる場合）もあれば、製造がブランドを買うパターン（例えば、ものづくりに自信がある会社がブランド名のある会社を買うことによって製品の販路や集客力を手に入れる場合）もあります。ただし、M&Aが実現したとしても、業種によって人のタイプが異なることが多いので、派閥争いが生じやすいのが現実です。結局は2つの会社が1つの会社になることができず、買収したものの手に負えなくなって手放すパターンは珍しくありません。企業文化の融合が難しいことが難点です。また、そもそも日本ではM&Aが少ないです。理由は、まず出会う場が少ないから、そしてM&Aにはお金がかかるからです。そのため、結果的に事業承継を断念してしまう中小企業も多いように思います。

経営者（後継者）の資質

経営者として必要な資質が3つあると考えています。第1は、経営資源（ヒト、モノ、カネ）を生かした新しい戦略を作る力。引き継いだ事業を維持・発展させられる資質が必要ということです。第2は、人を育てる力。野球で言えば選手から監督になるわけだから、戦略に沿った組織づくりができる資質が必要ということです。第3は、経営を数値で語れる力。営業マンは売上の数字を意識しますが、経営者は数字ではなく数値（数の価値）を意識して会社の価値を上げていくことができる資質が必要ということです。

最終的には「覚悟」があるかどうかが最も重要かもしれません。会社の経営が傾いた時、サラリーマンなら転職して逃げ出すことができますが、経営者は最後まで逃げられません。私の場合、朝礼で「この船（会社）が沈没する日があったとしても、この船から最後に降りるのは自分だ」と宣言してから覚悟ができたように思います。

これは私の感覚ですが、これら経営者の資質を持っている人は、滅多にいません。社員を経営者として育てるなら、そのための助走期間を設ける必要があると思います。経営者（後継者）の育成は非常に難しい問題です。

若者や社会に向けてのメッセージ

昨今、若者の起業（スタートアップ）支援が盛んなように思います。しかし、ゼロからイチを創る「0→1型」に偏重しているようにも感じます。日本は中小企業の国（99・7%は中小企業）で、多くの中小企業の経営者は後継者を求めています。既にある事業を承継して維持・発展させる「1→2型」も面白いし、やりがいはあります。もちろん簡単なことではありません。業界を知り、クライエントの特性を知り、社員やステークホルダーとの信頼関係を築き、戦略を考えるのに、私は10年くらいかかりました。0から1をつくる「創業」よりも、1を2にする「事業承継」のほうが難しいかもしれません。それでも「伝統ある中小企業の社長になる」という選択肢があることを若い人には知っていただきたいと思います。

（2022年7月掲載）

4. 日本人の教え

鈴木富喜（獅子頭彫刻師）

物を残す方法として博物館に収蔵することも手段だが、今も生きている文化、風習、風土を繋ぐ事に意味がある。

はじめに

不幸か、幸せか？　は時間の中から見つけ出すしかないが、私は明治時代から続く家業である獅子頭彫刻師の仕事を背に育った。

記憶を辿れば「日本の文化、風習」が嫌いだった自分がいた、その時代には簡単に物が飽きられ、捨てられる潔さに酔っていた様に思う。

しかし、私の育った家庭は決して裕福ではなかったが、全ての物を大切に扱う母の姿から小さな目で何かを学んでいた事に気づかされた。

それから、高校時代の教諭から「貧困を知りたければインドへ行け」と掛けられた言葉が心に残る。学生時代に入ると、目に映る問いが無造作に積み上げられ、窮屈な日々を過ごしていた。

そんな時、縁起物、祭事の習わしや獅子舞の原点など、手と目で探す好奇心が生まれたのも何も語らない親の背から読み取る「門前の小僧習わぬ経を読む」ことの問いかけだったかもしれない。空っぽのバッグと見えない地図を手にバックパッカーの旅をしながら、西洋彫刻と獅子頭の制作技術と謎を解く研究をはじめ、15年の月日が過ぎてゆく。

ターニングポイント

私が彫刻家の叔父（師匠）の下で漸く仕事を始めることができたのは、卒業から15年後であった。私たち仕事の意見は限りなく小さな声となっており、仲立人、問屋、商社には物申す場もない時代に変化し、利益優先による工程簡略化が進み、量産型体制が求められた。私はアイデアを述べることもなく原形の仕事をし、その先の漆工程等は化学塗料が使用され、中にはアジア諸国から輸入された複製品も本物とされた。日本の手仕事とは呼べるものでは無かったが、使い手（消費者）へは「良いもの」として届けられた。

あらゆる面での簡素化は、人の判断基準のセンサーを失ったかの様に標準座席に鎮座し、そして気にする者など居なくなっていた。

制作したものが何処へゆくのかも知ることもなく、使い手の顔も声も聞くこともない、使い捨ての仕事の在り方に疑問を抱いた私は、モチベーションを保てなくなっていった。簡素化の代償として、今生きている文化と多様性を失うスピードが加速していくことは目に見えていた。最善策も無く、それは叔父（師匠）との別れも意味したが、悔しさと怒りで足早に独立へ向かった。

再出発

私の手掛けられる数は限られるが、伝統を良いかたちで残したいと願う中、先代が作り上げた獅子頭と対面した事があったが、無残に変わり果てた姿に両手を突いた。

私は「現代可能な限りの古来技法を用いた仕事」と「新旧の調和を尊重した内容で未来へ繋ぐ仕事」を両立させるという理念に、「物と志がともに受け継げられてゆく」ための方向性を見出した。

なりふり構わず、物づくり本来の姿と忘れ去られてゆく手仕事の灯を消さないことを模索した。先ずは原材料や道具の生産者との関わりから学び、共に歩んで行けるようコンタクトを続けた。制作には木曽椹《さわら》、檜、姫子松などの官材が必要であるが、環境破壊のため発見すら困難な状態であった。時間だけが過ぎ去る中、理解ある協力者の樵《きこり》（林業）、木挽《こびき》の方に奇跡的に巡り逢うことができ、その嘘のない熱意に震えた手を合わせた。

これらの友好関係から、自然の摂理、昆虫動物との遭遇、ジビエ料理、薬草の効能など森と共存する素晴らしい知恵を身体で学ぶことができた。黙り込んだ深い森に現れる湖で、上昇気流を利用して渡る蜘蛛の姿は幻想的であり、人間の無力さを感じた。地方に眠る文化、食、自然環境や過疎化問題等、課題を考えさせられる一歩にもなった。

このことがきっかけで、「我々が大地に生かされている摂理」を、未来の希望である子ども達に伝えることが必要だと考え、「日本のかたち」をテーマとする親しみある出前授業をスタートさせた。

手仕事から見えるもの

原材料の生産者と共に歩むことができるようになったことで、依頼者（神仏閣、保存会、個人等）の想いを聞き、制作に反映することができるようになった。また、生産者の仕事へのプライドと志を理解することで、価値では測れないものを生み出す力があることに気づき、そこに「本来の日本の姿」を見た。

工房を訪れる依頼者の相談には、様々な内容が存在する。中には現物が喪失してしまい、写真や想いから再現するもの、廃仏毀釈により破壊されたもの、どこに頼んでも復元できなかったものなどがある。そこには当事者しか分らない問題が存在するが、こうした当事者の声こそが、彫刻を復元する、新しくする。私の仕事は、単に祭事道具を直す行為ではなく、何時しか失われてしまった「記憶と心の再生」であると認識している。

小さな工房にしか出来ないこと

駆け込み寺の様な立ち位置で、神社仏閣の事細かな依頼を受けてきたが、時代が進むごとに難航する原材料確保に、手を焼いている。「復元制作の理解」は、時代に反映され「文化に対する意識」が生命線であり、それに大きく左右される。

過去の獅子頭の復元の中で、５年以上に渡り制作が続いたことが深く印象に残っている。現物は消滅しており、文献からどんなものであったのかをイメージしなければならず、原材料にも入手困難なものが多数存在したが、迷いは無かった。

獅子頭の装飾には風切羽根が用いられており、野鳥を確保する必要があったため、採取許可を取得し、猟友会や「マタギ」と呼ばれる方と足を運んだ。復元が実現したのは、日本の独自性と呼べる伝承が奇跡的に残っていたからであるが、近い将来消滅する運命だろうと感じている。

私は、物を具現化することから多くを学び、成し遂げる精神力を発揮して、意地と誇りを絞り出してきたが、これからの日本に大きな不安を覚えている。「物を残す」「文化の伝承」「自然環境保護」など立派なスローガンを語ることはいくらでもできるが、「本当に必要なものを残す」という最終判断は、「人」にある。

一人一人が「未来の歩き方」を見つけられることを願っている。

（2022年7月掲載）

5．自らの決断と行動を信じて進むこと

石川壮志（株式会社YSK　経営企画課長、YSKリードワークス株式会社　代表取締役社長）

父が代表の会社に入社して6年目となります。正しくは、入社して3年目に退職しております。現在は自ら起業した会社の代表として仕事をしつつ、父の会社の業務を委託して頂くという形をとっています。

私は社会人として初めての会社が父の会社です。社会人になって6年ですが、未だに他の会社で正社員として働いたことはありません。家業を継ぐものとして、他の会社で働くことを勧められることも多くありますが、私はこの選択をしてよかったと考えています。

私は大学生の頃に父の会社に入ることを決めました。決めた時には色々な人からマイナスの意見も頂きましたが、あまり気にしていませんでした。私は家業を継ぐことは手段の1つだと考えています。家業を継ぐ予定の人には小さい頃から決まっている人や、病気や死去などの理由で急遽家業を継ぐことになる人もいると思います。しかし、どんな外部要因があったとしても最終的に決断するのは自分です。このことは意外と周辺の人たちの方が理解できていないように思います。家業を継ぐ可能性のある人は皆しっかり考え、決断しています。私の父は小さい頃から私に自分で選ぶように選択肢を常

に与え続けてくれていました。そのおかげで周りに惑わされることなく決断することができたと思います。

社会人になり、家業を継ぐ人が周りに増えました。皆それぞれ考えや想いを持って働いていますが、共通しているなと思う部分があります。それは役員や代表になる前から自分の会社という想いがとても強いことです。自分の会社のために頑張るということは、当たり前のようでそんなに簡単なことではありません。特に創業してしばらくしてから入社した社員に自分の会社のために頑張るという想いを抱かせることができる会社は本当に素晴らしいと思います。そんな中家業を継ぐ人は入社時点で自分の会社という認識を持っています。そんな想いを持っている人は会社にとって優秀な人材になる可能性はすごく高いと思います。

私は入社して半年以降、会社の採用担当を務めています。採用は長期的な視点でも短期的な視点でも大事な業務です。特に中小企業は人材の採用を課題としている企業は多いです。私は社長との距離感がより近いことや自らのビジョンと会社のビジョンをよりクリアな状態で話すことができるため、就活生にとってもイメージしやすい内容を話すことができると思います。周りを見ても家業を継ぐ人が採用担当を行っている例を多く見受けられます。

私は今YSKリードワークスという会社で代表をしています。この会社は採用関係のコンサルティング事業を行っていますが、父の会社とは全くの畑違いです。また、名前は似ていますが、子会社ではなく自らの資本で立ち上げた会社になります。学生の頃から学生の会社選択に興味があり、就活支援を行っていました。現在も会社とは別に非営利の就活支援団体を立ち上げ、毎年数百名の就活生を支援しています。

「父の会社に入るより自分がしたいことをするべき」

これは私が最も言われたアドバイスの1つです。その頃はこの話に違和感を覚えつつ、反論するだけの経験も思想も持ち合わせていませんでした。今でははっきりと反論できます。父の会社に入ることと自分のしたいことは決して二項対立ではありません。むしろ私は父の会社に入ったからこそ自らのしたいことができていると言っても過言ではありません。

働き方や会社選びがより自由になっている昨今、家業を継ぐことで諦めることばかりではないと思います。

家業を継ぐことは重い決断に思えるかもしれません。特に家業に関わっていない時ほどそう感じると思います。私の場合は期待に応えられるかということをすごく重荷と感じていました。しかし、それは杞憂に終わります。当たり前ですが、父の会社には父を支えている人がいて、それぞれが頑張っています。私はその中の1人であり、スタートしたばかりであるということをしっかりと認識できました。まずはしっかりと学び、失敗し、少しずつ前進することができました。まだまだこれからも学び続けていきたいと思います。

家業を継ぐということは選択肢の1つであり、自らが決断するべきことでもあります。与えられる次期社長も結局は自分次第です。役割が人を育てると言いますが、結局は自分次第です。親の七光りでついていきてくれる人よりも、自らの実力と信頼についていきてくれるように努力をすることが大事だと思います。家業を継ぐ決断の先にある、どういう行動をするか。自戒を込めて常に自らの決断と行動を信じて進みたいと思います。

(2022年7月掲載)

第3章　転職　―働き方・生き方を変える―

1. なりたい私になりたくて

田川貴雄（志布志市移住・交流支援センター「Esplanade」移住コーディネーター）

子供の頃、クラスで活き活きと振る舞う人気者を見ながら自分はいつかこんな風になれるのだろうかと帰り道で自問した。歳を重ね、子供の頃に思い描いたような生き方ができているのだろうかと幾度となく考えては胸を張れずにいた。何かが足りないと気付いたのは、「誰かに必要とされて生きていない」と感じたとき。

在りたい姿を求め、海外に飛び出し、いくつかの書を読み終えたときに導かれるように鹿児島にやってきた。そこは県内でも果ての田舎で、しかし「志」という文字が2つも入った希望を予感させる地だった――。

働くというとき、皆さんはどのようなことを考えるでしょうか。

憧れの職業や好きなことを仕事にする、給料や福利厚生など条件が良いお仕事を選ぶ、あるいは生きていくためにとにかく仕事に就く、など。いずれも私にとって少しずつ大事な要素ですが、それらに加えて「一生をかけて奉仕できるライフワーク」という重要な概念があります。仕事をする仲間と満足を分かち合えることや、共に幸せになっていけたら良いなぁという想いがあり、そうしたことを手っ取り早く実現できるのは「自営業」に他ならないと考えて今に至ります。

大学の頃は明確なビジョンもたないまま就職活動を迎えました。自分がこの先何をしたいのか思い浮かばず、勝ち組と言われるスタイルに影響されては軸がぶれるような有様でした。全国に支店のある商社に就職することができ、それなりのやりがいや収入を得たにも関わらず、これでよかったのだろうかと何度も考えたのです。しかし仕事を辞めてしまえば二度と安定のレールには戻れないという怖さに怯え、時間が経ち環境が変われば解決するのかなぁなんて他力本願な考えでいました。とりあえず社会人でいることで世間体を保つだとか親兄弟を心配させないためとか……、一度しかない大事な人生のはずなのにどこか他人事のように生きていた時期でした。一方で、この仕事こそが天職なのだと言わんばかりに輝く人を見るたびに自分を不甲斐なく感じた日々を過ごしていました。

転機はリーマン・ショックが起こり、世界中が恐慌に見舞われた時です。身近な人が職を失い、社員だった私もボーナスはおろか基本給もカットされるという深刻な事態で先を案じる状況でした。それにも関わらず、いよいよ何かを変えられるかもしれないという不思議な胸の高鳴りを感じたことを覚えています。きっと初めて真剣に生き方に向き合えた瞬間だったのでしょう。そこで選んだ道は「海外ワーキングホリデー」です。実はそれまで外国旅行すら行ったことが無かったのですが、いつか役に立つかもしれないと自学していた英語を自分のスキルにしたいと思い一念発起して出発しました。周囲には心配をかけましたが、何かを掴まなければこの先の道は無いと強い想いを持って飛び立ちました。

そこで得たものは――、およそ日本に何年いても得られないような経験の数々で、それまで持っていた常識や固定観念が壊され、今振り返ってもドラマのような日々でした。温暖な気候とアクティブなイメージで選んだオーストラリアという国でしたが、多様な人種がそれぞれの文化や風習を持って暮らしているということもまた、私の視野を大きく広げてくれたと思っています。

挑戦しては失敗を繰り返す悔しさでさえも、内なる自分を知る発見でした。何せ最初は幼稚園ぐらいの言語レベルから始まり、生活ルールも事あるごとに違うので戸惑うことばかりです。それが英語の履歴書を書いて職を見つけたり、国際免許を取得してレンタカーを運転したりと次第に目に見えて出来ることが増えてきます。そうした成功体験を積み重ね、「失敗することはけして怖いことではない」という自信に繋がったのです。

帰国後は、私と同じようにオーストラリアにワーキングホリデーに行っていた社長のいる小さなベンチャー企業に就職しました。貿易やインバウンドの事業にも携わり、ここでもグローバルな視点で様々な人の思考や価値観に触れることができました。そして新しい提案が次々と生み出される社風の中で仕事に対しての価値観がだんだんと具現化してきました。社長自身が次なる創業者を育てたいということを幾度となく話しており、私をはじめ当時の仲間たちも次々と独立したり、スキルアップのための転職をしていきました。いつかこういうビジネスをやりたいねと、忙しい中にも夢を語り合えた戦友たちとは今でも連絡を取り合っています。

私の存在が必要とされる場所で、もてる力を目いっぱい使って貢献したい――。そのような考えに至った時に見つけた地域おこし協力隊の制度は、魅力そのものでした。どんな所で、どんな人がいるのか分からない不安はありつつも、自分の力でどこまで挑戦できるのかという希望が上回りました。募集の地域を調べていくと、鹿児島県の志布志市という小さな町が「日本一チャレンジ」というユニークな取組をしていて、動画などの情報発信もひと際目立っていました。「志」というパワーワードが2つも入っていることも併せて「この場所で何かが始まるかもしれない」と感じて応募しました。

人口減少を課題とする志布志市の移住定住を推進するというミッションに就いて、観光という視点で間口を広げるために民泊をオープンしたり地域住民も市外の方も利用出来る移住交流センターを作ったり、それまでのキャリアと経験を活かすことができました。地域おこし協力隊の任期を終えた後も起業をして志布志市に定住し、今なおやりたいことを追い続けています。

地元出身の伴侶も出来、移住して6年目の私はすっかり「現地の人」になりつつあります。複数の事業を抱えて目まぐるしい毎日ですが、それでも日々新たな刺激を受けてはまた走り出します。関わる人たちと喜びを共にし、豊かな生活を目指していくという私の望む仕事のカタチを作り続けることにも充実感を覚えています。少年の頃にそうありたいと思い描いていたような『私』に近づいていっているのかもしれません。

回り道をしながら、私自身の生き方も変わってきたように感じます。環境の変化や時代の流れなど、人生の転機は皆さんの近くにあるのかもしれません。

参考資料
●志布志市移住・交流支援センター「Esplanade」
https://will424.com/?fbclid=IwAR2HltDss1FsayFj_eb-1tFGR_34NiX4uNHdeCt6YZ7lR5Ria0KIjDAoS2g
（2022年10月掲載）

2．2度の挫折からから学んだ適材適所とチームワーク

竹内清文（NPO法人レインボーハートokinawa　理事長）

私は現在45歳、LGBT当事者としてNPO法人理事長を務め、沖縄県を中心に小・中・高・特別支援学校で講演活動を行っています。2022年10月で講演活動は7年目に入りますが、お陰様で全国延べ350以上の学校で講演をし、初任者研修や中堅教諭等資質向上研修等教職員研修でも多くの講師や沖縄県性の多様性検討委員、琉球新報社「読者と新聞委員会」委員等の仕事をしています。他にもガラクタ整理師としてPHP研究所から著書3冊出版、東京2020オリンピック聖火リレーランナー、TOEIC935点等といった経験や資格もあります。

こうした自己紹介をすると華々しく聞こえるかもしれませんが、私のキャリアは順風満帆とは真逆で、30歳頃の突然の体調不良、30代後半の借金生活等と色々な挫折を経験しています。いわば失敗の連続でした。

北海道大学大学院修了後、JICA国際協力機構に就職した私は、東京本部、沖縄国際センターと勤務し、充実した日々を過ごしていましたが、30歳の頃突然の体調不良により救急車で搬送されました。精密検査を受けても身体的な異常は見当たらなかったのですが、精神的には追い込まれ、2週間も仕事が出来ない状況になってしまいました。職場の皆さんにもご迷惑をおかけし、人生で初めての大きな挫折を味わいました。

友人の勧めでカウンセリングを受けるようになったのですが、そこで学んだことは自分を大切にすることでした。もちろん仕事をする上で自分の本音ばかり大切には出来ませんが、当時の私は周りの期待や評価ばかり気にして、精神的に相当ストレスがたまり、体が悲鳴を上げていたのだろうと思います。自分は大きな組織で働き続けていると同じストレスでまた失敗を繰り返すかもしれないと思うようになりました。

この体調不良がきっかけとなり、私はＪＩＣＡを退職しました。実は転職先は全く決まっていない白紙状態で、あまり皆さんにはお勧めの出来ない退職の仕方でした。ただ、同じころガラクタ整理の世界的ベストセラー作家のセミナーを受講し、自分自身の不要な持ち物を徹底的に手放したことをきっかけに、ガラクタ整理講演を開始したのですが、幸運なことにＰＨＰ担当者の方が講演を聞いて下さり、本を出版させていただくことになったのでした。ありがたいことに1冊目が順調な売れ行きで、その後2冊目、3冊目と毎年本を執筆させていただきました。

ガラクタ整理師として活動も広がってきた30代半ば、私は一度仕事を休み、オーストラリアで約1年間自己研鑽に励みました。オーストラリアでは出会いがあり、アメリカ人パートナーと彼の母国アメリカへ移住しました。私たちは将来同性婚を考えるほどだったのですが、ある日パートナーが遭遇した事故がきっかけで2人の関係も終わり、私は日本に帰国せざるを得なくなったのでした。

そのとき私はパートナーを失っただけでなく、多額の借金も抱えることになりました。実はアメリカでは新しいオンラインビジネスを立ち上げようと、セミナーやコーチングを受けていました。講演会のように毎回労働をしなくても、オンラインを活用してお金が稼ぐことができるという甘い言葉に、先行投資を行ったりしていました。しかしそのビジネスは全くうまくいかず、さらにパートナーも失い、私には借金だけが残るという結果となったのです。精神的にも経済的にも厳しい日々でした。

お陰様で借金は全額返済できたのですが、こうした失敗を繰り返してようやく私は自分のビジネスセンスの低さを受け入れることができました。以前は自分で考えようとしていたことを他の人にいい意味で頼るようになり、自分が苦手なことは教えていただくように、本当に遅ればせながらではありますが、なれたのでした。

こうした変化があった30代後半、沖縄のある高校の養護教諭の先生からLGBT当事者として学校講演会にお招きいただくことがあり、いくつかの学校で講演をさせていただきました。すると、その講演が口コミでどんどん広がり、昨年2月にはNPO法人設立にまで至りました。今では講師として相手に分かりやすくメッセージを伝えることが出来る自分の長所に集中出来ています。そして、法人の経営やビジネスの面は、私には力量がないので、いつも周りの方に助言を仰ぎ、助けていただいています。

私が挫折を通じて学んだことは「適材適所」と「チームワーク」の大切さでした。何でも完璧に出来る人はいなくて、それぞれ資質や能力は異なっています。自分が出来ることに集中し、出来ないことは助けていただきながらチームとして仕事を進める時、個人では絶対に出来ない素晴らしい仕事が出来るのではないでしょうか。

現在は、学校での性の多様性の取組がさらに定着するよう、現場の先生たちと子どもたちの発達段階に合わせた授業作りにも励んでいます。出来ることに集中し、出来ないことは助けていただく。適材適所とチームワークでこれからも仕事を頑張っていきたいと思っています。

参考資料
●NPO法人レインボーハート okinawa　https://rainbowheartokinawa.com/
●PHP研究所「竹内清文」関連書籍
https://www.php.co.jp/books/related_book_list.php?author=%E7%AB%B9%E5%86%85%E6%B8%85%E6%96%87&fbclid=IwAR13IgDSD276IQoYgd_dDnMqQF6bmhT9OwNeYvOjilc_QbX_LixXhZL9wCo

（２０２２年10月掲載）

3. キャリアデザインのすすめ―人生のステージで調整可能な働き方―

田邊衣美（有限会社アンジュ・デュ・ヴァン　代表取締役）

フランスの小規模優良ワイナリーを開拓・ブランディングし日本市場へ紹介する「クルティエ」という仕事を20年以上続けております。法人創業してこの秋19年目となりました。

大量生産とはちがい、有機栽培や畑ごとの差異特徴を反映した独自性の強いワインをつくっているため、輸出先でも十分な説明と理解あるパートナーシップが必要なのですが、ほとんどの造り手は家族経営で海外営業担当を設けていません。彼らに代わり数量や価格調整、独占権交渉などを一手に担い、日本およびアジアのインポーターさんと共に市場で根付くためのあらゆる情報提供を行うのがクルティエの仕事です。この仕事に出会えて私の人生は本当に幸せなものとなりました。

さて、ワインに関する仕事というとほとんどの方がソムリエかワイン・インポーターを連想すると思います。しかし、現実的にはワインに関する仕事は非常に多様で、ワインに使う樽専門の業者もあれば、高級ワインの真贋を見極める査定人、醸造専門学校の教師、前述のワイナリーの代理人クルティエなど、一般の方がご存じない仕事も数多く存在します。

加えて、ワインを通じてワイン業界にかぎらず多種多様な職業の方々と出会う機会に恵まれてまいりました。日仏間を頻繁に往来していると、海外の様々な働き方や教育システムの違いに色々と考えさせられます。

今回は「転職」というテーマと同時に、人生のステージにあわせてキャリアをデザインするという考え方についてお話したいと思います。

まず、かくいう私も転職経験者であり、パラレルキャリアの持ち主です。

大学卒業後1年間、公立中学校で英語教諭として働いておりました。3年生の担当で受験業務、ＡＥＴ外国人ネイティブ英語教師の世話係、運動部顧問で土日も練習試合引率や朝練で毎朝4時半起床の多忙ぶりでした。もともと身内に教師が多く、子供のころからあまり教師を神聖視せず、私生活がないこともよく知っていましたのでそれほどショックを受けたわけでもありませんが、仕事の責任が大きくなる前にやはりもう少し勉強したいと思い、1年で退職してフランスの大学へ編入したのです。

留学中にもともと好きだったワインに接する機会が増え、喜びにあふれたブドウ収穫を体験し、人生を変えるワインを飲んでしまったことで、ワインを仕事にすることを決心した次第です。大学に籍をおきながらワイン学校に通い、パリのミシュラン星付きレストランでソムリエールとして働く事に成功しました。もう20年以上前のことです。その後日本のワイン・インポーターにヘッドハンティングされ帰国、会社員を経験したあと独立し現在に至ります。

この間私は躊躇なく退職⇒留学⇒転職（3社）⇒独立起業を決断してきました。当時はバブル崩壊後で氷河期。公務員をやめることを残念がられましたが語学が複数できればある程度は食べていけるだろうと考え、誰にも相談せず、他人のアドバイスもききませんでした。バブル期の先輩方のアドバイスは現実的ではないと判断したことが、結局吉とでたわけです。

ここで私が感じている日本の課題点をお話したいと思います。

もうすでに明白なとおり、日本特有の終身雇用制度はほぼ機能しておらず定年時のまとまった退職金や、安定した年金生活などはほとんどの国民が享受できない時代となりました。

ですが未成年や若者へアドバイスをする際に、多くの成人が自分の過去の経験からやや非現実的な話をしてしまいがちです。いまだに大企業や公務員が安泰、そのために一流大学という考え方を信じる中高年が多い事には驚きを隠せません。

もちろん、大企業の繁栄は続きますし、官僚は一流大学出身者が多いという事実は変わりません。ですが不況時にはリストラで簡単に人員整理が行われる時代にトップポジションのまま生涯を終える人はごくわずかなのです。

大多数の人々は転職や休職、パラレルキャリアや副業を経験することが当たり前の時代となっているのに対して、今の日本は自分の年齢や状況、ステージにあわせてキャリアを変えるという考え方が欠落しています。

大学受験と新卒採用のワンチャンスがすべてではなく、男女問わず、結婚・出産・子育て、介護、充電期間、病気療養、キャリアアップの勉強、留学など人生のあらゆる節目でキャリアを調整できることこそが現在の日本でより求められているのではないでしょうか。

そしてこのような考えを持ち、実際に転職についてアドバイスができる人、広い分野の職業をよく知る人、現実的に毎月少しずつ稼げる副業の構築の仕方を指導できる人・機関が本当に少ないことが我が国の弱点だと感じています。

私はワイン事業の他にも社内新規起業でネット物販や合法民泊、ウェビナー講師、イベント開催など複数のスモールビジネスを立ち上げてきました。ここ数年は海外出張がほとんどなかったため、まとまった時間を活用して自身の経験とノウハウをベースに「ミニ起業セミナー」を開催しています。

これは「スモールビジネスは誰でも構築できる」をテーマに自分が好きな事・得意な事をマネタイズする実際的な方法を指導する内容です。私が創業したころと違い、今は安全なプラットフォームを使えば、個人でも低コスト低リスクで簡単にスモールビジネスを構築できるようになりました。創業は難しくとも、スモールビジネス・副業は本当に敷居が低くなってきているのです。

人生のさまざまなステージにいる方々が自分の「好き」をマネタイズすべく、業種の多様性、働き方の多様性、そして個人でも海外と取引ができる時代になった利点を知ることは本当に大切だと実感しています。

日本キャリア教育学会が未成年、若者、中高年、退職者、年齢関係なく私たちはもっと自由に多様なキャリア形成が可能であるという事実を、もっと世に浸透させることを願ってやみません。ますます変化が加速するこの時代に、微力ながら私も活動を続けて参りたいと思います。

参考資料
●電子書籍『ワインビジネスへの扉：ワイナリーの代理人・クルティエ』
https://www.amazon.co.jp/dp/B08VNYB63L
●YouTube「ザ・ワイン〜大人の嗜み」 https://www.youtube.com/channel/UC84rTXILEgswfY0aeJNVbg

●Udemy 講座「ミニ起業セミナー
https://www.udemy.com/course/amysmallbusiness001202208/?referralCode=14F906F5FABEDCAFB8BC
（2022年10月掲載）

4. 40歳・2人の子持ちで初転職―オリジナルキャリアの時代―

唐澤圭（株式会社メルカリ、認定特定NPO法人JSBN　理事）

40歳、2人の子持ちで初の転職。

しかも、100年の歴史を持つ総合商社から、創立10年にもならないテックカンパニーへ。

こう聴くと、「なんてチャレンジングなんだ！」と思う人もいるかもしれませんが、私の場合、キャリアとプライベートと色んなことを積み重ねていく中でこのタイミングでガラリと違う環境に飛び込んでいくことはとても自然なことでした。

人生100年、100人100通りのキャリアの時代に、1つのサンプルとしてこういうキャリアもあるのだということで少しでも参考になればと思い、18年間のキャリアの振り返りと、転職後半年経っての思いを書いてみようと思います。

「人事」を軸に

私は新卒で総合商社に総合職として入社し、人事を希望して人事に配属されました。以来、労務、部門人事、人材開発、グローバル人事……と一環して18年間人事関係の業務に就いた後、今年の4月に株式会社メルカリに転職しました。

総合商社に入社した新卒の人達は、第一線で世界を飛び回る営業を志望する人の方が多いので、人事を志望すること自体を珍しがられるのですが、私の場合はシンプルに「人」が好きだから、という理由に加え、「総合商社だからこそ」コーポレート部門の方が幅広い事業領域のビジネスに関われること、多様な国籍・バックグラウンドの人達と協業できること、「商社は人が財産」と言われている中で人を扱う人事という仕事に興味をもったことから人事を志望しました。

内定者面談時はまだ大学生でそこまで深く考えていたわけでもなく、「一旦人事に入ってみて、色んなビジネスを見て面白そうなところがあったら異動希望出そう」くらいの感覚だったのですが、配属されてみると、人事の仕事と一口で言ってても採用から育成、労務や企画にグローバル人事……と、幅広くて奥深く、人事を深めていきたいという思いが強くなりました。

経営と「人」のわかる人事を目指して

人事を深めたいということで、20代のうちは社会保険労務士の試験に取り組み、何度かの失敗を経て何とか合格をしました。しかし「人事の専門性を高めるのも良いけど、しっかりと経営のわかる人事になりたい」という思いが強くなったのと、諸々のタイミングがあり海外研修生として駐在する機会を逸してしまったことから、国内にいながら英語でMBAを取ることができるグロービス経営大学院に入学しました。1人で悶々と勉強をしていた社労士よりも、学友と喧々諤々議論しながら学ぶMBAの方が私の性格には合っているな、と感じました。

MBA通学中に出産、半年の育休を経て復職後、また学習意欲がうずうず湧いてきた時に選んだのはコーチングです。以前から、外資系のHRや研修講師の方でプロコーチ有資格者の方が多かったので、これからの時代の人事スキルとして有効かと思って始めたのですが、これが自分の性格と思いにドンピシャにはまり、今後、更に深めていきたいと思っており、最近は関係性と組織のコーチングである「システムコーチング」でもプロ資格を取ったところです。

また、「誰もが自分らしくイキイキと輝ける社会を創る」というLife Purposeに沿って、キャリア教育系のNPO法人での活動も5年ほど前から始めました。

全く違う環境へのチャレンジ

さて、前職は総合商社ということでビジネスも世界中で展開しており、人にも恵まれて大変良い環境で楽しく仕事させて頂いていましたが、やはり人生100年時代、定年まで一社で勤めあげるというイメージが湧かなかったのと、自分の性格的にもより沢山の多様な人とともに働きたい！　という思いが強かったので、転職を決意するのは全くハードルの高いことではありませんでした。

ただ、女性の人生の中で出産のタイミングは少し考慮した方が良い要素であり、私の場合は第2子を産んでから転職活動を始めました（友人の中には転職後妊活をした人もいれば、育休中に転職した人もいますので、これもまた人と状況次第でそれぞれだとは思います）。

当初は日系の大企業と全く別の環境、ということで、外資系の人事のポジションばかりを探していましたが、とあるタイミングでエージェントの方からメルカリを紹介された時に、ピン！　と来ました。

メルカリは外資系ではないですが、職場環境という意味ではエンジニアを中心にNon—Japaneseの方も多く、HRの部署もGEやP&G、J&Jなど外資系出身の方が沢山います。新卒生え抜きが9割近い前職の環境で、もっと多様な視点で多様な意見を戦わせながら刺激し合いたい、と思っていた私にとって、メルカリは理想的な環境ではないかと思い、ご縁を頂いて入社することにしました。

転職後、半年経って

今はちょうど転職して半年経ったタイミングですが、振り返ってみて、自分の決断は間違っていなかったな、と感じています。

転職の時に重視していた、多様なバックグラウンドの優秀な仲間達とともに働ける環境はとても刺激的ですし、100年の歴史を持つ大企業とは全く違う環境に良い意味でカルチャーショックを受けながら、毎日楽しく働いています。

メルカリは社内のコミュニケーションは全てSlackでみんながあだ名で呼び合いますし、twitterやnoteなどのSNSでの発信も盛んです。日本国内どこからいつでも働いて良い制度なので旅しながら働いている人もいたり、副業推奨なので自分の会社を持っている方や専門性を発揮して社外でも貢献されている方など、本当に多様な方が働いています。

Valueの1つに「Go Bold」を掲げていますが、人事制度も様々なことにGo Boldに取り組んでおり、HR分野では日本企業の中でかなり最先端を行っていると自負できますし、そこで働けることはシンプルにワクワクと楽しい経験です。

今後の展望

最近NPOの活動で高校生や保護者の方に講演する際も話しているのですが、キャリアに対する考え方も仕組みも激動の時代であり、誰かをロールモデルにするというよりも、一人一人が自分のオリジナルのキャリアを築いていく時代だと思っています。

私の場合はプロコーチの資格を有していることと、キャリア教育NPOの活動もしており、今後はメルカリの仕事と副業をバランスよくやりながら、私オリジナルのキャリアを築いていければと思っています。

夫の故郷である屋久島でゲストハウス運営をしたり、そこでコーチングセッションを提供したいという夢もあり、それも副業推奨・かつ日本全国どこからでも働けるメルカリでなら、両立も実現可能かと思っています。これからもまた新しい出会いや刺激で新しい目標ができ、どんどん変わっていくのでしょうが、その変化を受け入れ楽しみながら進んでいきたいと思います。

最後に転職に関する思いを書いたnote記事のリンクを貼りますので、ご興味持って頂いた方はご笑覧ください。

参考資料

● note「18年間働いた総合商社から2人の子持ちで転職をしてみたワーママの〝願い〟」
https://note.com/keikarasawa/n/n952298a04e2c

(2022年10月掲載)

5. 自分らしい働き方を求めて

黄莉香（都内認可保育園　保育士）

「すごく驚いたけど、とても向いてるチャレンジだと思う！」

外資系生命保険会社を経て20年勤めた出版社を退職し、保育士へ。キャリアチェンジの報告をすると、友人達が口を揃えて言ってくれる言葉です。

決意の背景

人生100年時代。折り返し地点に近づき、キャリアを見つめ直すタイミングだなと感じていました。

コロナ禍で在宅ワークが可能になってきたとはいえ、妊娠、出産、親の介護や看取りを経験する中で、バリバリと仕事をメインにした働き方についても違和感がありました。

子育てや地域とのつながりを大切に、もう少し緩やかに、かつ、複業・脱週5勤務の働き方にも挑戦してみたい。

前職の金融やマスコミは多くの人が憧れる仕事。世間の評判優先で志望したところがありました。

対して保育士は、社会を支えるエッセンシャルワークであるにも関わらず社会的地位も給与も低く、敬遠されがちです。それでも、出版社でジェンダー平等やSDGsに関する企画を多く立案する中で、もっとリアルに働くママやパパを応援したい、次代を担う子ども達を育てたい、保育士自身の処遇改善についても現場から声を上げたいと、自ら飛び込んでみたい気持ちが日増しに募っていきました。

息子を出産後、毎晩絵本の読み聞かせをせがまれたり、日々の可愛らしいつぶやきに癒されたり。子育てを想定していた以上に楽しく感じていることも、子どもと関わりたい気持ちを後押ししました。

さらに、文部科学省では2025年3月末までに保育士として3年の実務経験があれば、幼稚園教諭資格が取得しやすい特例制度があり、認定子ども園で保育教諭として働く道も開けることを知りました。逆算すると2022年4月がリミットでしたので、飛び込むなら今だと直感しました。

資質、能力について

自分の希望のキャリアを実現するために、或いは、自分のキャリアを幸せなものとするために、自分の資質、能力の把握や言語化が大いに役立っています。

転職に際し、ストレングスファインダー※1で確認したところ、わたしの上位5つの資質は以下でした。

1. Empathy 共感性
2. Learner 学習欲
3. Maximizer 最上志向
4. Ideation 着想
5. Intellection 内省

そこで、履歴書や面接では、これらの強みを織り混ぜ、保険会社、出版社、いずれの職場でも、相手の話を丁寧に聴き、思いを汲み取り、前向きな提案で希望や願いを叶えてきたことを伝えました。また、このスキルを保護者や子供たちとの関わりの中でも生かしていきたいとアピールし、スムーズに内定を頂けたように思います。

実際に働いてみると、園の中でも自分の気持ちを上手に伝えられない子のフォローや、子育てに悩む保護者への対応など、とりわけ共感性を発揮している時に働く喜びを感じています。

自分の得意な資質、能力を活かして働くと、周囲からも評価されやすく、働きがいに繋がることを強調しておきたいと思います。

外国人としてのバックグラウンド

小学校入学前、父から、我が家は外国籍のため、教育を受けさせる義務がないが小学校に行きたいか？ と意思確認がありました。

入学後は、名前が珍しいとからかわれたり、漢字テストで満点を取っても中国人だからと自分の能力として評価されないことがありました。学級委員などは遠慮しておくよう両親から言われていました。

このように、日本生まれでありながら、周囲とは違った意識をもたざるを得ず、生きづらさを感じてきましたが、中国語が学べるからと父の勧めで都立国際高校に進んだことで、オセロの白黒が入れ替わるような感覚に出会います。

帰国子女や在京外国人の友人たちが、生き生きと楽しそうに国際色豊かな経験を語り、海外経験のない日本の友人達の方が〝純ジャパ〟だから、と決まり悪そうにしていたのです。

日本人に溶け込みたい自分と中国人として誇りを持ちたい自分。揺れ動く気持ちをメタ認知する中で見えてきた日本社会をレポートやスピーチにしてみると、友人や先生方が面白がってくれ、自己肯定感も高まっていきました。

大学はSFC（慶應義塾大学、総合政策学部）に進学しましたが、AO入試で提出したエッセイは以下のような内容でした。


幼い頃、祖父と父が営む中国雑貨店に、中国人男性が訪ねてきた。腹痛で苦しむ奥さんのために薬を分けてほしいと言う。父は病院に行くよう勧めたが、保険が利かず高額になると言い、結局男性は薬を受け取り帰っていった。

この時、初めて外国人の権利保障問題に直面。それまで日本人ではないことで感じてきた疎外感や劣等感は他者理解や学びのきっかけに変えていけば良いと思っていたが、自分が乗り越えても問題自体はあり続け、自分と似た境遇の別の誰かがまた躓くのだと気づいた。

自分の問題意識を一番良い形で解決に近付ける場として、政治、経済、文化など多方面からアプローチするSFCは自分に相応しいと確信し、志望する。


保育の現場で子ども達一人一人の個性を積極的に肯定し、応援していくこと。また、保育士として、ジェンダー平等の他、貧困や虐待の発見、改善を促す役割を担えることに喜びや使命感を覚えるのは、マイノリティの当事者として社会問題に向き合ってきた経験に寄るところが大きいと感じています。

非地位財に着目して生きる

子ども達は日々やりたいことに全力で挑み、自分ができないことは周囲を巻き込んで実現していきます。

そんな子ども達に学び、土日の他、平日週1回は休み、近隣小学校で英語ボランティアをしたり、コミュニティFMに出演したりと、プチ・サバティカルタイム※3を楽しむことにしました。

誰もが等しく生きる価値があることを知り、それぞれにとって自分らしく幸せな生き方、働き方を見つけられますように。

子ども主体の保育を通じ、非認知能力を高める保育を実践することでVUCAの時代※4を生きる子ども達を応援しながら、自分自身も更なる可能性にチャレンジしていきたいと考えています。

参考：用語の説明

※1 ストレングスファインダー

アメリカのギャラップ社が開発した、人の「強みの元＝才能」を見つけ出すツール。現クリプトンストレングステスト

※2 非地位財

お金や社会的地位など、他者との比較優位により価値が生じる『地位財』に対し、休暇や健康、愛情、心地よい環境など、他人との比較とは関係なく、それ自体に価値があり、喜びを得られるもの。地位財よりも幸福感が持続するとされています。

※3 サバティカル

使徒用途を問わない職務を離れた長期休暇。長期ではないのでプチをつけました。

※4 VUCAの時代

Volatility（変動性）、Uncertainty（不確実性）、Complexity（複雑性）、Ambiguity（曖昧性）という4つのキーワードの頭文字を取った言葉で、変化が激しく、あらゆるものを取り巻く環境が複雑性を増し、想定外の事象が発生する将来予測が困難な状態を指します。

（2022年10月掲載）

6. 彩り豊かなパレットで描く私のキャリア

鈴木加奈子（日本語教師）

これまで、放送、教育、就職支援とさまざまな仕事をしてきましたが、元々目的を持ってそうしてきたわけではなく、人生の優先順位が変わる中で、できること、やりたいことを模索していたら、結果的にいくつかの仕事をするようになっていました。１つの仕事を極め人生を一色で描いてきた濃い人生の方と比べると、私の人生は淡い水彩画のような人生かもしれません。

キャリアのスタートは「アナウンサー」

テレビ全盛期に育った私はアナウンサーになりたいという一心で、大学の放送学科に進学しました。学生時代からラジオやテレビ番組のアシスタントとして取材をしたり情報を伝えたりする機会に恵まれ、就職活動は全国の放送局を受験しました。そして運よく、静岡の放送局にアナウンサーとして就職しました。放送の仕事は、好奇心旺盛な私には天職に思えるぐらい、大変やりがいのある仕事でした。しかし、就職した放送局では女性が契約社員だった上、「女子アナ」に求められるものに違和感もあり、キャリアを積んでもその先に何があるのか見えず退職することにしました。

そのような時、東京での仕事のチャンスもあったのですが、ちょうど、結婚も決まり、考えた末、夫の住む静岡でアナウンスの仕事を続けることにしました。ところが、当時、静岡ではアナウンサー職の中途採用はほとんどない上に、仕事の数や種類も少なかったのです。面接に行けば「結婚している方は……」と言われてしまいます。努力して就職しスキルも身につけたのに、それを活かす仕事ができないというのは本当にショックでした。夫と離れて暮らしキャリアを活かす道もあったのでしょうが、一緒に暮らしたいという想いが強く、私が「今、ここでできること」は何だろうかと悩む日々が続きました。

「日本語教師」との出会い

そんな時に出会ったのが日本語教師の仕事です。アナウンス同様、言葉に関係する仕事であったこと、元々海外に興味があったこと、そして、教師は女性が長く続けられる仕事なのではないかと考え、養成講座の受講から始めました。また、少しずつではありますが、テレビのリポーターやイベントの司会なども増え、それらの傍ら地元の大学院にも通い、日本語学校や大学で留学生に日本語を教えるようになりました。

その頃、留学生は学費を捻出したり家族に仕送りしたりするために、夜遅くまで複数のアルバイトをかけ持ちすることが当たり前でした。疲れ果て、眠い目をこすりながら、いつか日本と母国の架け橋に……と一生懸命勉強する姿に心打たれ、やりがいを感じると同時に、彼らのために教師としてもっと成長したいという想いが強くなりました。アナウンサーの仕事を続けたいという気持ちもありましたが、華やかさや若さを求められることに居心地の悪さを感じ、40歳を前にキャリアの比重を日本語教師にシフトしていこうと決心しました。そのためには、外国人に対する語学教育についてさらに学ぶことや自分自身が異文化の中で学生の立場を経験してみることが必要ではないかと思いました。夫も後押ししてくれ、オーストラリアの大学院に単身留学し、その後は日本語教師の仕事をメインに、県内の大学の非常勤講師として留学生の日本語指導に携わりました。

新たな挑戦は「留学生の就職支援」

50歳を過ぎ、長く大学で留学生の日本語指導をしてきたご縁から、特任教員として留学生の就職支援に携わることになりました。当初は、就職支援という全く経験のない分野でどこまでのサポートができるか不安でしたが、日本で就職したいのに夢が叶わず帰国していく留学生を数多く見てきた経験から、そのような留学生の役に立てるならと挑戦することにしました。

ところが、実際に仕事を始めてみると想像とは異なり、日本や彼らの母国の経済状況、留学生の考え方も大きく変わっていました。日本での就職に魅力を感じない学生、「自分探し」に悩む学生、「働く」ことに自信がもてない学生もおり、支援するといっても容易なことではありませんでした。また、留学生は、大学院進学にしても就職にしても、常に母国、日本、場合によっては第3国という選択肢、加えて、母国の状況や家族の意向もあり、進路を決めるには時間もエネルギーもかかります。日本で就職したくても、日本語でのコミュニケーションに自信がもてなかったり、日本の企業文化に身を置くことに不安を感じたりして、日本で自分にどんな仕事ができるのか想像できず、就職に躊躇してしまうこともあります。留学生自身が自分の進路を決めきれていないうちに、書類の書き方や企業分析のし方など就職活動に直結するような支援をいくらやっても表面的なものにしかなりません。こちらが無理やり就職させようとしている気さえして、本当の就職支援とは何か考えさせられました。留学生が自らの価値に気づき、成長し、自己実現できるように、キャリア形成の支援をすることが大変重要であると感じました。

4年半の任期が終わり、現在は非常勤講師にもどり日本語を教えていますが、就職支援の仕事や自分自身のキャリアで悩んできた経験から、改めて、働くこととは何か考えたいという想いもあり、現在は、新たに産業カウンセラーの勉強を始めました。留学生が将来の進路に迷った時、就職した元留学生が悩みを抱えた時に、自分の経験を役立てながら本当の意味での支援ができたらと思っています。

人生後半は彩り豊かなパレットで

振り返ってみると、私の場合、「何になりたいか（職業）」は問い続けてきましたが、「何をしたいか」という視点には欠けていたように思います。人生の各ステージでは、決して努力や熱意だけではどうにもならない制約や優先順位の変化があり、「何になりたいか」だけでは限界を感じて苦しくなりますが、「何がしたいのか」という視点があれば、職業や働き方を変化させて、その時々を自分らしく生きることができるのではないでしょうか。

私の転職は決して積極的なものではなく、ライフステージが変わる中で、バランスも変わり、その時々に「今、ここでできること」をやってきたら「転職」のような形になっていました。実は、数は少ないながらも、今でもアナウンスの仕事を頼まれることがあります。あくまでも比重を変えただけで辞めたとは思っていないので、万が一「女子アナ」より「シニア・アナウンサー」のニーズが高まるというようなことになり、その時にやってみたいと思えば、そちらがまたメインになるかもしれません。

転職というと完全に仕事を変えることのように思いますが、私の場合はグラデーションのようなイメージです。人生のある時期は濃い色で、ある時期は淡い色。時期が変われば、また色が濃くなるかもしれない。さらに、新しい経験やチャレンジ、人との出会いでパレットに新たな色が増え、混ぜれば新しい色がいくつも生まれる。それは自分だけの唯一無二の色だと思うのです。

人生100年時代と言われますが、人生の後半は、彩り豊かなパレットで、その時その時の自分の想いを大切にしながら、「今、ここでできること」「やりたいこと」に挑戦し、自分のキャリアを、人生を、私だけにしか出せない色の絵の具で描いていきたいと思います。アナウンサー×日本語教師×就職支援の先に何が待っているのか、私自身も楽しみにしています。

（2022年10月掲載）

7. 知行合一であることが、自分のウェルビーイング

寺西隆行（ライフイズテック株式会社　官民共創プロモーター、文部科学省　広報戦略アドバイザー、経済産業省　「未来の教室」教育・広報アドバイザー）

2022年4月に転職しました。その1日前のFacebookに、相当考え、そして多くの方に役立つようにと願い投稿した記事をご紹介することが、今回の記事に最も相応しいと思いましたので、大変恐縮ですが、ご覧いただければと思います。

（以下、投稿。絵文字、写真等を除き原文ママ）

◆籍を移します

本日2022年3月31日をもちまして、25年間お世話になったZ会グループから離れます。

明日2022年4月1日から、ライフイズテック株式会社に新たにお世話になります。

2016年に一般社団法人ICT　CONNECT21へ出向となってから約6年間（今年度1年はZ会グループに籍を

戻していました）、国の教育政策、なかでもＩＣＴ関係の政策支援の業務を続けてまいりました。
２０２２年度以降、よりご支援できる自分の環境を考えたときに、この選択となりました。よって、引き続き、文部科学省や経済産業省等の教育政策にも関わる見込みですが、具体的なことはほとんど決まっておりませんので、本日の段階ではご報告できません。ほんとに決まっていないので。

形上は転職となるのですが、自分の中では職を変えるというイメージが全く湧いておりません。少なくともこの約6年間やってきた業務領域（≒社会におけるＰＰＰ領域の構築と拡大）と余り変わらないと想定しています。籍が移るだけ、というイメージがしっくりくるのでこの冒頭表現にしました。

Ｚ会グループでの名刺は、この約6年間、作っていません。そういう業務、つまりは、Ｚ会の商品・サービスとはほぼ無関係の業務に従事してきたとお考えいただければ幸いです。

自分視点で職を含めた生き方を考えるときに大事にしているのは次の2点です。

- 「can・must・will の重なる領域の最大化」
- 最も強い will は、「自分（家族含む）と周り（会社含む）と社会のそれぞれの幸せが重なる領域の最大化」

これを突き詰めたときに、いまの自分とマッチすると考えるところの最上位の選択をしたことになります。
好き嫌いや得意不得意だけ申せば、Ｚ会グループの皆さんは大好きですし、25年間とても良い環境で働けたなと思っていますし、これからより必要性が強くなるＩＣＴを使いこなすのはいまだに苦手意識があります。
ただそのことと、自分の職業選択において考えることとの重なりはあまり大きくなく、上記にあげた2点において、人生１００年時代ということを考えつつ、一番マッチすると捉えた選択をさせていただきました。

不遜ながら、近現代の教育の歴史から見た現在地点を自分の視点で見つめたとき、２０２２年は学制公布から１５０年にあたる節目の年であり、その半分にあたる75年前は学校教育法が公布・施行された年にあたります。学校教育法の公布

・施行の直前が、太平洋戦争の時期です。

そういう目でいまの子供たちを取り巻く状況に教育を重ねて考えると、根本的に変えていかなければいけないところがあると感じています。蛇足的に申すなら、改革という行為・手段が考え方の先にあるのではなく、例えば、国数社理英という5教科の枠組みってbestだっけ、とか、小学校6年間中学校3年間ってbestだっけ、とか、多くの方が常識と捉えていることをいったんカッコで括って考え、未来を見据えた最適な手を打つことを本気で考え実行する時期では、と思っている次第です。

その思いに基づき、自分の最適な身の置き方、他者への貢献の仕方として、籍を移す、という選択をさせていただきました。

人間ですから、そのような思いや考えにいたるまで、私自身、毎日、ずっと少しずつ変化しています。人から見るとその変化のよし悪しはあるでしょうが、私はそのことを成長だと捉えています。そしてその成長を作ってくれた最も大きな要因の1つに、25年間お世話になったZ会グループでの業務環境があるのはもちろんのことです。換言すれば、Z会がなければいまの私はありません。心ではこれからもずっとそう思い続けることは間違いありません。

「形を変えて、これからも、どうぞよろしくお願いいたします」社内で最後に頂戴したメールです。新入社員の時から私をよく知り、いま一番業務に近い方からでした。

うん、ほんと、そんな感じ。私という人間の理解者に囲まれた25年間でした。

写真は娘の通う小学校の桜です。いまほんとに見頃です。

社会で生きる多くの方に、少しでも多くの「幸せ、という思い」が宿ることをこれからも祈念して、教育領域で自分の役割を果たし続けたいと思います。

今後ともどうぞよろしくお願いいたします。

2022年3月31日　寺西隆行（以上、投稿）

自分は、教育が大好きな人間です。教育を通じて、周りと社会が幸せな状態を作り上げることが、私自身の幸せに跳ね返ります。そんな自分になれるよう、自分のcan（できること）を磨き続けたい、そう思っています。

職はmustにも影響されます。長期的には少子高齢化に拍車がかかる社会ですし、VUCAの時代とも言われています。そしてパンデミックも起きました。そのようなときに、「教育を通じて、自分も周りと社会が幸せになる」mustは何か、と考えたときに、白紙から何かを想像する、そして創造する、という経験が、現在の公教育のシーンではかなり少なく、かつ、その経験を作る当事者も少ない、と、以前から感じていた思いが強くなり、自分が当事者になるために転職した、となります。

本稿を書いているのは転職して約半年後の自分です。お陰様で、自分が当事者となって、「創造する」若い人が世の中にどんどん出てくるような政策立案等に、パブリックアフェアーズを通じて、大きく関わることができているという実感があります。

ウェルビーイングであることは誰しも望むことだと思います。当然、職を通じても、その状態を達成できることが理想だと思います。いま、私は、とてもウェルビーイングなのですが、それは、知行合一である自分でありたい、という気持ちを最優先し、転職という選択ができたからだと思います。

上記投稿文にもある通り、学び続ける限り成長していきます。成長した自分から見ると、過去の自分の様々な考えと異なる場合も当然出てくると思います。そのときに知行合一を意識してほしいのです。「今の自分の考え方と行動は合っているか？」と。その結果としての転職であれば、きっとウェルビーイングであれると思いますし、そのことはまた、転職という決断をできる自分まで成長させてくれた、それまでの周りの環境に深い感謝の気持ちを感じると思います。

この記事が皆様の幸せにつながることを願っています。

（2022年10月掲載）

8．変えるもの、変えないもの―転職経験と、転職支援経験から思うこと―

伊藤由加子（転職アドバイザー）

転職を考えるきっかけは何でしょうか。

年収アップ、労働時間の削減、将来への不安、人間関係の改善、仕事のマンネリ……。

前職・現職で転職支援をしていると様々な転職理由を伺いますが、全てに共通しているのは、「何かを変えたい」という思いです。私自身も過去に3回の転職をしていますが、いずれも変化を求めていました。

しかし転職には、「失敗」するケースも一定数存在します。転職に失敗したと感じる主な理由は、次の2つがあるようです。

（1）思ったほど前職と変わらなかった

（2）変えたい点だけでなく、よかった点まで変わってしまった

転職は、待遇・働き方など全てを変えます。業界や職務の特性により変わらない点もありますが、実績や信頼関係を作り直し、社風や業務フロー、勤務地の変化による生活時間の変化にも慣れなくてはいけません。特に初めての転職をした方は、想定以上に多い変化に戸惑います。だからこそ、転職の際には「変えるべきもの」だけでなく、「変えてはいけないもの」も認識しておく必要があります。

転職に失敗しないために、私は2つのことが重要だと考えています。1つは「転職目的」の明確化、もう1つは、「長期的なキャリアイメージ」を持つことです。後述の通り、両者は密接に関係しています。

転職目的を明確にする

転職目的の明確化は、「変えるべきもの」を明確にし、「変える方法として転職が適切なのか」を問う作業です。「なぜ

変えたいか、どう変えたいか」は、現状の不満だけでなく、後述の「長期的なキャリアイメージ」からも考えます。

そもそも、働き方が多様化した今、現状を変える方法は転職以外にもあります。例えば、「収入を向上」させたいなら、副業や不労所得の確保でも可能です。実際、転職により年収が上がる人は全体の4割程度で（令和3年、厚生労働省雇用動向実態調査）、転職は年収アップを保証していません。同様に、人間関係や業務内容、働き方などを変える場合も、現職での異動や副業など、転職以外の方法も検討する必要があります。

また転職検討時は、大抵、複数の不満が存在しています。全ての不満を一気に解消するのか、順次解消するのか、優先順位や方法、時期などを冷静に検討する必要があります。その結果、転職が有効だと判断すれば、その根拠が転職目的となります。内定をいただいた際は、内定先企業で転職目的が果たせるのかを今一度よく検討し、目的を達成できないと感じるなら、内定を辞退する勇気をもった方が良いのです。

長期的なキャリアイメージを持つ

激動の時代で育った若年層は、ライフイベントの有無も含め、将来のことは分からないと感じる方も多いでしょう。また初めて転職する中高年層では、「私なんかを雇ってくれるならどこでも」と話す方が多くおられます。

しかし、「今」だけを見た転職は良い結果を生みません。私の初めての転職がまさにそうです。私は学生の頃から〝人の人生を少しよくする手伝いをしたい〟と考えており、新卒で派遣会社に就職しました。しかし就職先は残業が多く体力面での限界を感じたため、残業の少ない事務職に転職しました。最初は残業が減って心身の余力ができ、生活に満足していましたが、次第に〝やはり対人支援職に戻りたい〟という思いが強くなり、転職支援をするため、現在の人材紹介業に入りました。目先の不満（残業過多）を解消することに捉われ、自分の価値観（人の人生に関わる）を蔑ろにしたため、新たな不満が生じてしまったのです。

長い人生の中で、仕事の位置づけや目標が変わることはあります。しかし、より根本的な「自分のありたい姿」や「取り組みたいこと」は大きくは変わりません。これらの価値観は、自身の人生や職業観と向き合い、周囲と対話をすることで確立していきます。自分の価値観を理解すると、将来の理想像も見えてきます。それは、生活のあり方や仕事を通じて実現したいこと、公私の人間関係のあり方など多岐に亘るでしょう。特に重要な要素について解像度を上げると、「変えてはいけないもの」と、理想像に向けて「何を、どう変えるべきか」が浮かび上がり、「転職目的」も明確になります。

まとめ

以上、転職に失敗しないための考え方を自分なりに整理してみました。個人情報保護の観点から私自身を例にしていますが、転職支援をしていても同様の例は散見されます。

転職活動は、自分自身と向き合い、自分の価値観に沿った働き方を見つける作業です。そのために「何を変えるのか、変えないのか」を考えます。どちらも個人の価値観に根ざしており、万人にとっての正解となる転職先は存在しません。

転職を含め主体的に自らキャリアを作るためには、転職の有無に関わらず、定期的に自分自身のこれまでを振り返り、将来を考える時間を作ることが必要です。自分がどのように働けば心地良い人生になるのかを知り、その心地良い状況を作る。転職はその一手段でしかないのです。

（2022年10月掲載）

9．自分の生き方を肯定するための考え方

川合智之（たのしい働き方・学び方研究所　代表、静岡キャリア形成支援協同組合　理事）

私は、3度の転職を経て2021年より、たのしい働き方・学び方研究所の代表として地元、浜松市を中心にキャリア教育、研修、相談、コンサルタント業などに携わっています。具体的には、大学の非常勤講師、高校の探求学習プログラムの支援、キャリアコンサルタント養成講座の講師、企業のセルフキャリアドックや研修、職業訓練の講師など幅広く

活動しています。最近では就職氷河期世代に対するサポートにも携わらせていただくようになりました。

かく言う私も就職氷河期世代であり、友人の多くは新卒で採用された企業や団体、学校で今も働いています。彼ら、彼女らから見ると、私の働き方、生き方は突飛なもののように感じるようです（社会全体から見ると、それほど珍しいものではないのですが……）。

また、このような考え方は私たち世代に限ったことではないようです。高校生や大学生の授業や面談の中でも、「安定した企業で働きたい」「転職せずに1つの会社で長く働きたい」といった声をよく耳にします。

ただ、私も最初からこのような働き方を考えていたわけではありません。むしろ、一度就職したら、その会社で定年まで働きたいと思っていた1人です。

〝なんとなく〟進学から始まった安定志向

私は、実家が小さな農家であったため、大学は〝なんとなく〟農学部に進学しました。当時の私は、親や教員から言われたとおり、「卒業後は大学で学んだことを生かすことが当たり前」「なるべく公務員のような安定した仕事に就きたい」と考えていたため、〝なんとなく〟地元の農業関係の団体に就職しました。そこでは、新規就農者の支援や青年部の運営などの企画の仕事、野菜の集出荷などを経験したのですが、何か違うと思い4年半で退職してしまいました。今思えば、双子の子どもが生まれたばかりで妻もよく許してくれたと思います。

転職活動を行うことになるのですが、基準は当時も「安定」がキーワード。その時、たまたま新聞に掲載されていた求人情報を見て、「医療系であれば安定している!!」と考え、〝なんとなく〟医療系の法人に転職しました。転職して最初の配属は、外来の受付係で、私以外は全員女性の職場で、患者様の受付やカルテのメッセンジャー、診療報酬の計算などからスタートしました。当時は、小さなプライドが邪魔をして、この転職は失敗だったと思うことも多々ありました。その後、異動や昇進があり、人事、職員研修、総務、営業、経営管理など幅広く経験させていただきました。ここでは約11年、在籍しておりましたが、当然定年まで働くものであると考えていました。

〝なんとなく〟からの脱却した働き方のスタート

では、3社目の転職をなぜ行ったのか。当時、職員研修を担当した際に、「あなたは講師の仕事が向いていますよ」と上司から言われたことがありました。この一言をきっかけに、キャリアコンサルタント資格を取得しました。そして、ここで得たことやこれまでの経験を生かした仕事に就きたいと思うようになり、人材育成の仕事に興味を持ち始めました。これまで、〝なんとなく〟の繰り返しで進学、就職を決めてきましたが、〝なんとなく〟から脱却できたのがこの時であったと思います。

丁度その頃、文部科学省がインターンシップの推進や地方創生に力を入れるようになり、地元の大学でも事業として取り組むことになりました。求人もあったため、渡りに船と思い、思い切って転職しました。思えば、この時の転職が、今の私の働き方のスタートではないかと思います。

3社目となる大学での仕事がスタートしたわけですが、大学を卒業して約20年経っており、当初は、大学で働くことや仕事の進め方がまったくイメージできない状況で、教員と職員との関係性や、事業の進め方など企業とは違った文化があり戸惑うことばかりでした。

ここでの私の仕事は、インターンシップを起点に大学、企業、行政と連携することで地元の人材定着や育成を目指すもので、コーディネーター的な役割を担っていました。そこで、40歳を過ぎていましたが、改めて大学教育やキャリア教育について大学院で学び直すことを決意し、修士号の取得にも取り組みました。大学での仕事は任期付き職員として5年、教員として1年半携わりました。

働き方の礎となるキャリアの資産

そして、現在に至るわけですが、〝なんとなく〟進学、転職した経験が予期せぬ形で今の私の働き方の礎になっていることに気づきます。例えば、新卒時代の企画の仕事や2社目で経験した人事や営業、マネジメントの経験は、大学でのコーディネーターの仕事の基盤となり、さらに現在のコンサルタント業でも役立っています。また、農学部で学んだ経験や医療系法人で働いた経験から、福祉系大学や農学部でのキャリア教育の非常勤講師にもお声掛けいただいています。

他にも挙げていけば、きりがないのですが、思い返してみると、〝なんとなく〟決断し、取り組んできたことであっても、そこでの経験は無駄ではなく、自分の資産として蓄えられているのではないかと思います。この資産を増やしていくには、過去の経験を振り返り、言語化し、意味付けしていくことが大切であると考えます。

私は、高校生や大学生から進学や就職について相談を受ける機会がありますが、「自分は何もできない」「何をしたいかわからない」といった発言をよく耳にします。その際に、安易に励ますのではなく、これまでの経験を一緒に振り返り、言語化していくことで、「自分のできることは確実に増えている」ことに気付き「今、何をしたいかわからなくても、これまでの経験がその先のキャリアプランを考えるヒントになる」と捉える生徒、学生も見受けられます。

生きている中で、自分を肯定できないことは少なからず経験すると思います。そんな時こそ、これまでの自分の生き方、働き方を振り返り、〝私〟自身の過去をストーリーとして紡いでいくことで、自分の生き方、働き方から意味を見いだすことができるのではないでしょうか。

自分が今までの人生で蓄えてきた内面的なキャリアの資産をたくさん見つけることができると思います。

（２０２２年10月掲載）

第4章　結末　―第2のキャリアに向けて―

本間啓二（日本体育大学　名誉教授）

1．アスリートのキャリア選択とセカンドキャリアについて

本学のような体育大学では、それぞれの都道府県や地区、全国又は世界において優秀な競技力をもった選手が集まってきます。当然ながら競技を楽しむのではなく、アスリートとしての成功を目指して入学してきます。しかし、その競技における選手層の厚さ、レベルの高さや怪我などの理由から競技を離れていく選手も少なくありません。

競技生活を続ける選手の場合は、将来の職業よりも今、目の前にある試合の方が優先されます。余計なことを考えないで、次の試合に集中して全力を出せるように日々トレーニングを続けていくことがアスリートに求められているのです。怪我や技術力の面でレギュラーを目指せなくなった選手の中には、競技を離れた後の人生に不安が高まり、競技生活後の職業選択へと関心が高まっていきます。ですから本学の学生には、職業への関心を持ち始め、就職活動へのアクションを起こすのが、他大学の学生よりも遅くなる傾向があります。

ある監督の話では、本学のレギュラーですら、その競技の世界で生きていくことは難しいと聞いています。野球などプロスポーツのある競技ではプロ選手を目指すことができるが、それはスポーツの中でほんの一部に限られています。そのため多くの学生はこれまで続けてきた競技生活を卒業して、職業生活へとシフトしていくことを具体的に進めていかなければなりません。

プロの道がないアスリートは、セカンドキャリアを考えるのが早い傾向にありますが、トップアスリートになれば、アマチュアでも企業のバックアップで競技生活を続けることもできます。プロもアマチュアも競技生活を終わるときには、

新たな職業生活へと進んでいかなければなりません。競技によって選手生命の長さに違いはありますが、職業生活への移行については、その時の環境や人脈、競技生活を通して身につけたスキルや産業・職業に対する興味関心によって選択されています。

卒業後も社会人として競技を続けるには、プロスポーツの選手になること、企業に就職して実業団に入ること、スポンサーを依頼してプロ契約を結び競技を続ける場合などがあります。プロスポーツの場合は、野球では1軍、サッカーではJリーグ、相撲では幕内などでの活躍が求められ、アマチュアでは、オリンピックや世界選手権で優秀な成績を上げることなどが求められ、それが達成できなくなったら引退を選択するようになります。以下、社会人として競技を続け、その後のセカンドキャリアの選択事例について紹介します。

Mさんは、大学卒業後、東京電力へ就職、L・リーグ（現・なでしこリーグ）の東京電力女子サッカー部マリーゼに入団し、同年の新人王を受賞しました。その後、米国のプロリーグ・WPSのフィラデルフィア・インデペンデンスへ移籍し、その後、ジェフユナイテッド市原・千葉レディースへと移籍しました。FIFA女子ワールドカップのメンバーに選出され、準々決勝のドイツ戦では、決勝点のゴールを決め、日本女子代表はワールドカップで初めてベスト4に進出しました。その後、ジェフユナイテッド市原・千葉レディースからスペランツァFC大阪高槻に移籍し、その後、引退しました。引退後はホリプロと契約し、物おじしない明るい性格を活かして芸能界でタレントとして活躍しています。

Sさんは、高校から社会人まで17年間アメリカンフットボール選手として活躍してきましたが、31歳で現役を引退して働きながら大学院に入学しました。MBAを取得した後、15年勤めた有名電機メーカーを退職してNPO法人を設立し、学生のキャリア支援を目的として活動しています。彼は、卒業時に実業団に入るために某企業に入社し、社員として平日の日中は働き、土日はアメフトを続けてきました。しかし、年齢と共に次のステップを考えるようになり、そのような中でアスリートの支援をしたいと考えるようになりました。そこでNPOを立ち上げて現在では、全国の高校や大学で若者に向けたキャリア講座を開催しています。

実業団のメンバーの中には、ずっと競技を続けたいと考える人と、そうでない人がいて、レギュラーメンバーから外されたり、年齢的にここでは限界だと思ったりしたら、そのまま社員として会社に残るか、競技を続けるために他社に移るかを考えるようになります。怪我をしたり、契約解除になって競技を断念したりした時には、飲食業、運送業等、スポーツとは全く関係の無い仕事を選ぶ人もいます。その時、どう考えるかで人生の選択は変わるものだと思います。その時に自分の周りにどんな人がいるかによって、人生の選択も影響を受けます。前向きなアドバイスをくれる友人は、ポジティブな人生の選択を後押ししてくれます。

アスリートは、今を一所懸命に練習して試合に全力を傾けているため、今後のことや将来を考えるのは一般的に遅いかもしれません。しかし、競技生活を通して身につけてきた経験やスキル、知識などを活かして、競技生活後のセカンドキャリアも新たな努力を期待することができます。

アスリートのセカンドキャリアは、一般論として語ることはできるかもしれませんが、実際には個々人の人生として多様であるし、個別で個性的なものです。アスリートとして身につけた能力には競技の特性によっても違いますが、協力・協調力やコミュニケーション力、関係構築力、推理・洞察力、戦術・戦略のセンス、目標管理能力、耐える力、失敗や苦境から立ち上がる力、自制心など、切りがないほど挙げることができます。これらの経験に基づいたスキルは、十分に職業生活や社会生活で生かしていくことができると考えられます。社会での成功者の中には、スポーツの経験をその支えと語る人も多く、スポーツ活動を通して生き抜く強さや根力を身につけていると言えます。

競技後のセカンドキャリアも暫くすれば、また次のキャリアへとステップしていくことになり、このようなキャリア選択の積み重ねを通して、人生の中でキャリアの面からも成長・発展していくのではないでしょうか。

（２０２３年１月掲載）

2. ミュージシャンとしてのキャリア

渡部泰介（ピアニスト）

クラシック教育を経ていない私が、ピアノで食べるようになったのは大学でジャズ研に入ったのがきっかけでした。１

987年入学。この頃流行っていたのはキース・ジャレットのスタンダーズや、ウィントン・マルサリスの一連の活動などなど。ジャズは、常に変遷して新しくなっていくという考え方よりも、60年代までに出たジャズのやり方を洗練させて楽しみましょうと、ジャズを古典芸能的に再定義する動きが始まったころだったと思います。私の大学のジャズ研も、フュージョン全盛時代から少しずつ50年代60年代のビバップばかりやるサークルになって行きました（東京学芸大学の軽音楽部というサークルです。未だにそういうサークルとして続いています）。

本当は教員になる予定で入った大学なのに、部室にこもってジャズ漬けになっていたために、ダラダラと教職浪人していました。大学受験の時もそうだったのですが、モチベーションが充分に伴わないことで追い詰められると現実逃避してしまう傾向が強くありまして……その現実逃避エネルギーへの振り幅がどんどん大きくなり、サークルの先輩や仲間が持ってくる仕事、ジャズバーでのBGM演奏、ラテンバンドの生演奏で踊らせるクラブ、キャバレーやダンスホールなどの音楽仕事に、とてもとても充足を感じるようになり、その上、仲間がレコードデビューしたり有名バンドに就いたり……。音楽を仕事にするということへの思いがどんどん強くなって行って、最終的に大手テーマパークの仕事が決まった時に、音楽家になることを決めたのでした（大手テーマパークという用語をちょっと解説します。大資本の遊園地事業者の中に、夢と魔法を社是に種明かししないことを大事にする会社があります。そこは出演していることを明かしてはいけないという契約になっています。なので大手テーマパークと自己紹介に書いている人はその日本最大手テーマパークに関わった人が多いようです）。

そのテーマパークでは、主にハワイアンのショーに関わってました。

楽器奏者が4人と歌手が1人。各パート2人ずつ交代で、月の半分ずつ受け持ち、月収としてサラリーマンの平均月収くらいの額を頂いていました。残りの月半分は他の仕事を好きに入れてました。学校を巡回する音楽鑑賞教室のラテンバンド、タップダンサーのためのジャムセッションをする仕事、ゴスペルグループの伴奏、そのゴスペルグループの歌い手が先生をする市民ゴスペルサークルの伴奏などなど頂く金額もいろいろで、1回8000円〜40000円くらいの幅がありました。

どの仕事も、人からの紹介です。1つの仕事で信用を得て、その共演者や関係者から新しい仕事を紹介してもらいます。その形しかありません。失敗して信用を失うことも多くありましたが、信用を得て新しいステージをもらえる時は自信になりました。向き不向きや能力のある無しで言うと、私の場合、ピアニストとしては決定的に譜面が読めないので、譜読みを要求される仕事がダメでした。もうほとんど残っていませんが、昔多くあったグランドキャバレーやダンスホールでは、長年使い込まれた書き込みだらけの譜面を初見で演奏するのが必須です。ピアニストというのは大抵譜面が読めるので、譜読みで要求されるレベルが物凄く高いのです。ダンスバンドなどでは、びっしり書き込まれたピアノの譜面と同時に、アコーディオンの譜面も並べられて、適宜読み替えて両方演奏なんて物凄い要求もあり……。そういう現場ですっかり心折れてしまって、初見で読譜が必要な仕事はだんだん敬遠するようになりました。譜面を速読できるように努力すればよかったのですが、私の場合、自分で譜面を作れば手っ取り早く音楽が成立するだろうと譜面を作る作業に興味を持ち始めました。どの仕事でも、全部譜面に起こすことから始めるわけです。これは一長一短で、譜面を作ることによって曲の構造や背景が分かって楽曲理解は深くなるのですが、譜面を制作するには時間が持ち出しになるのですね。もとより好きでやっていることなので苦になる作業ではないのですが、生活を考えると、こういうサービス残業的な時間をいかにコントロールするかが大事だったりします。気をつけないと最低時給どころではない。自分でやりがい詐欺をしていたりするのですね。譜面の話ばかりになってしまいましたが、譜面が読めないと音楽家になれない訳では必ずしもないのというのがまた面白いところ。譜面を読むということは、事務におけるエクセル技能のようなもので（すみません、あまりわからずに喩えています）、出来なくても他でいくらでも補えるものです。まあ、譜面に限らず音楽は、完成形から減点されていくものではないので、何か素晴らしく能力が飛び出していれば、誰かが補ってくれるのがまたいいところ。結果的に、私は、家族含め能力の偏在を補ってくれる仲間に恵まれたなあと思っております。

後先考えない駆け落ち婚みたいに始めた仕事なので、今後の見通しに関してはあまり考えてないというのが正直なところです（考えられる人はもとより音楽家にはならないんじゃないかと……）。大手テーマパークは大幅に生演奏を減らしまして、私の契約も2015年で終わり安定的な収入も減りました。今後も、音楽家を続けていく意思は強いものの、2019年からの3年は、惨憺たるものでしたのでこの先どうなるかは分かりません。時折、若くして亡くなった仲間のことを（音楽家のまま一生を終えた点で）、羨ましく思ったりもします。音楽以外の仕事をしたことがないので、適性がベストかどうかは分かりませんが、これまでやって来てストレスを感じたことはないので、低空飛行でも家計が回る限り死ぬまで音楽家でい続けたいと思っております。

（2023年1月掲載）

3. 社会起業家・政治家のキャリア

武内伸文（社会活動家、元 市議会議員）

なぜ社会起業家を？　なぜ政治家を？　と聞かれることがありますが、私にとって理由は同じです。どちらも「社会をよりよくしたい」を実現する手段です。

小さい頃からの夢でもなく、そのためにキャリアを積んできたわけでもありません。

さまざまな要因で変化した人生の節目において、目の前にある選択肢を選んだ結果です。結果論ですが、これまでの経験が、現在の仕事に役立っています。「社会をよりよくしたい」という私の人生の軸が、関連した経験を積ませてきたのかもしれません。

社会人のスタートは、外資系経営コンサルティング会社でした。小さい頃から海外志向が強く、いつかは海外に関わりのある仕事で活躍したいという思いがあり、英語やITスキルが身につくという魅力もあり、その会社を選びました。また、1年間で3年分の経験ができるというキャッチフレーズも、自分が成長できる環境に身を置きたいという私のニーズにマッチしたものでした。在職8年間で、20社近くのクライアント企業の変革をお手伝いしてきました。限られた期間のプロジェクトで顧客貢献を繰り返してきた経験が、「社会をよりよくしたい」という現在の価値観の礎になっています。

入社から数年後に京都議定書が批准され、地球全体で環境社会へのシフトが求められていました。その頃から、私が経験してきた企業変革のノウハウが活かせるのではという気持ちがだんだんと強くなっていきました。その後30歳で会社を辞めて、英国ウェールズ・カーディフ大学の大学院に留学しました。環境も含めた持続可能な社会づくりをテーマに、エネルギー、公共交通、食、コミュニティなど多様な視点で都市計画を学びました。更に環境NGOでのボランティアや日常生活から、誰もが気軽に社会活動に参加できる英国の成熟社会の風土を体験しました。これらの経験がその後の社会起業家の礎になったと思います。

大学院卒業後のヨーロッパ各地での就職活動中、実家から「家族（父、母、2人の兄）の交通事故」の一報があり、人生が一転しました。英国の暮らしを引き上げ、故郷の秋田で介護生活が始まります。家業の経営をサポートしながら、プライベートの時間はほとんどない状態が続きました。

帰郷して1年経った頃、自分が学んできた企業変革やまちづくりのノウハウを故郷に生かしていこうと考えました。まずは隙間の時間を使い市民活動をスタートしました。英国のチャリティショップをヒントにしたチャリティサイクルショップ「わらしべ貯金箱」、ドイツ発祥の自転車タクシー「ベロタクシー」の運行、商店街や飲食店を練り歩く「商店街スゴロク」や「アキタ・バール街」、市民活動団体による歓迎パレード「市民パレード」、新年を占う雪上綱引き「新春！綱引き!!」など、市民が街を舞台に活動するきっかけづくりを仕掛けていきました。活動への賛同者は、徐々に増えていきました。

帰郷して10年が経ち、周りからの政治家にとの声も多くなり、更には、より社会の変革のスピードを上げたいという自分の気持ちが決め手となり、秋田市議会議員になりました。

議員の仕事は、地域課題に向き合い、行政予算を審議し、政策提言などをすることにあります。そのため、経営コンサルタント、まちづくり研究、そして市民活動といったこれまでの経験を発揮できる場であり、やりがいのある仕事です。

議員活動を通じて、政治が社会のすべてとつながっていることを実感しました。24時間365日アンテナを張り続け、多種多様な方々とお会いすることは、多くの学びや気づきがあると同時に体力も必要です。また、政策を実現するまでに多くの関係者との調整や段取り等が必要になります。交渉やプレゼンテーションの力が重要になってきます。

議員として、やりがいを感じながらも、社会変革の更なるスピードアップも必要だと感じていました。そして6年目で、議員を辞職して秋田市長に立候補しました。結果は実を結びませんでしたが、地域がよりよくなるためという行動に悔いはありません。引き続き、政治を通じた社会変革に取り組んでいきたいと思っています。

最後に、私が考える政治家にとって最も重要なことは「大義を持ち続ける」ことだと思っています。受け止めた意見をそのまま右から左に送るメッセンジャーではなく、自らの足元を気にする利己的な行動でもなく、自分が何を大事にしていて、社会で何を成し遂げたいのか、そのような軸をもった政治家が求められます。様々なバックグランドや専門性をもった人材も必要だと思います。是非、そのような方々により積極的に政治の世界で活躍してほしいと思っています。

人生100年時代でいう折り返しの年齢となりましたが、未だ明確な人生のゴールは描けず、走り続けています。現時点でのゴールを定義するとしたら、できるだけ多くの笑顔の軌跡を残し将来に良いバトンを渡していくことだと思っています。

（2023年1月掲載）

4. 投資家・行政書士へのキャリア

菅原良（明星大学明星教育センター　特任教授）

私の「現在」の職業は大学教員です。

耳順の年を目前にして、自分の生き方を考える時間が多くなったような気がします。

私の人生は（勝手に思っているだけかもしれませんが）なかなか波乱万丈で、絵に描いたような美しいものではないことをご了承いただき、ご笑覧いただけましたら嬉しい限りです。

さて、まず私の大学入学の動機が不純なもので、目指していた大学に合格することができず、唯一受験した法学部に入学してしまったことが、その後のキャリアに大きく係わってきます。

2年生の時、ゼミの先生に「法学部に入ったからには、法律に関係する資格を取ってみてはどうか」と勧められて取ったのが行政書士の資格でした。しかし、当然ではありますが、社会を知らない大学2年の若造が簡単に始められる仕事ではないことは自分でも分かっておりましたので、開業するつもりもなく30年余りが経ちました。

学生のときには、なんとなく公務員になることを目指すことにし、地方公務員から国家公務員までいくつかの試験を受験し、運よく全ての試験に合格することができました。

そこでどの道を進むべきかを安易に考えた結果、裁判所書記官としての道を進むことに決めました。ところがここで、可笑しなことを考えてしまいました。裁判所から伝えられた配属先として打診されたのが東北の日本海側の小さな都市だったのです。「こんな田舎では、社会人生活を謳歌できないではないか」と考えてしまいました。当時は、バブル経済が崩壊したとはまだ誰も気が付かないくらいに求人が数多の時代でした。民間企業の面接には交通費、宿泊費、それに加えて飲食代まで企業が負担してくれた時代です。私の気持ちは、あっという間に、民間企業就職に傾いてしまいました。そこで就職したのが誰もが知る物流会社のシステム開発部門でした。そもそも情報工学を学べる大学に進もうと考えていた私にとっては、渡りに船でした。

ところが、当時のシステム開発は、WindowsなどというＯＳはまだ開発されていない時代で、フロッピーディスクを何枚もＰＣに抜き差ししながらMS-DOS上で作業を行わなければならない、いまでは想像すら難しい家内制手工業を地で行くような苦難の時代でした。仕事は積み上がり、当然のように帰宅するのはいつも午前0時を廻っていましたし、１週間会社に泊まり込みなんてことも普通にありました。自分ではよく頑張ったと思いますが、酷い労働環境が影響したのかはわかりませんが、身体を壊してしまい、もう少しで入社３年という12月に辞めることになってしまいました。

そして、翌年から専門学校の教員として働くことになり、教育の道に足を踏み入れることになり、そして30代前半に公立高校の教員に採用されました。しかし、ここでまた、「私の目指すものは高校教員ではない」と考えてしまったのです。１か月で高校教員を辞し、研究者を目指すことにしました。

そうは言っても、研究者（大学教員）などを目指したところで、簡単になれるような職業ではありません。つまり、目的を達成できない場合のことも考えなければなりません。

そこで始めたのが株式投資（つまり今でいうところの「投資家」）です。

株式投資にはずいぶん助けられました。株式投資は勇気がいるので、今では思い切ったトライをしようとは思いませんが、大学院に通いながら２～３年は株式投資だけで生計を立てていました。

年間で3億円ほどの取引を行っていたのがこの時期で、証券会社の支店長さんが挨拶に見えられるほどの取引量だったらしいです。ここで学んだ株式投資の知識はいまでも役に立つことが多くあります。本気で取り組めば今でも年間１０００万円程度は稼げるのではないかと思っています。

そうしているうちに、ご縁をいただいた東北学院大学で非常勤講師として7年間お世話になり、その間に東北大学で博士号を取得し、運よく北海道文教大学に採用していただきました。その後、北海道に３年、秋田大学に移って２年、そして現在の勤務先である明星大学に2015年4月に赴任していまに至ります。

明星大学に赴任して7年が過ぎ、親戚も少ない東京で働くこと、コロナ禍に直面したこともあり、これからの自分の生き方を考えることが多くなりました。私のような地方出身の人間にとって、東京はあまり快適な場所ではないことに気が付きました（まず、物価が高いこと。そしていつも競争しているように感じる人の多さ。若い夫婦が小さな子どもを早朝から預けて働かなければ生活していけない息苦しさなど）。

こんな紆余曲折を経て、2022年6月に札幌に行政書士事務所を開業しました。開業したといっても事務所を設置しただけで、まだ実務をバリバリ進めるには至っておりませんが、これからの人生を考えるには必要なことだと思っております。

また、暫く遠ざかっていた投資家としての活動も再開しました。投資家をやっていると、ある程度は経済の先読みをすることができるようになります。「現在」の職業を辞した後の人生を精神的にも経済的にも充実したものにしていくためには、十分な「仕掛け」ではないかと思っています。

行政書士はたまたまゼミの先生に勧められたもの。投資は研究を優先することを目的として時間を拘束されない生活を行うために、たまたま出会ったものですが、30年余りを経てこれからの人生を考えていこうとする今、自分の第2の人生を彩ってくれるようになるかもしれないとは考えもしておりませんでした。

人生なんて、そんなものなのですかね。

（2023年1月掲載）

5. 退職後の充実した農的生活をめざして

尾﨑保夫（秋田県立大学　名誉教授（退職後、農的生活））

はじめに

私は大阪府立大学農学研究科修士課程を修了後、大阪大学環境工学科水質管理工学研究室で12年、農水省農業環境技術研究所資源・生態管理科で4年半、農業研究センター土壌肥料部水質保全研究室で13年半および秋田県立大学生物環境科学科生態工学研究室で13年、研究・教育の仕事に従事し、2015年3月に定年退職しました。在職中は、主に水質浄化、環境保全・修復に関する研究を行っていました。

退職後は、つくば市上郷の自宅に戻り、果樹や庭木の栽培管理と野菜や果物を用いた浄化槽処理水の高度処理試験などを行っています。ここでは、つくば市上郷にどうして住むことになったのか、現在の農的生活の楽さなどについて記すとともに、今後の生き方についても考えてみたいと思います。

豊里町上郷への転居

農業環境技術研究所に転勤になった時（1984年4月）は、長女が5才、次女が2才で、茨城県谷田部町松代の公務員宿舎に入りました。公務員宿舎は、幼稚園、小学校、スーパーマーケットなど生活に必要な施設は徒歩15分圏内にあり、たいへん便利でした。私は農家出身ですので、子供達にはできるだけ土や自然と親しむ生活をさせたいと考えていましたが、公務員宿舎にはそういう場はありませんでした。公務員宿舎に住んで1年半余りたったころ、農村地域（豊里町上郷、現在：つくば市上郷）の売り家の新聞広告が目に留まりました。当時、牛久沼集水域の調査研究を行っており、月に1回は近くに調査に出かけていましたので、さっそく、ハイキングを兼ね家族で家を見に行きました。家は築5年で畑もあり、小学校にも近いので購入を決めました。

その年の春にサツマイモを植えたところ、大きなサツマイモがたくさん収穫でき、子供達も大変喜んでいました。栗の樹の横に子供の遊び小屋、鉄棒、鶏小屋などを作り、家族で農的生活を楽しみ始めました。その後、子供達が喘息で入退院を繰り返したため、妻は安全な野菜を子供達に食べさせるため、家の両側の畑（約２０００㎡）を借り、農薬や肥料を使わない自然農で野菜や豆などを作り始めました。私は上記農水省の研究機関に18年間勤務後、秋田県立大学に移ることになりました。

退職後のつくば市上郷での農的生活

秋田県立大学では、生物環境科学科生態工学研究室の教授として、環境生態工学、環境生物工学などの講義を担当すると共に、八郎湖の水環境の保全・水草再生、有用植物を用いた農業集落排水の資源循環型浄化システムの開発などの研究に従事していました。

秋田県立大学で13年間勤務後、２０１５年4月に、つくば市上郷の自宅に戻りました。1年目には、残務整理と妻が維持管理していた自然農畑に、栗、りんご、ブルーベリー、ヤマモモなどの苗木を新たに植え付けました。また、畑の一画に小玉スイカの苗を5株植えたところ、小玉スイカが78個も収穫できました。

退職2年目には、有用植物と天然鉱物濾材を組み合わせたバイオジオフィルター水路（ＢＧＦ水路）の普及を図るため、ホームセンター等で購入できる資材を用いて、簡易ＢＧＦ水路を自宅横の畑に設置し、野菜や果物等を用いた浄化槽処理水の高度処理試験を再開し、得られた成果を学会等で発表しています。簡易ＢＧＦ水路で生産されるトマト、いちご、トウモロコシ、パッションフルーツ、サニーレタス、シュンギク、スナックエンドウなどは夫婦2人では食べきれないので、子供や孫達にも食べてもらっています。本浄化システムは、ＳＤＧｓに適合した生活排水の省エネルギー・資源循環型浄化システムなので、水資源の少ない離島や開発途上国などでも活用頂きたいと考えています。

退職時に植えた栗の樹（2本）は大きく生長し、5年目からは毎年13～15kgの栗が収穫できています。また、登熟したヤマモモの甘酸っぱい味は、少年時代の和歌山での農村生活を懐かしく思い出させてくれます。現在、14種類の果樹を植え、四季収穫が楽しめるよう栽培・管理を行っています。退職後、時間に余裕ができましたので、果樹や庭木と対話しつつ3～5年先を想像しながら各樹種の剪定を行っています。剪定作業は私にとって最高のリフレッシュで、新たな発見の場でもあります。

ベビーブーム世代の老後の生き方

私の育った時代は、現在のように便利で、ものがあふれていませんでしたが、高度経済成長期で、国民はそれぞれ将来に夢や希望をもてた時代だったように思います。また、大学や研究機関等では人を育てる気運が高く、私は上司や先輩などに育ててもらったと心より感謝しています。現在は効率最優先の競争社会で、社会や個人に余裕がなくなって来ていると感じています。特に、コロナウイルスが蔓延し始めた２０２０年以降は、テレワークや在宅勤務などで人との交流・信頼関係が希薄になり、ストレスで体調を崩したり、引きこもりになったりする若者が増えています。一方、野菜や果樹はコロナに関係なく生長し、収穫を楽しむことができますので、私達の生活はコロナ前と余り変わっておりません。

これまで、多くの方々にお世話になり生きてきましたので、我が家の自然農畑や果樹を利用した園芸療法で引きこもりの方々の社会復帰のお手伝いなど、これまでの経験を生かした社会貢献ができないか模索しています。体力がだんだん衰えてきましたが、この激動の時代に「人として、如何に生きるべきかを問いつつ、孫や教え子たちの成長を見守るためにも、妻と一日一日を大切に、自立した生活を続けて行きたい」と考えています。

（２０２３年１月掲載）

参考資料

●尾﨑保夫「野菜や果物を用いた浄化槽処理水の資源循環型浄化システムの開発　―連作障害対策の効果と収穫野菜等の安全性について―」（浄化槽研究、32号（1）、１―８ページ（２０２２））

●尾﨑保夫「生活排水はすぐれた肥料液　―野菜を育て、水質浄化に貢献しよう！―」（気候変動対策フォーラム、つくば国際会議場（２０２２年９月４日））

6．これまでの選択を振り返り、資格試験の勉強を通して見えてきたこと

渡部昌平（秋田県立大学総合科学教育研究センター　准教授）

今年で51歳になりました。学部で心理学を学んだのち院に進学してカウンセリングで修士号を取ったものの、当時は院生向けの常勤カウンセラーの募集がほとんどなく（実は福島か鹿児島なら可能性があったのですが、そのまま地方に埋もれるのではと応募せず。今は秋田ですけれども）、初職は国家公務員として霞ヶ関に勤務しました。この時に常勤カウンセラーになっていたら、今とは全く別の人生を歩んでいたと思います。中央官庁に入省し、出向したハローワークでの仕事は楽しかったものの、どうも目の前の人が想像できない霞ヶ関の仕事が楽しくない。そう考えて細々と論文を書いたり資格を取得したりし、小学生2人の子どもを抱えて12年前に現職に転職しました。学ぶのは好きなので研究職は楽しいですし、学生に教える教員の立場もやってみたら楽しい。いい講義をすると学生の反応が違います（教養科目の担当なので、学生との距離が少し遠いという点はありますが）。

大学ではキャリア教育を担当していますが、学生を煽るために時々資格試験を受けています。受けてみて改めて分かるのは、自分の興味や関心です。FP2級は受かりましたが簿記3級は途中で飽き、行政書士は箸にも棒にもかかりませんでした。会計や法律は自分ではあまり興味がないようです。終活アドバイザーの資格も取得しましたが、あまりピンと来ず。ロシア語講座や日本語教育能力検定の勉強は楽しくできました。ロシア語講座を学ぶことで「いつかサハリンに」という夢ができましたし、日本語教育能力検定のおかげで「引退後は外国で日本語教員」という想像をふくらませました。日本語サポーターというボランタリーな仕事にも興味を持っています。そういえば学生時代、心理学30単位のほか語学10単位も取っていたのです（英語は苦手なんですけれども）。秘書検定2級は「社会人ならあまり勉強せずとも受かる」と聞いて、受けたら合格しました（笑）。短大などに転職するときに使えないかな、と思っています。

ちょっと前まで、過去の行政経験を生かして次の仕事は（知事や市長と知り合えたら）副知事や副市長など「特別職の

公務員」もいいかなと思っていましたが、その気持ちはだんだん弱まっています。知事や市長の知り合いもいませんし。

食べることや料理を作ることも好きなので（時々レシピコンテストにも応募しています）、ソムリエやフードコーディネーターなどの資格にも興味がありますが、気取った店で気取って食べるより安居酒屋の隅でお銚子を空けているほうが自分には合っている気がします。1年ほど前は「日本語教育能力検定試験が終わったら、次は食品系資格」と思っていましたが、今は新聞記事に影響されて「まずはITパスポートなど情報系資格」とも考えています。でもIT系への転職はこの歳では厳しそうです。過去にはB級ライセンスなどの取得を考えたこともありましたが、取らなかったのはやはり「学生を煽る以外に使い途がない」からかもしれません。

社会の変化が激しい現代では、自分なりに将来予測をしながら転職をしたり転職の準備をしたりすることが増えてくると思います。若いうちの可能性は無限大ですが、知識や経験を積み、歳を重ねるごとに可能性は狭まってきます。これまでの知識や経験を踏まえ、あるいは新しい知識や経験、資格等を取得することで未来を切り開いていくわけですが、大人といえどもやってみないと分からないことはたくさんあります。資格取得のための新しい知識の習得も、一朝一夕に身に付くものではありません。

私は一定の時間と努力が必要な資格試験の勉強を通じて自分の興味・関心を改めて確認し、自分の将来（私の場合はサードキャリア）の可能性を探っています。それは両親が北海道出身の次男次女で、継ぐべき名前ものれんも資産も土地もない、自らも次男であるということも影響しているのかもしれません。子どもの教育等の関係で今の仕事をあと5年は継続すると思いますが、さて私のサードキャリアがどうなるか、まだ自分でも分かっていません（今の仕事を続ける可能性も高いです）。教育に関わることには大いに関心を持っていますが、公認心理師の資格取得は目指さず、サイコセラピーのほうには進まないだろうと思っています（でもこういうのは「時の運」もありますしね）。

昔は（実は最近まで）親が金持ちとか社長とか有名人という人に「羨ましい」という気持ちが強くありましたが、そういう人は親や周囲からのプレッシャーも大きいでしょうから、「自分で自分の人生を自由に切り開く」というのも悪くないのかなと思えるようになってきました。自分自身そんなに人生でチャレンジをしてきたわけではありませんが、「まあまあな人生」を歩んできたかな、さて次はどうしようかな、と考えているところです。客の少ない喫茶店のマスターになって、変なメニューを開発するのも楽しそう。

（２０２3年1月掲載）

7. 引退無用のライフタイム

阿部千春（株式会社国際テクノセンター　シニアコンサルタント）

開発コンサルタントという職業に就いて30年が過ぎた。専門は保健医療。医師ではないが保健学の学位だけは持っている。国際協力機構（ＪＩＣＡ）のプロジェクトで被援助国の医療従事者に技術指導を行っている。すでに還暦を超えたが、まだ引退できそうにない。

子供の頃、将来の夢を聞かれるのは苦手だった。何になりたいかわからなかった。大学4年生の時、国際交流を行う機関の採用試験を受ける気になったが、その年は不況で採用試験がなかった。そうこうするうちに、同級生だった彼氏との結婚が決まって専業主婦への道が開けた。と思いきや、結婚後も、出産後も、何故かいつも仕事があった。日本語教師、博物館の事務兼通訳、英会話学校のアメリカ人校長秘書など、いろいろやった。20代後半でコンピュータのシステム開発に従事し、これが本業だと思うようになった矢先、30代半ばで夫が経営する今の会社で働くことになった。社員を増やすのも大変な零細企業だった。経営が軌道にのるまで、経理、総務、コンピュータ……と、なんでも屋で手伝い、2～3年したら辞めて本業に戻るつもりでいた。しかし、その数年で、会社の現業、国際協力が本業になった。

少し大袈裟ではあるが、保健医療という分野に魅せられた。国際協力には、道路やダムの建築、灌漑事業などもある。

これに対して、保健医療の特徴は常に人間が対象であることだ。例えば、母子保健は誰もが安全に生み、生まれ、生きるため、定期予防接種は幼い児に確かな人生を歩ませるための努力に他ならない。社会で取り組むそういう努力を、総じて「保健開発」という。これにハマった。40歳間近くして、初めてやりたいことがみつかった。

問題は専門性だった。同業者には看護師、薬剤師、臨床検査師などがいて、留学経験者や大学院卒もいた。英文科卒の私にそういう専門性は皆無だった。被援助国のカウンターパートのほとんどは医師で、何かというと「What's your background?」と聞かれ、「Being a mother!」と明るく答えたりしたが、肩身は狭かった。40歳になったある日、仕事で知り合ったジンバブエ人医師が、自分は今50歳、最近博士号（Ph.D）をとったと言い、Ph.Dなんか君ならすぐとれる、君にはあと10年もあるじゃないか、と励ましてくれた。しかし、当時の自分にはこれから大学院へ行くなどあり得なかった。ただ、現実的な勉強はした。国連機関の文書を読み漁り、必要あれば、疫学、医学の専門書も紐解いた。少しずついろいろなことが分かるようになった。ある時、パキスタンの国立保健研究所の学者と仕事をした。その頃、パキスタンではクリミア・コンゴ熱のアウトブレークが生じていた。当時の私はまだその感染症を知らなかった。彼は、医学の専門用語は使わず、中学生でもわかるような簡単な単語を選び、しかし内容は実に完璧な説明を私にしてくれた。この人の知識と経験の奥深さに感じ入った。正真正銘の専門家はこういう説明の仕方ができるのだ、と感動した。こういう風になりたい、タレントに憧れる少女のようにそう思った。

40代の自分は、遠い国へ行くことも、新しい知識を学ぶことも苦ではなく、保健開発にのめり込んだ。家には思春期の子どももいて、仕事も家庭も目まぐるしかった。50歳の声が聞こえる頃になると子どもたちも成人し、経済的にも少し余裕ができた。そんな折、昔と違って大学院が社会人に大きく門戸を開いていることに気づいた。ジンバブエの友人のあの日の言葉が蘇る。不可能だったはずの、仕事の傍ら大学院へ通い修士号、博士号を取得する、ことが実現した。その結果、海外のプロジェクトサイトで「ドクター・アベ」を名乗り、保健学の専門家として働くようになり、信じられない速さで時が流れた。

それにしても「セカンドライフ」というのはピンと来ない。第2の人生、定年退職後の人生と言われても、私の場合、「定年」は過ぎたのに「退職」はできていない。そもそも本業は第1番目の職業ではない。いや、ファースト、セカンドの区別が難しいのは私だけではないだろう。すでに若い世代の転職は珍しくなくなったし、定年になっても退職できない／しない人はもっと増えていくだろう。コロナ禍のテレワークは、自分の時間のなかで仕事と生活のバランスをとることの重要性を多くの人に気づかせた。自分のやりたいことは、セカンドライフというより、一生涯、つまり、ライフタイムというスパンで考えていく方が良いのではないか？　引退などしたらやることなくて困りますよ、とよく人が言う。いや、私は困らない。やりたいことは沢山ある。晴れて引退できた暁には、次は海外ではなく日本の役に立つ（と思える）ことをしたいという気がしている。

（2023年1月掲載）

8. 何故私は会社を辞めNPOで活動しているのか

白石和彦（NPO法人二枚目の名刺事務局　プロジェクト・デザイナー統括）

"79から2" への衝撃 ——「孤独」の現実

この数字は何を表しているでしょうか？　これは私の早期退職前後のメール受信数です。退職前は1日あたり79通も受信していたのに対して、退職後は3か月間でたったの2通しか受信しなかったという現実を表しています（共に会社関連のみ）。「会社を辞めたのだから当たり前」ですし、定年後について書かれた書物にも「定年後の状況」として示されている事が起こったわけです。退職後も会社の仲間から連絡が来るかな？　という期待がなかった訳ではないのですが、自分を振り返れば、退職された先輩方には連絡はしなかったな……と気が付きました。知らない間に「会社＝社会」となり、社外の繋がりが全くなかったら、退職後に待っているのは「孤独」だったのだと実感しました。

パラレルキャリアそしてネクストキャリアへ―全ては「内省」から始まった

私は本業の傍ら2014年から「NPO法人二枚目の名刺」(以下弊団体)で活動しており、定年後も「孤独」にならず、団体の仲間や、そこで繋がった多くの人達と毎日楽しく活動しています。こんな私も50才までは学生時代の友人以外に友達はおらず、家と会社の往復の毎日でした。そんな時会社の「キャリア研修」に参加する機会があり、今思えば全てはここから始まりました。その研修は50才の社員が集まり、「内省」をし、今後の自分の人生(公私共)を考えるというものです。それまで、忙しさにかまけて自分の今後など漠然としか考えて来なかった私にとって、それは大きな転換点でした。最終的に「今後の人生は感謝と恩返しで生きて行く」と宣言し、研修を終え具体的な活動を模索することになるのです。しかし、いざ「恩返し」と言っても、そうそう具体的な行動に移せるわけではありません。「公」の部分では「メンバーの育成」「担当業務の継続拡大」というものがあったとしても、「私」の部分での「恩返し」探しには苦労しました。自分が本当にやりたい恩返しとは何か? を自らに問い、「学び直し」「社会貢献活動」等色々な情報収集をしている最中、「社会貢献部」の担当から紹介されたのが、弊団体だったのです。

鎧を脱いで「会社人」から「社会人」へ―「二枚目の名刺」サポートプロジェクト

「世の中をもっとよくしたい」という「想い」をもった背景の異なる社会人と、ビジョンやミッションをもとに社会課題に真摯に取り組む団体(NPO等)とが「想い」で繋がり、その課題解決に取り組む3か月間のプロジェクト。これを、「二枚目の名刺サポートプロジェクト」(以SPJ)と呼びます。私は「世の中への恩返し」としてこれに参加しましたが、最初は正直参加するかどうか悩みました。何故なら、「参加者は20~30代だろう。50代のオジサンが会社とは違うフラットな枠組みの中で上手くやっていけるのか?」「NPOの方とは今まで面識が全くなくどんな風に接すれば良いのか?」と考えたからです。色々悩みましたが、結果「やってみなくちゃわからない」という思いで飛び込みました。飛び込むに際しては、以下の3つの事、①年上だからと言って、威張らない。偉そうにしない。上から目線にならない(会社人としての鎧を脱ぐ)。②一社会人として若手から学ぶ姿勢で臨む。③チームの中では前に出ず、アンカー(錨)的な役割を果たす。を心掛けました。この様な心構えで臨んだSPJの3か月は、私のその後の人生に大きな影響を与える程のインパクトがあったのです。支援団体の代表の課題解決に向けた「想い」や「熱量」は、それまで私が会った人の中で間違いなくNO.1でしたし、これがNPOの代表なんだと感じさせてくれました。また、共に活動した仲間からは、一人一人に向き合う、理解する、という大切さを学びました。これは本業でのマネジメントに大いに活かすことができました。

人生は本当に100年か？　――本当に好きなこと、ワクワクすることをやろう！

初参加の「ＳＰＪ」を終えた私は、そのインパクトの大きさ故ある種の喪失感を覚え、「自分の様な経験を多くの人に」の思いから、ＳＰＪデザイナー（プロジェクトの伴走役）として弊団体に参画する事を決め、その後事務局を担当する事となります。一参加者から運営側にまわったわけです。パラレルキャリアで7年、その後2年の専任期間を経た今、「大変だったけど本当にやってよかった」という声を、参加社会人と支援団体から聞くにつけ、私は私なりの立場で誰かのお役に立っているのかなと考えています。自分が好きなこと……皆さんはすぐに答えられますか？　私の好きなこと…それは誰かのお役に立つこと。誰かを笑顔にすること。今はっきりとそう言えます。人生１００年と言われて久しいですが、本当に人生は１００年なのでしょうか？　確かに長寿は皆の願うところではありますが、私は身体も思考も元気な、「健康寿命75才」を１つの目安に活動して行こうと考えています。２０２３年を60才で迎える私にとって、弊団体での活動が10年目の節目の年となり、健康寿命75才まで15年という区切りの良い年となります。これから迎える15年、新たな「好きな事」を見つけ、挑戦しようと思うと今からドキドキワクワクしています。二枚目の名刺への参画、早期定年退職、これは家族の理解とお金の計算（笑）がなければ到底できませんでした。２０２３年は家族会議（妻との1on1）が増えそうです。

（２０２３年1月掲載）

第4部

新しい時代のキャリア教育について様々な立場から考える

第1章　国家公務員・政府関係者に聞く

1．労働市場の構造変化に伴うキャリア教育推進のための経済産業省における取組について

上浜敏基、川浦恵（経済産業省産業人材政策室　室長補佐）

当室においては、産業人材政策に資する人材の育成の観点から、教育機関や企業等におけるキャリア育成の促進のための政策を担当しています。

この数年間にわたって「人材」が主要テーマとされている背景には、今、我が国が直面している2つの大きな構造変化が存在するといえます。1つ目は「人口減少」及び「人生100年時代」を迎えることによる「人口動態の変化」、2つ目はAI（人工知能）・データに代表される「第4次産業革命」です。

こうした社会や企業の変化を見据えながら、個人はどのような「学び」が求められるのでしょうか。「人生100年時代」において、「学ぶ」「働く」「リタイア」というかつての3ステージ・モデルは大きく変容し、個人の職業人生は長くなる一方、「スキルの賞味期限」は短期化し、「学ぶ」と「働く」の一体化は不可避となっています。

このような変化の下で、学校教育における「キャリア教育」や、社会人による学び、いわゆる「リカレント教育」への関心がかつてないほど高まっております。経済産業省として、2017年に「我が国産業における人材力強化に向けた研究会」を発足させ、「大人の学び」というテーマについて検討し、学校教育とは異なる「大人の学び」の特徴を整理したところ、最大の相違点は「実践」を求められることでした。また、「大人の学び」には、「業界等の特性に応じた能力」と「社会人としての基板能力」の2つのレイヤーが存在すると整理を行いました。いわばコンピュータで言うと、1つ目は「アプリ」にあたるもので、2つ目は「OS」にあたるものと考えることができます。

「アプリ」の育成政策として、２０１８年度に教育訓練給付制度の1つとして「第4次産業革命スキル習得講座認定制度」を創設しました。これは、子育て女性の学び直し過程等の「職業実践力育成プログラム」など労働者の中長期的キャリア形成に資する講座が指定されている枠組みの中に盛り込まれたものです。現在、ＩＴやデータサイエンス分野など64講座が認められているところですが、あらゆる分野で専門性が高度化していることから、ＩＴのみに限ることなくファイナンスや人事などの分野でも「アプリ」のアップデートの重要性が高まっています。

また、こうした「アプリ」をアップデートし使いこなすためには、「ＯＳ」がきちんと備わっていることが不可欠です。それはすなわち、「学び続ける力」であり、経済産業省が２０１８年に提唱した「人生１００年時代の社会人基礎力」につながっていくものです。

前述のような社会的な構造変化に直面する中で、今後は「人生１００年時代の社会人基礎力」を全ての年代が意識すべきものとして捉えなおす必要があります。そのためには①「何を学ぶのか」、②「どのように学ぶのか」、③「学んだ後にそれをどこで使い、どのように活躍するか」という視点を持ちながら「リフレクションを行うこと」、すなわち、人生それぞれのステージにおいて、これら3つの新たな視点を振り返り続けることが、これからの「学び」に欠かせないプロセスになってきています。

一方で、リカレントについて社会人を対象とした調査により「学び直し始める理想年齢は、30代よりも前が半数以上」という結果を踏まえると、社会人になってから学び直しを行うための姿勢や意識を身につけることは厳しいと考えられます。言い換えますと、リフレクションし続けながら学び続けていくための土台となる姿勢や意識は、学校教育等を通じて若い世代からに率先して身につけておく必要があるということです。

また、子供たちの生きる力を育成する観点から、学校での学びと社会との関連性を教え、学習意欲を向上させるとともに、学習習慣を確立させる「キャリア教育」が重要視されていますが、実施にあたっては、企業・地域の協力が不可欠です。なぜなら、企業・地域の人々が「本物の社会」「本物のシゴト」を教えることが、子供たちの興味・関心を惹きつけ、「働くこと」に対する価値観の醸成、学習意欲向上などにつながっていくからです。

近年では、次世代を担う若者育成のため、企業や地域社会が積極的に教育支援活動を行う事例が増加してきていますが、これらの活動は、企業の社会的責任（ＣＳＲ）としての貢献活動にとどまらず、企業にも様々な効果をもたらしています。

これからの社会を支える子供・若者に対する社会的投資としての教育への参画活動をさらに促進する観点から、企業等における教育支援活動の先進的な取組を表彰し、その成果を広く社会で共有することを目的として経済産業省では、「キャリア教育アワード」を実施しています。

また、文部科学省と共同で、学校を中心としたキャリア教育の推進のために、教育関係者（学校や教育委員会等）と、行政（首長部局等）や地域・社会（ＮＰＯ法人やＰＴＡ団体等）、産業界（経済団体や企業等）が連携・協働して行う取組を表彰する「キャリア教育推進連携表彰」も実施しています。

さらに、文部科学省、厚生労働省との３省連携で、学校、地域、産業界が一体となって社会全体でキャリア教育を推進する気運を高めるため、「キャリア教育推進連携シンポジウム」を実施しています。

引き続き、産学官で連携しながらキャリア教育等を推進してまいりますので、どうぞよろしくお願いします。

（２０１９年６月掲載）

2．キャリアコンサルタントに係る施策の動向について

厚生労働省 キャリア形成支援室

平成28年４月にキャリアコンサルタント登録制度が創設され、キャリアコンサルタントが労働者の職業選択、職業生活設計、職業能力開発・向上に関する相談・助言・指導を行う専門家として、名称独占の国家資格に位置付けられました。当該制度の創設から３年が経過し、キャリアコンサルタント登録者数は４万人を超え（平成31年３月末時点４１８４２人）、需給調整機関、企業、教育機関等幅広い分野で活躍しています。「キャリアコンサルタント登録者の活動状況等に関する調査」（独立行政法人労働政策研究・研修機構（平成29年度））によると学校・教育機関において活動しているキャリアコンサルタントは約２割となっており、大学のキャリアセンター等を含め教育場面でも広く活動しています。

昨今のキャリアコンサルタントを取り巻く状況としては、キャリア支援に関わる社会環境、産業構造・労働構造の変化

により、職業生涯が長期化し、働き方も多様化する中で、より一層、個人の主体的なキャリア形成に対する支援のほか、企業内での効果的なキャリア支援の仕組みの整備など幅広い役割が求められています。

また、各種政府方針等を見ても「一億総活躍プラン」(平成28年6月)の実現に向けた無業や非正規の若者、子育て女性の支援、「働き方改革実行計画」(平成29年3月)における治療と仕事の両立や、子育て・介護と仕事の両立に関する支援、「未来投資戦略2018」(平成30年6月)における労働者が主体的キャリア形成を行えるようなキャリアコンサルティングを受けられる仕組みの普及など、キャリア支援に関わる内容が重点として位置付けられています。

また、人生100年時代を見据えた対応として「人づくり革命基本構想」(平成30年6月)において、リカレント教育をはじめとした生涯にわたる個人の学び直し支援が盛り込まれており、全ての人が子どものころから自らの将来やキャリアについて考えられるようなキャリア教育の充実が必要との方向性も示されています。

こうした背景のもと、キャリアコンサルタントは、従前の就職支援という観点に止まらず、一人一人のキャリア自立の観点から、職業生涯にわたる職業生活設計に関わる支援の役割をより確実に、幅広く担うとともに、これに応じた能力習得を図ることを期待される立場にあると言えます。

厚生労働省では、有識者からなる「キャリアコンサルタント登録制度等に関する検討会」を開催し、キャリアコンサルタントに期待される社会的役割の拡大に対して、これを確実、かつ、幅広く担うために必要な知識・技能を検討し、キャリアコンサルタントに必要な能力要件の見直しについて「キャリアコンサルタントの能力要件の見直し等に関する報告書」(平成30年3月)を取りまとめました。

当該報告書を受け、平成30年度に職業能力開発促進法施行規則を改正し、キャリアコンサルタントを養成するための講習について養成時間数を140時間から150時間に拡充するとともに、科目内容について見直しを行いました。

具体的には、セルフ・キャリアドック※1をはじめとした企業におけるキャリア支援、個人の生涯にわたる主体的な学び直しの促進、職業生涯の長期化、傷病治療や子育て・介護と仕事の両立支援等キャリア形成上の重要課題に対応するために必要となる知識・技能を盛り込みました(令和2年4月1日施行)。

また、企業において、従業員の職業能力開発を計画的に企画・実行するために、その取組を社内で推進するキーパーソンである職業能力開発推進者の選任方法について、職業能力開発促進法施行規則を改正し、「キャリアコンサルタント等の職業能力開発推進者の業務を担当するための必要な能力を有する者」から選任することとする見直しを行っています（平成31年4月1日施行）。

以上の制度改正や、施策展開にも現れているように、キャリアコンサルタントに求められる社会的役割が拡大・深化している中で、キャリアコンサルタントが社会から期待される役割を果たしていくためには、キャリアコンサルタント自身の継続的な学びによる資質の向上がより一層重要となっています。

厚生労働省としては、引き続き、キャリアコンサルタントの継続的な学びに必要な環境等の検討を行うとともに、キャリアコンサルタント登録制度や関連施策の立案と運用改善を行っていきたいと考えております。また、キャリアコンサルタントの養成や質の向上を図ることを通じて、労働者、学生、求職者など一人一人のキャリア形成を推進し、全ての労働者等が意欲や能力応じた仕事を自ら選択し、仕事を通じて能力ややりがいを高め、職業の安定や生産性の向上に寄与するよう各施策を推進してまいります。

※1　セルフ・キャリアドック
労働者のキャリア形成を支援するため、各企業（職場）において、年齢、就業年数、役職等の節目において定期的にキャリアコンサルティングを受ける機会を提供する仕組み

（2019年6月掲載）

3．〝接続〟を超え、〝両立〟へ

橋本賢二（人事院人材局企画課　課長補佐）

私は現在、人事院において国家公務員の採用企画を担当していますが、前職の経済産業省において、これからの時代の人材育成施策に幅広く関与し、「人生100年時代の社会人基礎力」の提唱にも関わりました。国家公務員としての職務

の傍らで、キャリア教育研究家を自称して、産業界や教育界の変化を踏まえたキャリア・オーナーシップの必要性などについて、大学や教育委員会、各種セミナーなどで講演活動をしています。

社会が大きく変わる変革の時代を迎え、キャリアに関する関心は日々高まりつつありますが、同時に、多くの方がキャリアへの不安を抱き、キャリアを考えるために社会や自分を見つめる眼を見失っているようにも感じています。

本稿では、新たな時代である令和におけるキャリア教育の在り方を考えるため、平成時代の産業界と教育界の動きを簡単に総括した上で、私が考える今後のキャリア教育の方向性を示します。

1995年に日経連が示した『新時代の「日本的経営」―挑戦すべき方向とその具体策―』では、労働者を「長期蓄積能力活用型グループ」「高度専門能力 活用型グループ」「雇用柔軟型グループ」に分けて雇用ポートフォリオの新しい在り方を示し、職能資格制度から職務主義への転換を促そうとしました。

この報告書は、総人件費削減や雇用不安と関連付けられて批判の対象となることが何かと多いものです。しかし、梅崎・八代（2019）によれば、「実現不可能な理想論」ではなく「早すぎた理想論」であり、2000年以後の日本企業でも常に形を変えて繰り返し議論されています。

近年、AIやIoTなどの技術革新による第4次産業革命の進展に伴い、就業構造や産業構造が大きく変化し、産業界においてもジョブ型を志向する動きが顕著になってきました。例えば、経団連による「採用選考に関する指針」の廃止は、新卒一括採用から通年採用への転換を目指すものでジョブ型との親和性が高いものです。経済同友会が2018年6月に示した『いて欲しい国、いなくては困る国、日本』では、グローバルスタンダードと大きくかけ離れた日本型雇用や人材育成システムに対する強い危機感が示されています。

このような産業界の動きと同様に、教育界も大きく動いています。1989年に示された学習指導要領は、いわゆる「ゆとり教育」として批判されたものですが、1987年12月の教育課程審議会答申によれば、「自ら学ぶ意欲と社会の変化に主体的に対応できる能力の育成を重視すること」を目指して改善を図ったものでした。この観点は、2020年から実施される新学習指導要領においても育成すべき資質・能力とされる「知識及び技能」「思考力、判断力、表現力等」「学びに向かう力、人間性等」の3つの柱として踏襲されています。まさに、「早すぎた理想論」であり、2000年以後の教育界でも常に形を変えて繰り返し議論されているものです。

平成時代のはじめに謳われたいずれの理想も、社会や現場の混乱などによって描いたようには実現しませんでした。しかし、近年、産業や教育を取り巻く状況が大きく変化したことにより、理想の実現に向けた動きが本格化しています。

社会の急激な変化に呼応するように、経済産業省でも社会人基礎力に見直しが加えられました。２００６年に経済産業省が提唱した「社会人基礎力」は、ニート・フリーターなど若者が教育段階から職場にスムーズに定着できないことが社会問題となっていたことを背景に、教育現場や職場で意識的な育成や評価を可能としていくために、当時、十分に意識されていなかった「職場等で求められる能力」をより明確に定義したものです。

提唱から約10年を経て人生１００年時代に突入し、これまで以上に個人と企業・組織・社会との関わりは深く強く長くなります。そこで、新たな視点で見直した「人生１００年時代の社会人基礎力」は、「ライフステージの各段階で活躍し続けるために求められる力」として定義しています。「社会人基礎力」で示した３つの能力12の能力要素を踏襲した上で、その能力を発揮する先として、自己を認識するリフレクション（振り返り）と「どう活躍するか（目的）」、「何を学ぶか（学び）」、「どのように学ぶか（統合）」の３つの視点のバランスを図ることとしています。

この見直しにより、接続としての意識から生涯にわたる意識へと生まれ変わりました。変化がますます激しくなると考えられる令和においては、個人は学びの機会を充実させながら、社会に提供できる価値を示し続けることが求められます。学ぶことと働くことの〝接続〟を超えて〝両立〟を目指したキャリア教育が、世代に関係なく差し迫って必要です。

なお、本稿は個人の見解であり、行政機関の見解とは全く関係ございません。

参考資料

●梅崎修・八代充史『「新時代の日本的経営」の何が新しかったのか？　―人事方針（HR Policy）変化の分析―』（独）経済産業研究所（２０１９）

●経済産業省『我が国産業における人材力強化に向けた研究会　報告書』（２０１８）

（２０１９年６月掲載）

4. 新しい時代のキャリア教育について考えるための反省録

立石慎治（国立教育政策研究所生徒指導・進路指導研究センター　主任研究官※1）

私が所属する国立教育政策研究所生徒指導・進路指導研究センター（以下、センター）は「初等中等教育における生徒指導及び進路指導に関する政策に係る基礎的な事項の調査及び研究を行うこと」、「国内の研究機関、大学その他の関係機関との連絡及び協力を行うこと」及び「国内の教育関係機関及び教育関係者に対し、初等中等教育における生徒指導及び進路指導に関する援助及び助言を行うこと」を所掌する部署です（国立教育政策研究所組織規則（平成13年1月6日文部科学省令第3号））。

誤解を恐れずに平たく申し上げるならば、全国各地の学校、教育委員会、ないし大学等の皆さまの御協力を得て、我が国のキャリア教育の実態等に関して調査研究し、また、その結果を共有させていただくかたちで、センターはキャリア教育に関わっています。ここ最近の象徴的な例としては、『キャリア教育・進路指導に関する総合的実態調査』（平成24年度）を挙げることができるでしょう。『第1次報告書』（平成24年度）及び『第2次報告書』（平成25年度）の刊行、並びに、報告書に取りまとめた結果をお届けするために作成した「パンフレット」3部作（平成25～27年度）、後続する「リーフレット」（平成28年度～）の刊行がそれに当たります※2。また、これらの知見をセンター主催の「全国キャリア教育・進路指導担当者等研究協議会」（毎年度5月開催）を通じて、また、全国各地で開催されている研修等に伺って、お伝えすることも含まれます。

さて、このたび、光栄にも、こうしてニューズレター寄稿の機会を頂戴しました。「これからの時代に必要だと思うキャリア教育の内容や、研究者の皆さまに対して期待すること」等がお題ではあるのですが、ここは敢えて、日々の経験を通じて生まれた、私個人の反省についてお伝えし、御叱正を賜るきっかけにしたいと思います。

「個を大切にする」視点を分析のアプローチにも組み込む

ニューズレター読者の皆さまに申し上げるのも恐縮ですが、「キャリア」が「自らの役割の価値や自分と役割との関係を見いだしていく連なりや積み重ね」であるならば、それは多分に一回性に溢れた、その人だけのものであるはずです。初心に返ってこの大前提に立ち戻るとき、「平均値」に頼りすぎていた自分に気付き、たびたび個人的に反省します。

確かに、個々人のキャリアをそっくりそのまま理解することは難しく、何らかのかたちで情報量を縮約しないとわかりえないのも事実です※3。そのため、これからも「平均値」を確認することの有効性は減じることは無い、と思います。ただ、そうした正統なアプローチのみに頼りきるのではなく、もう少し「個」の要素を加味する一手間を加えられなかっただろうか、と振り返ることしばしばです。

こう思うようになって以降、例えば、散布図を描いてみたり、棒グラフのみで記述してみたりを試してきましたが、決定的な手応えには至っていません。個人的には、散布図行列やツリーマップ、バイオリンプロット、スウォームプロットといった可視化手法が市民権を得る未来を期待しているのですが、万が一実現するとしても少し先の未来になることでしょう。現時点では、諸先生方の研究・実践のなかから、どのように「個を大切に」されているかを、引き続き学ばせていただき、その具体的手法や精神を組み込む工夫を考えていきたいと思っているところです。

〝キャリア教育にとって有意〟であることにこだわる

以上の反省も、（センター着任間もないころはとりわけ）統計的有意にフォーカスしすぎたことによるものです。むしろ、平均値に同じく、統計的に有意であるかどうかの検定も、今後その重要性がまったく消えて無くなることはほぼないと見て差し支えないと思います。ただ、同時に、分析が頑健なものであればなおのこと、その結果はキャリア教育（の研究・実践）にとってどのような意味があるのかという、基本に立ち返って眺めてみることの重要性は強調してもし過ぎることはないとも思うのです。その平均値の差は、いったい児童生徒（や学生、その他の大人）のキャリア発達にとって、どのような意味を持つのかという点にこだわれればと思っています。

冒頭で御紹介したとおり、センターは基礎的な事項の調査及び研究を行うことがミッションです。ですが、センターから一歩踏み出せば、キャリア教育の本旨を大切にしながらの、日々の実践や研究、またそれらの進展があります。個人的な思いとしては、様々な御叱正も含めて、そうした研究と実践の展開を学ばせていただきたいと思うこの頃です。御指導のほど何とぞよろしくお願い申し上げます。

※1 本稿で述べたことのうち、意見にわたる部分は個人の見解であり、所属組織の公式見解ではありません。むしろ、公式見解が本稿に似る未来が訪れたならば、反省が多少は生きたのかな、と思っていただくくらいのものです。なお、本稿で述べたことの言語化・明確化にあたっては、ICCDPP2019における藤田晃之先生との対話が大変有益でした。藤田先生に感謝します。もちろん、本稿にかかる責任は私のみが負うものです。

※2 いずれも国立教育政策研究所生徒指導・進路指導研究センターのウェブサイトからダウンロード可能です。ぜひ御活用ください。

※3 他方で、個々人は異なる存在であると理解しつつも、何らかの共通点から属性を認識し、そうした属性変数で群間比較した結果にリアリティを我々は感じることができるのは不思議なメカニズムだとも思います。

（2019年6月掲載）

5. 職業情報の合理的活用に関する私見

鎌倉哲史（労働政策研究・研修機構（JILPT）キャリア支援部門　研究員）

私の今の仕事は職業情報インフラの整備業務である。米国労働省が開発・運営するO*NET（Occupational Information Network: 職業情報網の意）を参考に、職業に適した興味や価値観、職業で求められるスキルや知識、仕事の性質といった情報を数値化するプロジェクトの一員として調査・研究に取り組んでいる。今回、個人的に考えていることを自由に書いて良いとのことなので、報告書や論文では書く機会の無い私見を述べさせて頂く。

昨今、企業においては人材の採用、管理、配置等にAIを活用しようとする動きが加速している。その背景には、採用した者の定着率を高めたい、経験や直感に頼らず人材の最適配置を実現したいといった合理的な動機がある。職業安定行政でも個人の適性や能力に応じた最適な仕事とのマッチングは1つの理想的な目標と言えるだろう。現在我々が整備を進めている職業情報インフラはこうした合理性の追求に活用し得る。

しかし、合理性の追求は生産性や雇用の安定に寄与するかもしれないが、それはあくまで社会や企業の側の都合である。個人の職業選択においては自由意思が尊重されるべきであり、その基準は合理性とは限らない。親の家業を継ぐ。家族からの期待に応える。幼少期からの夢を叶える。企業理念に共鳴する。偶然訪れた就職のチャンスを掴む。それら全てが採りうる道であり、尊重されるべき意思である。そこでは適性や定着率、実現可能性といった近代的・合理的な価値観はしばしば「大きなお世話」であり、選択を束縛する枷とすら見なしうる。

もちろん、自由は権利であると同時に責任を伴う。無計画に好き勝手に選べば希望が実現せずに失業や貧困に苦しむことになるかもしれない。かつて南北戦争後、北軍の勝利による急速な工業化に伴い米国では非人間的な工場労働が増加した。そこで将来展望ももてないまま搾取されていた少年少女を救おうと20世紀初頭にボストンで近代的職業相談を開始したパーソンズの活動には、キャリア教育の本質的価値が示されている。自分の特性・適性を知り、職業の世界と地域の雇用を知り、その上で合理的に職業を選択する。それを高度な専門性を有するカウンセラーが支援する。この近代的な職業相談、ないしキャリア教育のパラダイムは社会全体の安定にとって大きな意義があり、我が国でも大正時代以後、大戦期を除き「パーソンズ主義」が公的にも推し進められてきたことは全く妥当と思われる。

それでも、個人にとって合理性は数ある職業選択の指針の1つに過ぎない。合理的な職業選択の道を示す。その上で本人が望めばその手助けをする。ここまでがキャリア教育の役割であって、「非合理的な職業選択をすべて『未熟』と捉え、合理的な職業選択へと『指導』する」のは行き過ぎであろう。

ここで少し個人的な話をさせて頂く。現在、我が国で研究者を目指すという選択は極めて不確実性の高い博打のようなものであり、特に大学以外の就職先が少ない理学系や文系全般でその傾向が顕著である。確かな将来展望を持って人生設計をするならば、研究職は候補にすらならないといえる。おそらく指導学生が博士課程に進学したいと言ったら、就職の厳しさを教示して覚悟を確かめるのが一般的であろう。私自身、そうした指導を受けた上で大学院に進学し、博士（学際情報学）の学位を取得した。

その後の研究職への就職活動は事前に聞いていた通り熾烈であった。私はアルバイトをしながら2年ほど公募に落ち続け、もう研究者として食っていくことは諦めようと石川県の地域おこし協力隊への応募を検討していた。その後、かろうじて今の職場にご採用頂いたのだが、仮に研究者になれなかったとしても私はそのリスクを込みで進路選択をした自負がある。結果的に研究と関係の無い仕事に就いたとして、それも含めて自分で選んだ道であり他者に批評される謂れは無い。

上述のような経緯もあり、私は現在従事している職業情報インフラの整備業務においても数値情報が将来的に個人の自律的な職業選択の可能性を広げる形で役立てられて欲しいと願っている。職業の数値情報はＡＩ等を活用した新たな他律的職業選択の推進に活用し得るし、それによって社会全体や企業、および合理性を指標に仕事を探す個人にとっては有用な判断基準が提供されることになる。しかし、私の価値観からすればＡＩが合理的に判定した職業に人間が就く社会などディストピア以外の何物でもない。

求職者が自らの自由意思に基づき職業を選択する際、各々が重視する情報をピックアップして活用するような職業情報インフラであってほしい。その実現のためには単に情報が整備されるだけでなく、それを自律的に活用できるようなリテラシー教育、およびキャリアコンサルタント等の専門人材のサポートが一層重要となるだろう。人間が主、情報が従という関係が今後も逆転しないよう願っている。

（２０１９年６月掲載）

第2章　実務家・実践家に聞く

1. 感謝の関係で広げる社会関係資本

柏原拓史（特定非営利活動法人だっぴ　代表理事）

この度は、ニューズレターでの寄稿の機会をいただきありがとうございます。
私は、多世代の交流プログラム「だっぴ」というキャリア教育プログラムを、主に中学校教育現場で展開しています。

〝いい出会いは、いい人生をつくる〟

これがコンセプトで、中学生が地域の大人と交流することを大学生が間に入り場をつくるプログラムです。

人生の中で思い出す、あの出会いがあったから今の自分があるという出会い。そんな出会いが若い内から出来るだけ沢山あること、生まれた地域や環境に左右されることなく、全ての子どもたち、若者たちにそのような出会いを届けたい、そんな思いで活動を行っています。

教育現場での活動を始めて丸5年が経過し、これまで延べ人数で約3000人以上の中学生と1500人以上の大学生、同じく1500人以上の地域の大人の方が中学校の授業として参加をしてくれました。

このプログラムは、キャリア教育プログラムとしての要素と地方創生としての要素の両方がありますが、本寄稿では実際に行っているプログラムの内容とそこから生まれている変化、今後に向けた考えについて書かせていただきます。その内容から、新しい時代に求められるキャリア教育のあり方についても提案ができればと思います。

まず、私たちが行うキャリア教育プログラム「だっぴ」ですが、主に地域の教育行政と連携して学校内授業や課外授業として行うことが多いプログラムです。内容としては、例えば、中学校で行う場合は、ひと学年の１００名に対し、地域の大人の方が50人、地域の大学生ボランティアが50人集まり、計２００名が体育館でグループに分かれて交流します。

グループは、中学生４人に対し、大人が２人、大学生が２人という割合で、人数分グループができます。それぞれの役割としては、大人の方には、自身のストーリーと共に価値観を話し、伝えてもらうことを主にお願いします。そして、大学生の役割は、中学生と大人の会話が表面的なものではなく、深いものになっていくように安心で安全な場を作ることです。そのため、大学生は、私たちの活動に共感して集まってくれたボランティアの学生が２００名以上登録してくれていますが、必ず3時間以上のファシリテーション講座を事前に受講してからプログラムに参加してもらいます。場を回すのではなく、場を作るファシリテーターのスキルを学んでもらいますが、中学生にとって少し年上のお兄さん、お姉さんがその立場で対話の中にいることは、安心安全でかつ深い対話を生む上で必要不可欠なものと位置付けています。

また、実際の対話は、フリップを用いたテーマトーク形式で行います。司会が出すテーマに対して参加者全員が答えをフリップに書き、〝せーの〟で一斉にオープンするという手法です。誰から話してもいいし、誰かの答えで深めていってもいい、書きたくなければ白紙でも良いというルールを共有してから自由に話し合います。テーマは、「宝くじが当たったら何を買う？」といった簡単なものから「誰かに言われて気づいた自分のいいところ」といったものや、「あなたにとっての優しさとは？」など、次第に深い内容で話ができるように構成しています。

このトーク交流を時間に応じてグループの組み合わせを変えながら進めるというものです。また、大人は自己紹介でその人の人生の履歴を２分程度で紹介してから参加するため、子どもたちは、目の前の地域の大人の人に興味関心を抱きながら、その人の生き方、人生にも触れていきます。

以上、プログラムの内容としては、シンプルなものですがこの交流では、実に様々な表情が見られます。最も多いのは笑顔で、参加者全員が本当に楽しそうに交流します。そしてその中に真剣な眼差しや憧れ、尊敬、感謝といった表情も見られます。しかも、それらが世代を超えて全員に見られます。地域の大人の方、年配者、大学生、中学生、全員に。

以前、新聞記者の方がプログラムに参加して体験記事を書いてくれました。その時に記者の方が、「年齢も立場も圧倒的に異なるのに、お互いに応援し合う関係が生まれている。本当に不思議な体験だった」と話してくれました。

実際に、私たちが行う多世代交流プログラムでは多くの場でそのような関係性が生まれます。私は、それらを「感謝の関係」と称していますが、年齢や立場を超えてお互いに感謝し合う関係、それが対話と交流を通して生まれ、また交流後も地域に残っていく、そんな機会が参加した個々人そして地域に生まれているのは素晴らしいことだと感じています。新しい時代のキャリア教育について、必要とされる要素は様々にあり、またその立場や境遇、地域性によっても異なるものと思います。それでも、共通してほしいのは、そこに世代を超えた安心で安全な対話の場があるということです。

私たちの交流では、先述したように参加者がその人の過去のエピソードと共に今の考えを話せるようにプログラムや空間に工夫をしています。その人の今の価値観だけを知り、交流するのではなく、その価値観が形成されたストーリーを含めて自己開示と共に対話し、理解する。その中で話す側の人は自分の考えや経験を振り返り、また聞く人もその人の物語に共感し、憧れ、感情移入しながら自分の考えを深めることができます。これらを通じ、他者への信頼や自己への肯定感を高めるという効果を求めています。

実際に、参加した中学生たちにはその自己肯定感や自己有用感に大きな変化が生まれます。今の学校では中々高めることができにくいこれらの効果が評価され、現在岡山県では半数の自治体で私たちのプログラムが開催され、他県にも広がりつつあります。

このような広がりの背景には、これからの新しい時代において、今までの価値観が通じない場面が多く生まれることや、世代間での断絶が生まれやすいという現実と危機感があるようにも思います。

キャリア教育はどう生きるかを問うだけのものではなく、どう他者を理解し、どう自分を社会と関係付けるかの考え、心を醸成するものでもあると私は考えています。そういう機会と場が世代を超えた対話により広がっていくこと、私たちの活動がそのような社会形成のきっかけにつながればと願っています。

（2019年9月掲載）

2. 困ったら相談すればいいと思える社会に

加藤歩（認定NPO法人自立生活サポートセンター・もやい　事務局長）

今回「新しい時代のキャリア教育」というお題をいただいたものの、キャリア教育については門外漢でその意味すら理解していなかったため、慌てて調べてみたところ、明確な定義を見つけることができなかった。そこで、キャリア教育を「子どもたち、若者たちが将来自分で生きていく力を身につけられるよう、学校などの教育機関で行われる教育」と私なりに定義したうえで、本稿を書き進めたい。

私は、今この日本で生きていくのに必要な力とは、困ったときに相談できることであると考える。本稿では、まず私がそのように考える理由について、私の所属する団体に相談に訪れる人々の状況を紹介しながら説明したい。

次に、そのためのキャリア教育がどうあるべきかについて私見を述べることとする。最後に、そのキャリア教育の前提となる社会のありようについても論じてみたい。

認定ＮＰＯ法人自立生活サポートセンター・もやい（以下、〈もやい〉）は、生活に困窮した方からの相談を受けて利用可能な制度につなげたり、アパート入居に必要な連帯保証人や緊急連絡先を頼める人がいない場合に保証人等を引き受けたり、あるいは人とのつながりを失ってしまった方が再び人や社会とつながれるような居場所を提供したりしている団体である。

〈もやい〉に相談に訪れる方は、路上生活の方、失業した方、ネットカフェに泊まりながら非正規の仕事をしている方、無職で実家に暮らしているいわゆる「ひきこもり」と呼ばれる方、知的障害、発達障害、精神障害をお持ちの方、子育て中のシングルマザー、ＤＶや虐待の被害に遭われた方、児童養護施設を出て間もない若者など、その背景や状況は様々である。

その多くが経済的に困窮した状態で〈もやい〉を訪れており、なかにはすでに数か所に借金があるうえに、現在の所持金が数百円という人もいる。お金がなくて病院に行けず我慢を重ねた結果、心身ともにボロボロになり、まだ20代で働けなくなってしまう人もいる。

彼らの話を聞いていていつも思うのは、「もっと早い段階で相談につながっていれば」ということである。アパートの家賃を滞納して追い出される前に、病気が軽いうちに相談に来ていたら、とりうる選択肢も多かっただろうし、再び社会の中に役割や居場所を見つけて生活を立て直していくことがもう少し容易だっただろう。

彼らが早期に相談できるためにはどんな「キャリア教育」が必要だったのか。

彼らが相談しなかった理由の1つは、「相談先を知らなかった」ということである。社会には、生活に困窮したとき、労働問題を抱えたとき、ＤＶ被害に遭ったときなど、行政・民間問わず様々な相談機関がある。どんなときにどこに相談すればいいかを知っておくことは最低限必要な教育である。

また、生活保護法や労働基準法など、自分の生活を守るための法律や制度の知識も必要だ。

彼らが相談しなかった理由は他にもある。「（困窮したのは自分が悪いのだから）相談していいと思わなかった」というものである。
これについては、国民の生活を保障するのが国の役割であり、そのためにさまざまな制度が作られていること、生活に困窮したときに相談したり制度を利用したりすることは当然の権利であり、そこで自分に落ち度があったかどうかは関係ないことなどを、相談機関や制度の知識とあわせて伝えていくことが必須だろう（相談しなかった理由は他にも、自分が困った状況にあることを認識していなかった、もう少し我慢して頑張れば何とかなるのではと思っていた、などがある）。

彼らが切羽詰まってしまったもう1つの原因は「相談したけど解決しなかった」というものである。相談したけど解決しなかったのはなぜか。

〈もやい〉でよく聞くのは「うちでは何もできないと追い返された」「ひどいことを言われて傷つけられた」というものである。教育現場で「困ったら相談しましょう」と教えられていても、せっかく行った相談窓口で「相談している時間があったら仕事探せば？」「ＤＶ夫といっても好きで結婚したんでしょ？」などと言われたら、その人は再び相談しようとは思わないだろう。

ここからは、「キャリア教育」だけの問題ではなく、社会全体のありようとして困っている人をどう受け止めていくのかという問題である。キャリア教育というと、「個人がどう変わるか」という切り口だが、本当に変わらなければいけないのは、個人ではなく社会の方だと私は考えている。

今、相談窓口で起こっているのは、昨今の労働をとりまく環境、多様な家族のあり方、ＤＶや虐待、障害などについて知識を持たない人が、二次加害のような言動をとってしまうというものである。また、生活保護に関しては、生活保護申請に来た人を不当に追い返すという「水際作戦」がいまだに行われている。こういった行政の対応を改善する必要があるのはもちろんのこと、仕事に就けずに困っている人の抱える、住所がない、身分証がない、携帯電話がない、交通費がない、スーツが買えない、仕事やアパートの保証人がいないといった問題に対応できるきめ細かい制度や支援がないことも課題である。また、社会の中に自己責任論が蔓延し、生活保護利用者に対して「働けるのに税金を使って楽をしている」などという見方がされてしまう社会では、やはり誰かに相談したいという気にはなれないのではないだろうか。

結論として、困ったら相談する力と併せて、「健康で文化的な最低限度の生活」を営むことができなくなったときに、権利としてそれを要求していいのだという考え方を身につけさせることが、この社会を生き抜くために必要なキャリア教育であると私は考える。ただその前提として、この社会に、安心して相談できしっかり不安を受け止めてくれる窓口や、使い勝手のいい制度があり、そして個人の生活を社会で支えることが当然という共通認識がなければ、そのキャリア教育もまったく無意味なものになりかねないだろう。

（2019年9月掲載）

3. 自らのキャリアを主体的に築いていける人材の育成—大学のキャリア教育で求められること—

清水知子（千葉大学学務部就職支援課　キャリアアドバイザー）

私は、大学のキャリアアドバイザーとして、大学生・大学院生の就職相談や就職関連セミナー、キャリア構築の授業の講師を務めている。その立場から、大学でのキャリア教育の在り方について私見を述べさせていただき、私が実践しているキャリア教育についてご紹介したい。

2018年12月に経団連が「今後の採用と大学教育に対する提案」を発表し、「Society5.0 時代の実現を目指し、新しい社会を創造、発展させていくのは次世代の若者であり、変化に対応し自ら新しい価値を生み出すことのできる、高度で多様な価値観や個性を持つ人材の育成と、彼らが活躍できる環境整備が必要である」と提言している。そして、「変化に対応しながら自立的にキャリアを築いていける人材を育成する場」として、大学教育への期待が高まっている。

大学に期待する教育改革の内容として、①文系・理系の枠を越えた基礎的リテラシー教育、②大学教育の質保証（アクティブラーニングと成績要件・卒業要件の厳格化）、③グローバル化のさらなる推進、④情報開示の拡充と学修成果の見える化、⑤初年次におけるキャリア教育の実施、⑥リカレント教育の拡充、などを骨子として変化に対応できる多様な人材を育成するための方策が示された。

これに先立ち、私が勤務する大学では、将来に向けて世界的に活躍できるグローバル人材育成に力を入れ、１９９７年に先進科学プログラム（飛び入学）を発足し、２０１６年度には新しく文理混合教育を実践してグローバル人材を育成する国際教養学部を新設した。

加えて、２０２０年度からは全ての学部学生と大学院生を対象に留学を必須とした。

これらの取組は、日本を取り巻く世界の状況が大きく変化していく時代に柔軟に適合できる高度で多様な価値観を持つ人材を育成することに繋がっていると確信する。

このような環境の中で私はキャリアコンサルタントとして、学生が大学在学中のみならず生涯を通じて自らのキャリアパスを構築することが出来るようになり、ライフステージに応じたキャリアを都度見直して実践できるスキルを身に付けることが重要だと考え、長期的な視点を持って学生を支援している。

キャリア相談では、学生らは就職に関して「グローバルに活躍したい」という漠然とした想いはあるものの、彼らにとって働くことは未知の世界であるため、中には「やりたいこと」が見えず、大企業、終身雇用等の価値観を潜在的に抱えている者もいる。そのような学生に対しては、将来、彼ら自身の価値観や経済・社会情勢も変化していくことを踏まえて、本当にやりたいことが見えた時に、その仕事に関わることができる汎用性のある能力を身に付けることができる仕事を選ぶように助言している。

そして、キャリアデザインの授業では、自分らしいキャリア探索ができるようになることを目的にしている。就職活動開始前の早い段階から、社会から要求される能力、スキルを理解したうえで、自己分析をもとに自分の特徴を把握し、将来に向けて自らのキャリアの方向性について模索する機会を作っている。

具体的には、経済産業省の「人生１００年時代の社会人基礎力」をもとに、自己分析を踏まえて３つの能力／12の能力要素を学生自身に当てはめるとともに、各業界によって今後どのような能力やスキルが必要とされているかについて、社会的状況を踏まえて考察を深めることに主眼を置いている。

また、実際に社会で働く卒業生を授業に招き、彼らが仕事を通じてどのように視野を広げていったのか、社会人として自らの世界を拡張し成長をしているのかを語ってもらった。海外で働く卒業生にとって世界市場の視点から日本企業がどう見えていたのか、グローバル人材には何が必要なのかを聞くことによって、学生の従来の価値観に大きな変化をもたらした。卒業生の姿は社会人として少し先を歩むロールモデルとなり、学生は具体的にキャリアについて思い描ける契機となった。

このように、大学に於いて、キャリア支援とキャリア教育を通じて、学生が自分の特徴を理解し、グローバル人材として何が必要かを知ることで大学生活がより目的意識をもった主体的なものになると信じている。そして、将来に亘って今後も計画的に能力開発を行い自分のキャリアを構築できる力の基盤となっている。

今後の日本は更に海外市場の競争が激化し、ＡＩやＩｏＴなど第４次産業の躍進による産業構造の変化によって企業寿命は短くなっていくことが考えられる。

一方で、人生１００年時代を迎え、労働者としての期待される時間は50年以上になると予想される。これまでの会社依存の画一的な生き方がスタンダードとされていた時代から、主体的に自分自身のキャリアを積み上げる多様性の時代へ変わりつつある。そこで、学生自らのライフステージに応じたキャリアを都度見直して実践できるスキルを身に付けることが、大学でのキャリア教育で求められることだと考える。

（２０１９年９月掲載）

4. 自分を理解してもらうには、信頼関係につながる会話をすること

新田香織（社会保険労務士法人グラース　代表）

私の略歴

私は一般企業で約９年勤務したのち、出産・育児を機に社会保険労務士にキャリアチェンジしました。厚生労働省東京労働局で次世代育成支援対策法推進の担当を経験し、平成22年からは社労士事務所を開業して、今に至っています。

「多様な働き方」を専門に、企業での研修やコンサルティングを通してこれまでに私が関わった会社は１０００社を超えましたが、その経験から今、感じていることをお伝えしたいと思います。

「働き方改革」推進の悪循環

「働き方改革」により、労働基準法をはじめとする労働関連法の改正が今年の４月から施行され始め、これまで以上に会社は、いかにして無駄をなくし、仕事を効率的にまわすかということに頭を痛めています。法令順守のために社員を長時間働かせることができなくなったにもかかわらず、人員補充が困難という状況のなか、売上や利益を保っていくために、ギスギスしている会社が増えてきました。余裕がない職場では、ハラスメントが起きやすくなります。部下に対する上司からの激しい叱責、職場内での人間関係による陰湿ないじめ、部下から上司への反抗的な態度などにより、職場の風紀が悪くなってしまうと、チーム力が落ち、生産性は低くなってしまいます。つまり働き方改革に伴い、生産性が向上するどころか、かえって悪循環に陥ってしまうという事態が生じています。

「パワハラ」と「指導」の違いを理解する

今年６月、労働施策総合推進法が改正され、パワハラ防止のために会社が実施すべき措置がこの法律に加わったことからわかるように、パワハラは大きな社会問題となっています。私は、管理職に対してパワハラ研修を行うことが多いので

すが、パワハラと言われることを心配し、「部下に指導ができない」という悩みを聞くことがあります。パワハラには、身体的な攻撃、人格否定等の言葉の攻撃、仲間外れ、達成不可能なノルマを課す、仕事を干す、家族の悪口を言うなど様々なものがあります。一方で、管理職が業務上の事実に基づいて指摘したり、改善策を示唆することは、その態様（声の大きさ、選んだ言葉、指導の時間等）が適正な範囲で行われていれば、パワハラではなく、指導になります。

しかし「パワハラ」と「指導」を混同している人も多く、例えば上司が部下に難しい業務をアサインしたときや、部下の仕事の進め方について細かく指摘したときに、上司に向かって部下が「それ、パワハラです」と言って牽制することで、自信を持って部下を指導することができなくなってしまう上司が少なからずいます。生産性の高い職場にするには、社員一人一人の能力を高めていかなければなりません。それなのに、本来なら上司からの指導や新しい経験によって、大きく成長できるかもしれないチャンスを「パワハラ」の一言を発することで、自ら遠ざけてしまっているのではと危惧しています。

互いに尊重しあう職場ではパワハラはおきない

会社では、属性（年齢、経験、雇用形態、価値観、国籍等）の違う人と一緒に仕事をしますが、そもそも互いを理解していなければ、チームプレーなどできません。育児や介護をしている人も職場には増えてきました。現実は上下関係の圧力の中で言えないことがあるかもしれませんが、働く人が多様になっているからこそ、意識してコミュニケーションをとっていかなければなりません。そのためには、業務上の連絡事項に留まるのではなく、むしろ雑談を通して相手の考え方や感じ方を知り、互いに信頼関係を築くことが必要です。

一緒に働く者同士、信頼関係で結ばれていれば、ハラスメントが起きることはまずありえません。上司は部下一人一人にあった指導ができるようになり、また部下も上司の指導や指示をきちんと受け止めることができれば、キャリアはどんどん習熟していくはずです。

これから社会で働く学生たちに伝えていただきたいこと

働き方改革は、働き手が減っていく中で会社が生き残っていくための施策の1つでありますが、換言すれば、終身雇用の時代から自己責任の時代へと移ったということを意味します。

私は、いくつかの組織の中で働いたのち開業しましたが、これまで事業を継続できているのは、過去に関わってきた社内や社外の人々にどれだけ助けられているかわかりません。

出会った人とは自分と属性が違っても、相手の意見を聴いて尊重するとともに、自分の感じていることも伝えることで信頼関係を築いてきました。ビジネスライクな表面上のつき合いでは、その組織を離れた時に関係は途絶えてしまうのです。しかし、事象の説明はしていても、そこに自分なりの考えを話さない人が多いと感じています。それだと会社で無難に過ごすことはできるかもしれませんが、人から信頼を得るまでには至らないでしょう。

学生のキャリア教育に関わっている皆様には、学生たちが今後、就職活動をする時はもちろんのこと、入社して職場のメンバーとチームで働いていく場面でも、また転職や起業する場合でも、相手を尊重して接する態度と、ありきたりではなく、自分ならではの意見や考えを伝えることが重要であるということを、働き方改革で変わりつつある社会の現状と関連付けてお伝えいただけたらと思います。

（2019年9月掲載）

5. 外国人留学生に対するキャリア教育のあり方について

佐藤広明（佐藤広明事務所　行政書士）

近年、企業のグローバル化や技術・開発力の向上、引いては若者人口の減少及び都会志向の影響による人材獲得難といった様々な理由により、全国各地で外国人材への期待が高まっているが、多くの地方自治体においては、いわゆる単純労働者として労働力補填の役割を担う技能実習生の活用が多くを占め、専門的な知識や経験を有する高度外国人材の活用に関しては、予想外に進んでいないのも事実である。

法務省発表の「2018年在留外国人統計」によると、全国の在留外国人（2731093人）の内、単純労働に従事する技能実習生は328360人（約12％）、高度外国人材の代表格である在留資格「技術・人文知識・国際業務」を有する外国人は225724人（約8.3％）とあまり差が無いように思えるが、実際のところ、東京、神奈川、愛知、大阪の4都府県に在留する「技術・人文知識・国際業務」保有者の合計数が全国の約60％（135847人）を占めており、専門性の高い外国人材は大都市に集中している現状が読み取れる。

一方で、地方都市においては、技能実習生への偏重が進んでいる。例えば、私の住む鹿児島県では、県内在留外国人総数（10547人）のうち、「技術・人文知識・国際業務」保有者は399人（約3.8％）で有るのに対し、技能実習生が全体の4835人（約46％）を占めている。更に九州全県の在留外国人数（139560人）の内訳を見ても、「技術・人文知識・国際業務」保有者合計が8667人（約6.2％）、技能実習生が35694人（約26％）となっており、これらのことからも地方都市では、「単純労働に従事する技能実習生が多く、高度人材の活用が進んでいない」と結論付けてもあながち間違いでも無いだろう。

この状況には勿論、都市の経済規模や産業構造の違い等様々な背景や地理的要因もあると思われるが、経済規模が全国の10％で、GDPはベルギーやイランと同等（九州経済産業局「九州経済の現状2018年8月版」参照）であり、東京、大阪、名古屋に続く経済圏である九州においても高度人材の活用が進んでいないのには、ただ単に地理的状況だけでなく、自治体における戦略的な外国人材の活用方針の不足や、制度への認識不足による企業の外国人材採用への消極性といった要因と共に、「地方の大学等高等教育機関における外国人留学生へのキャリア育成方法」にも幾分かの課題があるのではないかと感じるところである。

では、外国人留学生へのキャリア育成に関して、今後どのような働きが期待されるのか私見を述べていきたい。

留学生の就活支援

留学生の就活については、「就活の仕方が分からない」「企業情報の調べ方が分からない」等の問題については留学生を有する各大学で就活指導や面談会情報の提供等で積極的に取り組んでいると思われるが、大学における留学生への就職支援の中に「入管法」や「手続」に関する指導、教育がなされているかは疑問である。

日本で就職を希望する留学生の大半は、卒業前後の時期に在留資格「留学」から「技術・人文知識・国際業務」への変更申請を行わなければならないのだが、この申請に関する審査要件の1つに「留学生の専門性と業務内容の関連性」がある。この要件を理解せずに採用を決定する企業も未だ多く、採用のミスマッチの原因となっているのであるが、同時に、留学生自身がこれを理解せず、ただ闇雲に就職活動に取り組み、内定を得た後に、在留資格の変更が上手くいかず、結局就職できなかったという内容も職業上よく聞く話である。このような悲劇を防ぐためには、やはり大学でのキャリア形成の指導の際に、現行の在留管理制度を大学が理解した上で、履修科目や企業選びについて適切なアドバイスを行い、採用のミスマッチを防ぐ働きかけが必要ではないかと思う。

地域企業との連携、日本語教育の充実

先に述べたとおり、高度外国人材は大都市圏に集中しているが、これは大都市圏以外の大学で育成した留学生が、就職に際して地元

を選ばずに大都市圏に流出しているということをも表している。日本人の学生に関しても同様の問題はあるが、外国人留学生に関しては、地域での交流活動や生活支援も盛んであることから、留学生を大学と地域社会で連携して育成している側面もあり、人材流出だけでなく、地方における共生社会の実現が遠のくという点でも損失である。

状況改善のためには、もちろん受け皿となる地域企業による高度外国人材活用の推進も必要であるが、大学としても地域企業への就職促進のため、地域企業と連絡して、「職業体験としてのインターンシップの導入」や「地域企業と連携したカリキュラムの検討」等留学生本人のキャリアアップに繋がる活動と共に、地域企業への在留管理制度に関する一種の啓蒙活動を行うというのは如何だろうか？

また、今年の4月から「日本の四年制大学を卒業または大学院を修了し、一定以上の日本語能力のある外国人」の就職に関して、単純労働を含む業務への従事が可能となったことから大学における日本語教育に対する留学生からの要求は今後ますます高まると思われる。大学が日本語学校化することは望ましくないが、地域企業への就職促進と共生社会の実現という観点から、留学生のキャリア形成の一環としての日本語教育のあり方は、地方の大学においては喫緊の課題になることは間違いないと考える。

（2019年9月掲載）

第3章　起業家・アントレプレナー育成関係者に聞く

1.「持続可能」なだけでなく、「発展的」な未来のために学校ができること

大山力也（鳥取城北高等学校　教諭（社会科、総合・探究主任）、日本財団　地域コーディネーター）

2019年11月30日付で発表された日本財団「18歳意識調査」はすでにご覧になっただろうか？　インド・インドネシア・韓国・ベトナム・中国・イギリス・アメリカ・ドイツ・日本の9か国の17歳から19歳の男女（各国1000名）を対象に行われたこの調査は各地で話題になっている。「自身について」の意識調査で、日本人は他の国に圧倒的に差をつけられる形で最下位となっている。具体的に特筆すべきは①「自分を大人だと思う」、②「社会課題について、家族や友人など周りの人と積極的に議論している」、③「自分で国や社会を変えられると思う」の3つの項目である。

①については、日本と韓国を除き7か国が75％以上「自分を大人だと思う」と回答しているが、日本の若者は29・1％にとどまる。②についてもやはり日本と韓国を除き7か国が概ね70％を超えてくる中、日本の若者は27・2％にとどまる。そして最も衝撃的な結果が③である。多少ばらつきはあるものの、8か国が40％～80％の割合で推移する中、日本の若者で「自分で国や社会を変えられると思う」と考えている割合が18・3％しかいなかったのである。

私は3年前に東京ベースの生活から一転、鳥取県に移住、高校教員を主の仕事としている。上記調査はこれまでの教員生活を振り返っても実感する部分が多々ある。特に「キャリア教育」という視点で考えた時、大人も子どもも極めてキャリアの選択に受動的な印象を受けた。学校教育においては、進学や将来の夢を語る際、知っている範囲の既存の仕事から選ぶという思考に陥りやすい。例えば、子どもに関わる仕事はまるで保育士か幼稚園教諭しかないかのように、看護師資

格の取得はまるで看護師にしかなれないことを意味するかのような世界観を親子ともに共有しているケースが多い。既存の仕事同士の組み合わせでも構わない、「新しい仕事を生み出す」という発想に出くわすこともまた稀である。若者流出、高齢化、人口減少と二重苦、三重苦を抱える地方の代表ともいえる鳥取県にあって、そのように保守的なキャリア教育を行っては地域の将来にとって逆効果以外の何ものでもないのではと考えるようになった。

そのような状況に危機感を持ち、高校1年生の科目「総合」において地域の中で活躍する起業家やフリーランス、既存の仕事をさらに先へと推し進めるような人材を連続10回程度高校へ招いて講演やワークショップを行った。次年度には高校2年生の「総合」でNPO法人 Free The Children Japan（FTCJ）との年間連携講座を展開し、アクションラーニングを軸に国際理解を促進した。この年間連携講座の最後には有志でFTCJ企画のフィリピンスタディツアーを行い、ストリートチルドレンや性的虐待を受けた少女達の保護施設への訪問、スラム街でのホームステイなどを行った。

1年目には「ローカル」な教育を、2年目には「グローバル」な教育を、いわゆる「グローカル教育」を推進した形になる。また、鳥取県では「アルバイトは原則禁止」という規定があるのだが、本校では「インターンシップ」という形で事業所と個別に協定を結び、教育的な理念のもと就業させるという形で、事実上のアルバイト解禁を行った。その中では地域の老舗、大手チェーン、珍しいケースで言えば山陰初開催の「チームラボ★学ぶ！ 未来の遊園地」スタッフ（高校生42名が参加し、開催美術館の歴代最高動員数を記録した）、鳥取初の3人制プロバスケットボールチーム「Tottori Blue Birds」のスタートアップ段階でのインターンスタッフ（高校生約30名が参加し200万円のクラウドファンディングを達成した）など様々な機会を高校生に対して提供することができた。

また、世界的な起業家養成イベント「Startup Weekend」へ有志で生徒を連れていき受賞した経験から起業を志す子も現れた。鳥取県ではかつて2回開催されているこのイベントを、来年度は本校に誘致して開催しようと現在調整を進めている。

果たしてこれらの取り組みに価値はあったのだろうか？ 2019年も12月に入り、大学のAO・推薦入試の結果がほぼ出揃ったところである。本学の中間層である普通コース（現在は研志コースと改称）においては、国公立大合格者が例年出るかでないか、数人出ればよしとされていたが、今年度はすでに2ケタの10名以上の合格者が出ている。その合格者のいずれもが上記のような経験を地道に積み上げて自らの視野を広め、入試の際にはそれをフルに活用して新しい時代の新しい働き方、仕事を自分なりに模索することができた者たちであった。こうした結果は、上記のような取り組みをさらに学校が進めていくのにも十分なエビデンスになったのではないかと考えている。

今年度から、就職・専門学校・大学進学等の進路が多様な中間層のみならず、県外へと流出しがちな純粋進学層に対して、中小企業庁、角川アスキー総合研究所と連携して20コマ「起業家教育プログラム」を実施している。地元の起業家や金融機関、県庁職員などを積極的に招いてメンタリングを施しつつ、事業計画の立て方などを学んでいる。この取り組みの効果は未知数ではあるが、来年度はさらにコマ数を増やしての実施を想定している。

想いある大人の若者への声掛けは「一人前の大人への憧れ」を生む。社会課題を目の前に他者と議論をすることで若者の中に「社会に対する責任感」を生む。快適な空間を飛び出して困難に立ち向かうこと、自ら手足を動かしてその一つ一つを乗り越えた小さな成功体験は、若者自身に「自分には社会を変える力があるのだという意識」を生む。これらはこの数年の取り組みの中で得た私の学びである。「持続可能」なだけでなく、「発展的」な日本の未来を切り開くためには、学校と社会が結びついた形での「起業家・アントレプレナー育成」が不可欠であり、それは実際に実現可能であると考える。学校教育が面白いのは、ここからである。

（2019年12月掲載）

2. 本校の起業家教育への取組

倭島慶吾（鳥取敬愛高等学校　教頭）

鳥取県は総人口が56万人を下まわり、市も４つで人口と市の数が日本一少ない県です。県庁所在地の鳥取駅周辺の中心市街地であっても人口減少が影を落としどことなく元気がありません。農村部では，農業人口の高齢化と後継者不足で休耕田や耕作放棄地が増え続け，原野化した農地も少なくありません。また，都市部に比べ大学や大手企業が少なく、進学先や就職先の選択肢も限られているため、魅力的な都市部や県外に進学や就職し地元を離れる若者が多くいます。だれもがこの状況に、危機感を抱いています。

しかし、高校生に聞くと「鳥取は暮らしやすいから好き」「故郷を大切にしたい」「できるだけ地元に住みたい」「鳥取に貢献したい」など郷土愛のある答えが多いことに驚かされます。キャリア教育は「故郷に住みたい・地域に貢献したい」という若者の視点を大切にしなければならないと感じています。一度県外にでた若者や地域の若者の気持ちに教師として「どう教育現場が応えられるのか」という思いは常にありました。

昨年、県庁商工労働部産業振興課の田口邦彦課長補佐から中小企業庁の起業家教育プログラムのお話をいただいたとき、地域の状況を教育の場から何とかしていく一歩につながればとの思いでプログラムの実施希望を出しました。若者が起業家の方に直接触れ、そのマインドやノウハウを学ぶことで起業を身近に捉え、将来、地域の活性化や地元の魅力づくりの担い手になってほしいとの思いがあったからです。

起業家教育の対象生徒は、来春より進学先での学びや、さまざまな経験を積んでいくであろう大学進学をめざす高校3年生がよいと考えました。私が勤務する鳥取敬愛高校では「Ｃｈａｎｇｅ！　新しい自分発見」をスローガンに唱え、自分が越えるべき相手は常に「他人」ではなく「自分」自身という思想のもと、常に自身を成長させるための前向きな教育を目指しています。教科学習だけでなく、グローバルシティズンシップの育成のため全員に海外研修旅行の実施や心のこもった挨拶や清潔感ある身だしなみなどのマナー教育もその一環です。受験を控えた3年生に新たなプログラムを課すことに迷いもありましたが、必ず生徒のプラスになるという思いで取り組みました。

起業家教育に期待することは、将来、地域の活性化や魅力発信に貢献し、日本でも海外でも活躍できる人材の育成です。受講した生徒たちに既存の価値観に固執せず、新たな価値観や多様性を認める柔軟性を育て、試行錯誤することで発想力や多角的な見方ができる人間になってくれたらと思っています。それに加えて「起業家マインド」「起業ノウハウ」を知り「起業」を身近に捉えることができる機会になればと思います。

起業家教育の課題は、教師にそのノウハウがないことです。今回本校は、角川アスキー総合研究所から実施カリキュラムやアドバイスをいただき、授業前には毎回授業者と角川アスキー担当者ベルマーカス麻里さん、久末恵輔さんとの綿密な打合せを行い、何とか実施することができました。生徒から突拍子もないアイデアが出た時には、どのように形にしていくのか授業者も悩みましたが、教員の力だけでは不足している所を専門家や担当者からご助言をいただき、補っていただくことでアイデアを形にすることができました。他方面の方との協力体制の大切さを実感しています。

子どもたちは、様々なアイデアを考えたり、仲間と話し合い目標に向かって取り組むことを通じて、より地域のことについて深く考え、自分たちの力でできることや、アイデア次第で仕事につながることを学び、視野が広がったように感じます。これらの思考力や判断力、創造性などは将来に生かせると確信しています。アイデアに実用性があるかを考えた時、どのようにしてお金を生み出していくのか、これを仕事にしていくのかをより具体的に専門家からアドバイスをいただけたことや、起業したいと考えた時、まず初めに何をしなければならないか、助けてくれる相談窓口のことなどを学べたことは、さらに深く学びたいという探求心に繫がっています。専門家のアドバイスを素直に受け止め、問題点を解決しようと、さらにいきいきとアイデアを生みだしていく生徒の姿に頼もしさを感じています。今後の起業家教育で生徒、教員ともにアイデアがより具体的に形となっていくことに楽しみを感じています。

（2019年12月掲載）

3. 起業家教育とキャリア教育

松行輝昌（大阪大学共創機構　特任准教授）

大学の教員として起業家教育、リーダーシップ教育を担当しています。大阪大学で、約6年間大学院生向けの高度教養教育を担当した後、現在は、共創機構という部署で教育に加えて、大学発ベンチャーの育成・支援や投資関係の業務などビジネス実務も行っています。

起業家教育講座ではデザイン思考を始めとしたコンセプトのつくりかたやコンセプトをビジネスにする（事業化）方法を学びます。こうした受講者の皆さんは私たちの講座を受講し、多くの方が優れたビジネスプランをつくります。しかし、それを実行し実際にビジネスを始める方、またはそれに向けて一歩を踏み出す方はごく一部で、ほとんどの方は優れたビジネスプランをつくったところで止まってしまいます。もちろん、教育として行っているのでそれでも構わないのですが、もう少し自分で作ったビジネスプランにオーナーシップを持ち、実行する人が増えると、社会にインパクトを与えることができていいのになあと思うことがよくあります。

そこで、最近は、異分野の知見をも取り入れながら、起業家教育に「自分事化」のコンテンツを入れようとしています。受講者の皆さんが本当にやりたいこと、なりたい自分、理想の社会像などを描いてもらうことで自分が本当にやりたいことを見つけて頂きたいと思っています。実は、こうした手法はスポーツコーチングの領域で発展しています。起業やイノベーションを起こすということは、生半可なことではありません。

ビジョンがある程度定まっていれば起業家やイノベーターは高いモチベーションを保ちながら事業に取り組むことができます。アスリートが置かれた状況も似ているのだと思います。スポーツの世界ではコーチはアスリートに対して効果的な質問をすることでアスリートのビジョンを言語化していきます。現在、スポーツコーチングの世界でアスリートのモチベーションを高める質問法を開発している方などと議論をしながら「自分事」を探る起業家教育プログラムの開発を行っています。これはある種のコーチングのプログラムになるかと思うのですが、起業家になろうとする方だけではなく多くの大学生に受けて頂きたいと思っています。特に、キャリアを考える際に自分事として取り組めるものを見つけることは本質だと思うのですがそれにも役立つと思います。

つぎに課題発見と課題解決についてお話したいと思います。大学教育において課題解決能力だけでなく、課題発見能力が重要とされています。起業家教育の現場では、デザイン思考や行動観察などの手法が教えられるようになり、その中で課題発見と課題解決を行っています。これらの手法では、他者が心の中に抱えている（自分自身では）言語化しづらい不満やニーズ（〝インサイト〟と呼ばれることが多い）を言語化するということを行います。こうしたインサイトをもとに「課題」を定義しそれを「解決」するアイデアをつくります。こうしたインサイトの導出は起業だけではなくどのようなキャリアにおいても役立つものと思いますので大学教育の一部として広く教えられるようになるといいと思っています。

こうした、「他者」のインサイトを引き出す手法の他にアート思考というものがあります。これは他者ではなく自分自身がどのような人になりたいのか、どのような社会をつくりたいかについて明確にするプログラムです。

アート思考は一部の大学の起業家教育プログラムに取り入れられていますがまだ極めて限定的です。他にも、起業家教育では理想の未来像を描くということを内容としたプログラムがあります。日本総合研究所などが提供している未来洞察や大阪大学が中心となって行っているフューチャーデザイン、シナリオプランニングなど多くのプログラムがあります。我が国では、近代から現代にいたるまで長い間ロールモデルとなるような国が存在し、それに追いつくための努力をしてきたという歴史があったと思います。ところが、現代に生きる私たちは世界に先駆けて超高齢化社会になり、これまでになかったような社会課題に直面し、（ロールモデルなしに）理想の社会像を描き、それを実現することを求められるようになってきています。しかし、そうしたトレーニングを受けられる機会が不足しているのではないかと考えています。起業家教育で提供しているプログラムでは、自分自身がなりたい姿や理想の社会像を描くトレーニングをすることができます。起業を考えている人に限らず、多くの大学生にこのような機会を利用して頂きたいと考えています。

本稿では少数の事例を紹介させて頂きましたが、起業家教育は起業家を目指す人だけではなく、現代の大学生にとって重要なキャリア教育の内容になりうるものを提供しています。今後キャリア教育の一部と認知されより多くの方が受講されるようになることを望みます。

（２０１９年12月掲載）

4. 働き方・学び方がダイバーシティ化する時代における、新しい起業家支援政策

八木春香（経済産業省大臣官房秘書課　課長補佐）

私は、数年前、経済産業省経済社会政策室において、キャリアの多様化が進んでいく潮目の中で、新しい形の起業家支援政策の実現に取り組んでいました。

これからの時代、起業は、いわゆる華々しい〝ベンチャー起業家〟のものだけではなくなります。結婚・出産を機に一度家庭に入った女性や定年退職後のセカンドキャリア、あるいは会社に勤めながらの副業としての起業がどんどん増えていくでしょう。そうなると、政府による起業支援の視点も、フェーズを移していく必要があります。これまで従来の起業支援で中心的役割を果たしていた起業準備以降（フェーズ２・３）から、すなわちフェーズ２・３の前、起業を決意・準備し始める前の段階（フェーズ０・１）を中心とした支援がより重要になってきます。

そこで、経済産業省では、フェーズ0・1層に対する全国10カ所（北海道・東北・関東・中部・北陸・近畿・中国・四国・九州・沖縄）に広域の支援ネットワークを作りました。それまでも全国各地にフェーズ0・1層に対する支援策で先進的な取組事例もあることはありましたが、支援策が地域内に限定していたり、特定の地域に偏っていたりしたからです。

結婚・出産を機に一度家庭に入った女性をペルソナとし、起業を志すあらゆる段階にいる方や事業成長に課題を抱える

創業間もない起業家を確実にフォローできる体制をネットワーク内において構築しました。現在も改善が重ねられながらこの起業支援の仕組みは続いています。

（女性起業家等支援ネットワーク構築事業
https://www.meti.go.jp/policy/economy/jinzai/joseikigyouka/index.html）

この起業家支援ネットワーク事業は主に4つの取組を行っています。第1に、身近で手が届きそうなロールモデルを紹介しています。例えば、地域の課題に応じた起業セミナーで、ロールモデルになりうる方々に講演していただいています。第2に、様々な起業フェーズに対する起業相談を受けています。その際、とにかく起業ありきではなく「キャリア相談」という形を取っています。また、忙しいフェーズ0・1層に配慮し、ウェブ相談やチャットでの相談も受け付けています。

第3に、こうした支援を受けた方々が起業準備を始めた後にフォローをしたり、追跡調査をしたりしています。一度相談に来たらあとは本人にお任せではなく、マラソンの伴走者のように、息長く支援することをモットーとしています。

第4に、情報共有をする会議の企画や運営等を通じて、地域で起業家支援に携わる側の支援者ネットワークを作り、「ジョキコン」というコンテストを通じ、ベストプラクティスの共有などを行っています。

この起業家ネットワーク支援事業は、多くの起業家を生み出しました。例えば、結婚・出産を機に退職したものの、今後のキャリアを模索していた女性は、自身の妊娠・糖尿病経験を活かした低糖質の料理レシピを開発しました。同じように悩んでいる人にご自身のレシピを伝えたい、という想いから、起業に関心を持つようになったそうです。近畿の女性起業家等支援ネットワークへの相談により、事業計画書を作り、ビジネスプラン発表会を経て起業しました。

また、子どもが成人し、第2のキャリアを検討中だった女性が、生まれ育った福島県に戻り、喫茶店を開業した事例もあります。この方は飲食業の経験・知識はゼロでしたが、伴走支援型の起業塾に参加したことをきっかけに、地元の商工会議所や日本政策金融公庫等に人脈が広がり、起業に至りました。

これからの時代、世の中を変えるアイデア自体が多様化していきます。そうなるとその担い手は、いわゆる起業家や猛烈サラリーマンだけではありません。家事に、育児に、介護にと大変忙しい日々を送られている方、副業により複線的なキャリアを実現している方……そのような方々の発想こそが社会を豊かにし、また、同じように頑張っている方々の背中を押すきっかけになると思っています。

そして、起業と聞くととても難しいことのように聞こえるかもしれませんが、実は自分のライフスタイルにあわせて働ける、そして自分の想いを実現できる働き方でもあります。働き方・学び方がダイバーシティ化し、自らが望んだ仕事を自らクリエイトしていく時代において、政府による多様な起業支援はますます重要性を増していくと考えています。

(2019年12月掲載)

5. 起業という、自己実現時代のキャリアパス

吉川正晃(株式会社 Human Hub Japan 代表、元 大阪市経済戦略局 理事)

変化の激しい時代に必要な「適応能力」

私は、大阪市に公募で採用され、2013年4月から2018年3月まで、イノベーション行政全般を担当しておりました。特に、大阪駅に隣接した「うめきた地区」に設置されたイノベーション促進拠点「大阪イノベーションハブ(OIH)」の経営を行い、関西圏の起業家の育成に携わってきました。そして大阪市を退職した現在も、イノベーションが連続的に起こる「まち造り活動」を続けております。

市の職員になる前は、大企業の新規事業(IT関連)に携わり、その関係で設立された子会社の経営を行いました。IT業界は、1980年代後半から、半導体技術の革新とインターネットや汎用OS(Windows、UNIX、Linux)などの出現により産業革命が起きていますが、私はその最前線で勃興する米国ベンチャー企業と仕事をしました。私が、そこで見た光景は、会社が3年ほどで買収されたり、合併したりして形を変えてゆく姿でした。その結果、そこで働く個人は、会社に就職するのではなく、業界や地域などのコミュニティーに就職するような生き方をしていたことでした。「自分が

将来したいこと」「今できること」「市場ニーズ」という要素を、バランスをとりながら生きて行く「適応能力」を磨く姿でした。

OIHで出会った若者の「高校生向けキャリア教育」事業

ＯＩＨでは、いろんな人と出会います。最近では「高校生の進路選択を豊かにし、そして意志あるものにする」ことを目指して起業したYさんと出会いました。彼女は、大学を卒業後、大手のＥＣサイト運営会社に勤務していましたが、ＥＣサイトの出店オーナーが、大学を出ていなくとも人間力や実践力で立派に生きている姿を見て、大学進学の意味を考え直したようです。そして、自分の高校時代の進路選択が「とりあえず進学」という社会的価値観に流されたことを深く反省しました。そこで、会社を辞め、大阪の公立高校の進路指導室に就職し、高校生が主体的に人生を選択するための支援を始めました。ただ、そこで彼女が見たものは、主体的な職業選択ではなく学校斡旋が中心の制度だったようです。しかも、高校生は、大学生と異なり、複数社に応募し複数の内定をもらうようなことはできず、1人が1社しか応募できない現実でした。その結果、3年以内に約40％の高校生が離職するという厳しい現実と直面しました。そこで、彼女は、自分がその課題を解決するしかないと考え起業に至ったようです※1。

キャリア設計には情報が重要

私は、自分の経験から、人生を適応力を持って楽しく生きてゆくためには、「好奇心」「志」「行動力」が重要と思っています。「好奇心」は、変化への適応をポジティブに考える上で重要な役割を果たします。「志」は、現実と理想とのギャップを埋め、人に貢献するワクワク感です。「行動力」は、志を実現する具体的行動に落とし込む力です。

起業は、具体的行動の1つです。

起業のきっかけは、周囲に起業に関する情報があるかどうかであると言われています※2。Yさんも課題の発見があって、起業知識を得て起業しています。そして、今度は彼女自身が、高校生にインターンの機会を与えて、進路について明確な意思がもてる情報を提供しています。キャリア設計には情報は重要です。私としては、勤労観や市場経済の仕組みの素晴らしさ、正しい金銭感覚というものを、小学校の時から教えてあげないといけないと思っています。「仕事に対するイメージが湧かないので、就職活動をやめた」と言う若者と先日会いましたが、何かお金儲けに対して、後ろめたさを感じているように感じたからです。

起業という、自己実現時代のキャリアパス

良き「仕事に対するイメージ」を若者たちに伝えること。これは、家庭を含め社会全体の課題だと思っています。最近の皮相的な「働き方改革」は、日本を滅ぼす思想だと思っています。欧米のベンチャー企業で働く人々は、猛烈に働いています。要するに、勤労観、「オン・オフ」のけじめの問題、好奇心、志の問題です。起業は、Yさんのような主体的な生き方、志や仕事観を現しています。まさに自己実現時代のキャリアパスの1つです。ですから、起業家は、自己実現をしようとしている挑戦者として称賛されるべきです。自己実現時代のキャリアの1つとして、起業が仕事の選択肢の1つとして語られる環境になれば、もっとこの社会はダイナミックに進化するような気がしています。

※1（株）アッテミー社 WEBページを参考・引用 https://atteme.com/about/greerting/

※2 起業の意識：2017年中小企業白書
https://www.chusho.meti.go.jp/pamflet/hakusyo/H29/PDF/h29_pdf_mokujityu.html

（2019年12月掲載）

6．即実行できる風土が教員起業家を作る―大学教員による起業―

石原田秀一（株式会社ウェルネス総研　代表取締役、元 鹿児島大学産学・地域共創センター　特任講師）

大学発ベンチャーの経済牽引力

日本の大学発ベンチャーの数は、おおよそ2000社と言われています。その中には、株式上場を果たした企業も数十社含まれます。上場は公器としての事業活動のスタートとも言われますが、1つの大きな成功の到達点と言えるでしょう。

上場を果たした大学発ベンチャーの時価総額は1兆円を優に超え、混迷する日本経済の起爆剤として注目を集めています。大学発ベンチャーは、未来志向で明るい将来を描ける日本の「夢を描ける」大きな存在となっています。

これらのベンチャー企業の事業アイデアが大学及びその周辺から生み出されたことを考えると、大学発ベンチャーに向けられた国の投資は成功していると言えるでしょう。国は、その仕組みをさらに強化し、教育面・研究面での資金援助はもちろんのこと、人的リソースの支援も含めてあらゆる側面からベンチャー支援策を打ち立てて実行しています。

鹿児島大学の事例

私は２０１９年３月末まで鹿児島大学産学地域共創センターに所属しており、約20年にわたりアントレプレナー教育と大学発ベンチャーの設立支援を行ってきました。鹿児島大学には１５００名ほどの研究者が在職していて、大学発ベンチャーには必須となる特許出願も年間数十件におよびます。ここでは、２０１９年３月時点の状況を踏まえて〝教員〟による大学発ベンチャーとその優位性について考えてみたいと思います。

国立大学改革の中で、国立大学は３類型に区別され、鹿児島大学は地域貢献型大学に分類されました。鹿児島大学の大学発ベンチャー数は静岡大学と同程度の数で、民間企業は二十数社設立されＮＰＯの設立数まで合算すると、地域貢献型大学55校の中でその数は全国一となりました。

量か？　質か？

ここでは、事業化支援を現場で行ってきた立場からみた場合のベンチャー創出のメカニズムについて自論を書きます。文量の制約から1つに絞ります。結論としては、量、質ともにある程度の水準を達成するためには、表題の通り「即起業できる学内環境が整備されていること」に集約されます。体制の整備とは2つの側面があります。１つは規則面、もう１つは構成員の理解です。規則面については、法的に必要とされる、例えば、兼業申請や利益相反チェックの迅速な対応などが挙げられます。

鹿児島大学ではこれらとは別途に、法的には必要とされない認定ベンチャー制度を設立することで、積極的な教員起業家は、「鹿児島大学発認定ベンチャーの称号」が得られます。２０１９年３月末時点で、鹿児島大学には、i-Analyze、株式会社ビーエムティーハイブリッド、株式会社スディックスバイオテックの3社が認定されています。2つめの構成員の理解については、次の節でふれます。

即実行の阻害要因事例（フィクション）

構成員理解の阻害要因について逆説的分析を試みるために、大学発ベンチャーが立ち上がっていない分野をみるとヒントが見出せます。

私はある時、ある学部教員からお叱りの内線電話を受けました。その内容は「なぜ本学は大学発ベンチャーができないのか？　他の大学はできているのに」私の回答は「いえいえ、本学の大学発ベンチャー数は全国で1位、2位を争う大学発ベンチャーの先駆的大学です」その教員は「その証拠を見せてくれ。うちの学部では本学教員は起業できないと聞いている」と言いましたので、私は状況を説明しました。このやり取りはフィクションですが、その意味するところは何か？そこに本題の「即実行できる風土が教員起業家を作る」のヒントがあります。問題の原因とこの物語の結末は、読者の皆さんの想像にお任せしましょう。

教員起業家の優位性

米国の大学発ベンチャーは学生による起業が日本と比べて圧倒的に多いことが知られています。鹿児島大学の場合でも約30社中2～3社くらいしか学生による起業はありません。設立数の10％程度です。学生による大学発ベンチャーは学生の熱意そのものによって生み出されます。

一方で、教員による大学発ベンチャーは教員の研究成果＋熱意によって生み出されます。学生ベンチャーの数が少ない理由については別の機会に述べたいと思います。教員起業家による大学発ベンチャーは、経営資源をほとんど持ち合わせていないため、特許が無形財産として経営必須アイテムとなります。経営には、一般的には、ヒト、モノ、カネ、情報の4要素が必要と言われますが、大学発ベンチャーは、それに特許つまり「知的財産」が必要となります。特許は文書や図で表現されますので、普段から論文等で文書や図表を使って「知」を表現することに慣れている大学教員にとっては、特許が価値を生み出すということ自体、世間一般の起業家たちの中でもスタート時点でとても有利な環境に置かれています。

経営用語というと、教員起業家は「起業障壁が低い」となります。つまり、教員の得意分野を最大限引き出すことに成功すれば、大学教員による起業はますます増やすことができ、大学による大学発ベンチャーを通じた社会貢献活動の代表格となるのは自明です。地域貢献の実践は大学の在り方そのものであり、多くの教員起業家が未来志向で明るい将来を描ける社会になることを切に願います。そのために「うちの学部では本学教員は起業できないと聞いている」などという発言がない風土を作り上げていかねばなりません。

（2019年12月掲載）

7. 全ての人が豊かに幸せになるために
—イノベーションマネージャー® の育成とオープンイノベーションの場づくり—

福田稔（一般社団法人日本イノベーションマネジャー協会　代表理事）

全ての人が豊かに幸せになるために、SDGs4、8、9をゴールとしてイノベーションマネジャー® の育成とオープンイノベーションの場づくりによるイノベーション、すなわち新しい収益の柱の確立を支援している。このたび日本キャリア教育学会様に寄稿するにあたり、キャリア教育の視点から考察する機会をいただき大変感謝している。

総じてイノベーション創発の要諦は「お世話とお節介」であり、誤解を恐れずに言えば「社会人基礎力」の発揮に他ならない。私どもの取り組みは人生100年時代を豊かに幸せに迎えるために必須のキャリア教育と軌を一にしたものであると考える。

自己紹介　組織の問題児〝イノベーター〟

2001年6月、勤務していた中国電力（株）が直営事業としてビジネス・インキュベーション施設を開業。これに伴い創業支援サービスを行うインキュベーションマネジャー（創業支援専門家）が社内公募され、エントリーした。豊かな社外人脈と自由すぎる発想力（イノベーター）を高く評価され（たぶん）、社内初そして中国地方初のインキュベーションマネジャーに就任した。電力事業は１００年前のベンチャービジネスだがすっかり成熟して、勤務していた10年前頃まではイノベーションが必要な経営環境ではなかった。したがって、このイノベーター的人材は自由度なるがゆえに問題児の範疇にあったものと思う。

顔の見える関係を駆使　ネットワークで課題解決

青年会議所や商工会議所青年部に所属するなど地域の若手経営者と交流を深めてきたおかげで、起業者の課題を地域ネットワークすなわち Know—Who によって解決できること、オープンイノベーションによる解決力を目の当たりにすることとなった。

同時に地域の経営者は常に事業継続のために新事業、新しい収益の柱の確立を求めていることを知った。

お役立ちのメカニズム　イノベーション・マネジメント

起業者が持つ新事業創出の情熱や志、逞しさに共感していた私は２００８年1月、中国電力を早期退社して活動領域を東京に移し、東京農工大学研究員【学】、新宿区立高田馬場創業支援センター【官】の設立、施設長を歴任して、中国電力【産】と合わせ【産学官】のフィールドでほぼ毎日、創業・経営相談に与かっている。

創業支援活動がうまく行くメカニズムの解明をリサーチクエスチョンとして、２００９年4月に法政大学大学院の門をたたく。ここでの研究により創業支援の成否はイノベーション創発をしっかり支援できたかどうかにかかっていることがわかった。また大いにキャリアデザインの影響を受けた。

イノベーションマネジャー行動によるイノベーション創発の質・量の向上

イノベーションを起こすのはイノベーターだが、周囲の理解やイノベーター自身の協調性不足等により、商品・サービスのアイデアが日の目を見る前に潰されることも多い。社会人基礎力が言うところの「傾聴力」「柔軟性」「状況把握力」あたりを経営者・幹部、産業支援者が補い、理解し、情理を尽くした伴走によって、イノベーション成果の質と量が向上する。

イノベーションマネジャー® の育成

２０１６年９月、（一社）日本イノベーションマネジャー協会を設立して、地域の経営者が切望してやまないイノベーションをイノベーター任せの偶発的な果実ではなく、戦略的に育む価値創造の手法として確立、社会実装に取り組んでいくことにした。

具体的な取り組みとしてイノベーションマネジャー® 育成プログラムを実施している。

イノベーションを創発したい経営者・経営幹部、中堅企業・大企業で新規事業に取り組むプロジェクトリーダー、公的機関の支援者などを対象に、自社の基幹事業（看板商品・サービス）を強化し、産業集積や業界のイノベーション創発環境を整えるために、地域との連携、大学などとの信頼関係や対話の場づくりができる知識習得とアクティブラーニングを実施している。

スクーリングとＯＪＴを通して、前に踏み出す力（アクション）とチームで働く力（チームワーク）の実践を求めるプログラムとなっている。

［スケジュール］
- 前期スクーリング　集合研修１日（６時間）またはｅラーニングと訪問研修
- アクティブラーニング（ＯＪＴ）３か月　※１か月ごとに進捗確認ミーティング
- 後期スクーリング　集合研修（１日間）

［主なカリキュラム（科目）］
- 地方創生とオープンイノベーション
- イノベーションの仕掛け・環境のつくり方
- オープンイノベーション実践のためのコーディネーション
- イノベーションを支えるアクティブラーニング（ＩＣＥ理論）

地域オープンイノベーションの場づくり

もう1つの柱として、育成したイノベーションマネジャー®が幹事・世話役となって、地域の産業や経済活性化の一点で鳩合する小さな勉強会を展開し、顔の見える関係づくりに取り組んでもらう。仕事がしやすくなり、地域内の消費が増える効果を実地体験する。場の参加者も街の誇りを再確認するようになって、協働が促進される。当協会はこういった取り組みに挑戦するイノベーションマネジャー®を支援して、地域勉強会の試行・立上げ、メンバーの募集・人選、話題提供の方法、継続ノウハウ等の提供を行っている。

これはオープンなものの考え方の実践だが、同時に自分と向き合い、考え抜く力（シンキング）のトレーニングでもある。熟考により場の力、魅力が高まる。人は価値のもとに集うもの。この取り組みは首都圏からのＵＩターン人材の受け皿にもなっている。

ねがい

キャリアの舞台は産業社会であり、イノベーション創発の場でもある。私どもはこのような活動を通して、地域の中小企業や組織がピンチをチャンスに変える環境を提供して行きたい。人口が減少し少子高齢化の経済環境の中で、個社や地域経済が生き残れるとすれば、高付加価値の実現、すなわちイノベーションを措いてほかにない。同時に独りよがりな経済優先の企業活動や政策はＳＤＧｓに象徴されるようなグローバルコンセンサスの中で、存在さえ容認されなくなる。

ＡＩ時代にあっても、人の智恵、地域の力こそが幸福なまち・社会の推進力となろう。

キャリア教育はイノベーションマネジャー®の切磋琢磨と軌を一にする産業社会の発展の礎である。1人残らず豊かで幸せになるために、困難が予想される産業社会の課題解決を成し遂げるために、イノベーションマネジャー®活動はさらにキャリア教育の研究成果を実装して行きたい。

（２０１９年12月掲載）

第4章　学校現場（小中高）の担当者に聞く

1.「ほめポイント」を共有し、資質・能力を育む地域に開かれた教育課程を目指して

荒川文雄（福島県東白川郡棚倉町立棚倉小学校　校長）

はじめに

本校では、令和元年度「なりたい自分になるために学び続ける児童を育成する教育課程の創造～資質・能力を育み、キャリア発達を促すために～」を研究主題に掲げ取り組んできた。その成果を踏まえ、地域を担う子どもたちを育成するために、育てたい資質・能力（基礎的・汎用的能力）を「ほめポイント」の形で地域と共有し、地域の教育資源を活用しながら、キャリア教育を推進していくことを提言したい。

棚倉町教育委員会の成果

棚倉町教育委員会では、6年前から他に先駆けてキャリア教育に取り組んできた。その結果、「基礎的・汎用的能力の具体化・明確化及びその評価」のあり方を開発し、「資質・能力を伸ばすための学習マネジメントサイクル」を明確にするとともに、職業体験活動「チャレキッズ」など「体験活動のあり方」を工夫してきた。特に、基礎的・汎用的能力の評価のために作成した「キャリア意識調査」は、キャリア教育におけるアウトカム評価の試みとして、価値あるものである。

「ほめポイント」をもとにした関連指導

本校では、これを生かし、その手法をさらに確立していくために、「キャリア意識調査」の4つの質問項目などをもと

に本校児童に身に付けさせたい内容を加えて、各3項目ずつを育てたい資質・能力の具体的事項として設定した。本校では、2学期制を採用しているので、前期・後期をさらに2分割した四半期を実践の単位とした。四半期ごとに育てたい資質・能力を教師が設定し、子どもにも意識させ、将来にわたって伸ばしたい子どものよさを「ほめポイント」として把握し、それをもとに、各教科や各領域の授業など教育活動全体を通して、称賛していく。これを「関連指導」と呼んでいる。「関連指導」においては、あくまでも授業のねらいを達成する過程で、「ほめポイント」に基づいて児童のよさを称賛していく。称賛しやすいように、指導計画の作成に当たっては、各教科・各領域の関連が図れるように、内容や題材を配列した。

学級活動を中核にした四半期ごとのきめ細かな指導

特に、キャリア教育の要である特別活動では、学級活動を中核として四半期ごとに振り返りと目標設定ができるようにした。例えば、3年生の第1四半期には、育てたい資質・能力を「規則正しい生活習慣を身に付ける」にして、各自のめあてを設定し、6月の学級活動「めあてをふりかえろう」で振り返り、第2四半期の目標を設定した。

授業の流れとしては、導入でソーシャルスキルトレーニングを取り入れ意欲付けをして、展開で自己目標を振り返り、児童相互で交流し、終末で新たな意欲と目標を持つ活動を取り入れるようにした。学級活動（3）の振り返りの授業は、できたことを振り返るので、「ほめポイント」を中心にほめることが主になる授業になる。授業の雰囲気は前向きで、子どもの表情も明るい。その時に使用したワークシートは、主要行事の反省と共にキャリアパスポートとして保存され、次の学年に引継がれる。

年間の流れ

教育課程における年間の流れとしては、第1四半期（4～6月）では運動会を中心に資質・能力を伸ばし、第2四半期（7～9月）では、5・6年は夏季休業中の「チャレキッズ」を、1～4年は夏休みの体験などを中心に資質・能力を育成する。その結果は、前期の通知票で保護者に知らせた。第3四半期（10～12月）は、音楽会を中心に資質・能力を高め、12月の研究公開において児童の姿で発表した。第4四半期（1～3月）は、1～3年生は修了式をゴールに、4～6

年生は卒業式をゴールに資質・能力を育成する。実践の成果は、通知票で家庭に知らせ、指導要録にも記載する。

今年度の成果と課題

教育委員会で実施した「キャリア意識調査」では、実施前の平成30年11月と令和元年11月の結果を比較すると、肯定的評価が7~10%増えている。QUテストの経年比較でも、「学校生活満足群」が52%から79%に増加している。しかしながら、学校評価においては、夢や希望を持っている」「なりたい自分になるために学び続けている」における保護者評価では、肯定的評価が半分程度であった。

次年度の実践に向けて

保護者等の理解を深めていきたい。せっかくほめることが主体の授業を行っているので、保護者や地域の方々にも参加してもらうようにする。学級活動（3）の振り返りの授業を公開するなどして、学校が育てたい資質・能力を「ほめポイント」の形で保護者・地域と共有し、一緒にほめてもらうのである。また、地域の教育資源を最大限に活用したい。教育活動全体を通して、地域の人的資源や物的資源を活用した体験活動を可能な限り取り入れる。特に、棚倉町の歴史や文化のよさを追究し、町の将来を考えていくような総合的な学習の時間を創出していきたい。

（2020年2月掲載）

2．これからのキャリア教育はどうあるべきか―中学校編―

佐々木知子（秋田県大仙市立平和中学校　教諭（教育専門監））

私は現在、秋田県の公立中学校に勤務している。これまで、学級担任としてまた学年主任としてキャリア教育に関わってきた。その立場から、中学校でのキャリア教育の目指すべき方向性についての私見を述べさせていただく。

私の母は、昭和一桁生まれ。父親が病気で仕事ができなかったために貧しい子ども時代を過ごした。だから、彼女の口癖は「わでままけ」（共通語訳：自分でご飯を食べなさい。↓自立して、自分で生計を立てなさい）そしてもう1つの口癖は「やらねねごどはおもしぇぐやれ」（共通語訳：やらなくてはいけないことは楽しくやりなさい）だった。楽しくないことでも、楽しそうにすると楽しくなるという、母の経験則からの言葉。しかし、姉はこれらの言葉をあまり記憶していないそうだ。小さい頃からいつも姉と比べられて、「めんけ〜！」（共通語訳：かわいい！）と言われることの決してなかった次女に対して、専業主婦がまだまだ多かった時代の親からの、温かくも切ないメッセージだったのかもしれない。

そんな私も大学生になった。夏休みに先輩にそそのかされて甲府盆地の桃農家に寝泊まりし、桃の収穫のアルバイトをすることにした。毎日食べ放題の美味な桃は嬉しかったが、あまりの暑さと労働の大変さに「農業」という選択肢は私の職業選択から見事に消えた。この実体験を通して、私は見るより聞くよりまずやってみることが大切だと悟ったのだ。だから、意味のある体験をすること、そしてそれを自分のこととして考えることがキャリア教育においては必須だと考える。

私が以前勤務した協和中学校は、文部科学省のキャリア教育実践プロジェクト指定校になるなど、多くの取組をしてきた。長年継続してきたことで、地域の方からも広く受け入れられて今に至っている。特に、二年次の職場体験学習は「地域の子どもを地域が育てる五日間」であると感じている。

学年主任当時、私は、職場体験の自己評価・職場評価・保護者評価の三者評価を取り入れた。なぜかというと、それまでの職場体験学習では、生徒の自己評価と、受け入れてくださった事業所や保護者の評価に大きなギャップが認められたからである。日本の子どもたちは自己肯定感が低いとよく言われるが、その一方で生徒は自分に対する評価が甘い。そして、できていないことも「やればできる」と自分勝手に過大評価していることが多い。職業人として見たときの現在の資質・能力はどうなのか。そのことを把握させたいための通知表（職場評価）であったが、以下はその通知表を読んだ後の生徒のコメントである。

●自分のダメなところを見つけることができた。自分が話しかけても返事がなかったりして、自分が思っているよりも自分の声は小さいということが分かった。
●自分では明るい挨拶を頑張っているつもりだった。しかし、相手の方には伝わっていないことが分かった。直したいと思った。まず、挨拶運動をしっかりやる。

たった1日限りの職場体験なら「おじまげる」（共通語訳：かっこつける／映画「踊る大捜査線」で柳葉敏郎さんが話した秋田弁）もできるであろう。しかし五日間連続となると、地が出てくるし素の自分を見抜かれてしまう。この学習を通して、生徒は職業人として求められる、他者に配慮しながら積極的に人間関係を築くコミュニケーションの大切さに気付いたのだ。そして、自分自身のこととして受け止め、実生活を振り返りながら、今何をするべきかを考え行動に移すという望ましい姿に変容したのだった。

また、保護者からは次のような感想が届けられた。
●家の中では自分のその時の気分で無愛想ということがよくあったが、最近よくなってきた。笑顔で接することの大切さを教わってきたのだろう。
●これまでは部活動と勉強が会話の中心で「大人の会話」というものが皆無だった。体験を通して、「働く」という視点で、私たちと同じ目線で物事を見て考え、話すようになった。

協和中学校では、事前学習を計画的に実施して職場体験学習を行った。そして、学習後は職場からの生の声をうけて一人一人が礼状を書いたり、保護者からの一言をもらったり、後輩たちに向けてお互いの体験を報告会でシェアしたりと事後の活動も意図的に行った。これら一つ一つの学びを点ではなく、線でつなげたことで意味付けができたと思う。また、生徒にとっては地域の理解と協力のおかげで、地域の人たちと直接ふれ合い、厳しさと共に温かさも身を持って体験し、五日間の長い体験に感謝しながら、ふるさとを愛する心も培うことができたのではないかと思う。

私はこのグローバル化の時代に「将来どこでも生きていける人」になってほしいと願いながら英語を教えている。

『NEW HORIZON』（東京書籍）2年の教科書で、中学生の佳奈が将来の夢を発表する場面がある。「私はコンピュータープログラマーになりたい。2つ理由がある。1つ目はネットサーフィンが好きだから。2つ目は役に立つウェブサイトを作りたいから。だから、その仕事は私にとってはパーフェクトだ。よいプログラマーになるために、数学・理科と英語の勉強を一生懸命にがんばっている」

生徒が自信を持って自分のよさや自分らしさを発揮できるように、教師として一人一人の生徒を理解し、よさを見つけ、励ますことを忘れない。そして、多様な選択肢の中から自分の個性や興味・関心に基づいて、将来について保護者や友だちなどの他の意見も取り入れながら考えさせ、実現に向けて努力できるように支援している。

とどまることなく変化する社会の中で、あくまでも明るく笑顔で、生徒と共に未来を語り、共に夢を語りたい。将来を担う子どもたちが「生きる力」を身に付け、自立した幸せな生活を送ってほしい。そのためには様々な課題に柔軟に、たくましく対応していくことができるように、アップデートしながら、全教科全領域との関連を図り地域に根ざしたキャリア教育を一層推進していくことが大切だと思う。そのためにも、共に学び続ける教師でありたい。

（2020年2月掲載）

3. 地域と連携した進路指導

濱元克吉（荒井学園新川高等学校　校長）

本校は富山県北東部の「新川地区」にある唯一の私立高校である。富山県は公立志向が大変強く、私学である本校は、地元中学校の受け皿的な役割でもあり、公立高校の受験に失敗して入学してくる生徒も少なくない。そのため、全日制の普通科ではあるが、四年制大学や専門学校などへの進学から地元企業への就職まで、多様な進路希望を持つ生徒が集まる。

本校の生徒の多くは、自分に自信がなく劣等感を強く感じている。進路目標を立てても早い時期に諦める傾向があり、特に就職に関しては、「自分は勉強ができないから就職する」といった消極的な就職が目立ち、早期離職者も多く出していた。本校もこれまで一般的な進路指導を行っていたが、学校側の努力と成果が比例しなかった。富山県の新川地区は、他の地区と比べ早いペースで少子化が進む地域で、若者の都市部への流出が大きな問題となっている。私学を経営する立場も考えると、卒業生の進路実績や地域の衰退は経営と直結する。平成28年度より、これまでの指導を改め、未来に向けてどんな生徒を育てればよいか、この地域を守るために本校ができることはないかを考えた（企業でいうところのCSV：Creating Shared Value のような考え方でしょうか）。

これからの時代に必要な人材は、過去の大量生産大量消費時代に必要であった「真面目」「黙々と働く」といった機械の歯車的な人ではなく、これからの未来を考えると、失敗にもめげない、変化に強い、そして自分の考えを持っているといった人材であると考える。本校の生徒たちには、できれば肯定的な気持ちで地元に残って、この地域を支えてほしいという想いもある。進路指導の目標（現在の学校教育目標）を「自らの価値観を持ち、地域社会の未来を支える使命感をもった生徒の育成」とし、さまざまな取り組みを見直した。

目標の中にある「価値観」というものは、他人に決められるものではない。また、突然に決まるものでもない。価値観は定まっていく過程があり、①興味・楽しさ・ワクワク・興奮・心地よさ→②嗜好→③価値観→④美学といった流れで徐々に定まっていくと考える。本校はこれまで、過去の実績に基づいた進路指導と規律重視の厳しい生徒指導（をしなくてはいけなかった……）であったが、この指導は、もしかしたら一部の大人（教員）の価値観をいきなり押し付けていることになっていたのではないかと反省する。

新しい取り組みは、上記に示した③の価値観が定まるまでの①や②あたりの価値観の土台を育てる活動に重点を置いた。さらに、この土台を育てる活動に、教員以外の地域の大人や自治体などが関われば、価値観の中に「地域」も組み込まれると考えた。平成29年には、地元である富山県魚津市・富山大学と「新川創生プロジェクト（地域に残り、地域社会を支える若者の育成)」を共通テーマとした包括連携協定を結び、教育によって地方創生や地域人材の輩出する機能の研究を共同で取り組み、三者が連携した取り組みを企画した。

取り組み事例

●若手社会人交流

地元で活躍する社会人と都会で活躍する社会人を講師にして、経験談などを聞く。ポイントは、社会人が「若手」であることと「失敗談」を話してもらうこと。身近な大人も失敗をして、それを乗り越えてきていることを感じてもらう。

●PBL(問題解決型学習:Project Based Leaning)を取り入れた総合学習「魚津市提案」

「自分たちが住みたくなるような街になるには」をテーマに、自分たちの考えをまとめ、魚津市長へ提案する。市職員から市の現状を聞いたり、実際に街に出たりして、自分たちの考えをまとめ、発表するが、市内散策には市が協力し、提案の発表や本校職員の生徒への指導法などには富山大学が協力する。若い発想で面白いアイデアが出る。

●地元企業によるインターンシップ(2学年全員対象)

本校の取り組みの趣旨に賛同してくれる地元企業に依頼して実施する。ポイントは「企業名」ではなく「職種」で実習先を決めること。また、職業訓練だけではなく、企業の方から地域の課題や企業理念などを聞く時間を作ってもらい、後日、考えをまとめ、後輩へ発表する。

●未来塾

月1回、放課後の時間を利用し、地元で活躍する方を呼んで講演をしてもらう。講演のテーマは自由。生徒の参加も強制しない。それでも毎回20人以上の生徒が参加する。その他にも、地域に関わるボランティア活動にも積極的に参加している。

これらに取り組んだ結果、生徒の進路に対する意識以外にも、学校にも変化が表れてきた。放課後学習（個々のレベルに合わせたプリント学習）を行っているが、取り組む姿勢がよくなり（以前はサボる生徒もいた）、学力が急上昇した（ベネッセ基礎力診断テスト：9割の生徒の成績が向上した）。学校が明らかに落ち着いてきた（問題行動が起きない）。生徒の価値観の土台部分が育っている証拠だと思っている。生徒には、取り組みが終わるごとにルーブリックを使った自己評価も行っており、自己評価と学力との相関を現在分析中である。

自己実現のためには、つまずいても立ち上がり、粘り強く問題解決を図る必要があり、その意欲を醸成できるよう、様々な経験から自己有用感や自己肯定感が高まる経験を積ませ、「やればできる」実感を抱かせたいと思っている。今の生徒は、大人の顔色をうかがい、大人が期待する答えを出そうとする。生徒には、「価値観は自分で作るもの」「失敗してもよい」「目標は変わってもよい」と言っている。

（2020年2月掲載）

4. 教育活動の拠り所としてのキャリア教育の可能性

菊井雅志（京都府教育庁指導部学校教育課　指導主事）

中学校の社会科の教員として勤務しておりました私が、京都府教育庁指導部学校教育課の指導主事を拝命して3年目になります。主に義務教育課程の社会科と進路指導・キャリア教育を担当して参りました。そして、本年度より「未来の担い手育成プログラム」及び「きょうと明日へのチャレンジコンテスト」を担当しています。これは、本府が打ち出している「認知能力と非認知能力の一体的育成」について、従来の狭義の学力である認知能力だけでなく学校教育の中での「非認知能力」育成の意義を再認識する視点からのアプローチを具体化した施策です。この施策は、京都府内を中心に活躍されている企業・大学からいただいた課題を中学校2年生が解決するという課題解決型学習を軸に、授業改善などを通して、生徒が学び方を体得し、学ぶ意欲を持つことのできるようにと展開されています。

また、中学校現場におりました時から、私設の研究会を主宰し、昨年末は小中高70名ほどの先生方に御参加いただきました。今回、光栄にもニューズレターへの寄稿の機会を頂戴致しました。「『令和』の時代に求められるキャリア教育」とのお題ということですが、現在、私が勤務している中で感じた、教員が抱えている漠然とした不安について考えてみたいと思っております。当然、内容については私の個人的見解であり、一般化できるものではありません。その点はお許しいただきたく存じます。

新学習指導要領が4月から小学校で全面実施の予定、経年で中学校、高等学校と順次実施されていきます。その学習指導要領では、「資質・能力の3つの柱」、「社会に開かれた教育課程」や「主体的・対話的で深い学び」といった言葉が飛び交い、学習指導要領の改訂前から始まっている「特別の教科道徳」だけでなく、「プログラミング教育」「外国語教育」「消費者教育」「主権者教育」「言語能力の育成」「伝統や文化に関する教育」……などが「新たに取り組むことやこれからも重視すること」として挙げられています。また、評価についても従来の4観点（国語は5観点）の観点別評価から3観点になるなど、大きな変革の渦の中にあります。

児童生徒を目の前にする現場の教員にとって、このたった数行の内容はとても重く、児童生徒に力を付けることのできる状態にするには、挙げられた項目それぞれに莫大な時間と労力をかけなければならないものです。学習指導要領の完全実施を前に、次から次とやってくる「しなければいけないこと」をこなすために、それも、目の前の多様な児童生徒に少しでも効果のある内容にするために、教員は日々努力をしています。

一方、この学習指導要領では、「資質・能力」として、知識・技能、思考力・判断力・表現力等、学びに向かう力・人間性等の3つの柱が示されました。その3つについて、知識・技能の「習得」、思考力・判断力・表現力等の「育成」、学びに向かう力・人間性等の「涵養」が目指されていますが、学びに向かう力・人間性等という、時間をかけて伸ばしていくこと、まさに「涵養」することが求められる児童生徒の資質・能力についても注目すべきことが示されています。この点については、科学的な根拠を伴わなくとも、我々現場の教員として「涵養」される資質・能力があることは体験的に感じています。

特に「涵養」される資質・能力を効果的に育んでいく、ということを考えた場合には、目的や目標の共有が、長期間なされるというだけでなく、教科や領域など学校教育や場合によっては家庭や地域も含めた広範囲に渡った取組みが必要になります。そのためには、教員の広い視野やメタ認知力を働かせる必要があるということになります。

長期間に渡る、広範囲の視野をもった教育の方向性や目標、目的の検討には、本来、多少の時間と手間をかけなければならないはずです。

しかし、先ほども言及したような、学習指導要領の改訂に関わる（教員の「働き方」が問題になっていることからもお分かりの通り、それ以前からですが）業務の中で、そうした重要な部分まで手をつける余裕がないことも教員が感じている現実的な悩みなのかもしれません。

実はそのような状況は、私が教員になった頃から変わることなく続いていることですので、逆に言えば、少なくとも私よりも若い世代の教員は、広い視野やメタ認知を働かせる視座に立って教育を見つめる経験を得難くなっていることも考えられます。

このようなことは、先行きが不透明な激動の社会の変化と相まって、教員が意識、無意識に感じている不安に繋がっているのかもしれません。

私は、教員が意識、無意識に感じているそうした不安を解消する1つの手がかりとして、「キャリア教育の視点」は有効であると考えています。

「一人一人の社会的・職業的自立に向け、必要な基盤となる能力や態度を育てることを通して、キャリア発達を促す教育」である「キャリア教育」の「基盤となる能力や態度を育てる」は、特に義務教育段階の教育を担っている小中学校の教員にとって教科や領域、行事など全てに共通する視点として捉えることができます。

それも、世代交代が進んでいる現在の学校現場であっても「目の前の子ども達が今の自分の歳になったときに、どのような力を持っていて欲しいか」というシンプルな問いによって、そのための方向性や目標を意識しやすく、長期間に渡る、広範囲な視野をもった教育活動に一貫性をもたせることが可能になるものではないでしょうか。

教育委員会事務局の役割の1つは、示された理念や方向性を、教育活動に取り入れていくため具体化した一例を、施策を通してお伝えすることだと思っています。「未来の担い手育成プログラム」及び「きょうと明日へのチャレンジコンテスト」もこれからの教育の在り方や方向性を示すための施策になればと考えています。施策を形骸化させないためには、「キャリア教育の視点」が児童生徒の育ちを導く方向性を示すということを、現場で奮闘している教員に体感してもらえる仕掛けが必要であると強く感じています。教育活動の根底にあるはずの方向性や目標としても、「キャリア教育」の意義は今後、益々高まっていくでしょう。キャリア教育に携わる全ての方々のお力をお借りして、予測困難な社会を生き抜くことのできる資質・能力の育成ができる学校教育を作っていく必要があります。

これらを意識した形での「キャリア教育」の研究、実践や発信が今以上に多くなることを望んでいます。今後とも御協力・ご示唆を賜りますようお願い致します。

（2020年2月掲載）

あとがき

本書の出版は、実に多くの方々のおかげで実現したものです。この場を借りて、関係者の皆様に感謝の意を表したいと思います。

ご存じの通り、本書は日本キャリア教育学会が年４回発行しているニューズレター４年分を加筆・編集したものです。まずは、ニューズレターの原稿を執筆してくださり、今回また書籍として出版することに同意していただいた各著者の皆様に、心より感謝申し上げます。改めて本当にありがとうございました。本書が発行できたのも、各著者の皆様の原稿が素晴らしい内容であり、数年経っても変わらず魅力的だったからにほかなりません。

次に、日本キャリア教育学会（の関係者）に深く感謝いたします。ニューズレター原稿の著作権は日本キャリア教育学会にありますが、本書の出版企画を提案したときに快諾してくださった下村英雄前会長はじめ当時の執行部や理事会の先生方には頭が上がりません。既に日本キャリア教育学会ウェブサイト上で公開されていたニューズレター原稿を加筆・編集して書籍として出版することができたのは、現会長の藤田晃之先生が本書と同形式で『キャリア教育フォー ビギナーズ』を実業之日本社から出版してくれていた（前例と実績があった）ことと無関係ではないと思います。

また、菊池武剋先生や三村隆男先生など歴代会長が実業之日本社から書籍を出版していたことにも「ご縁」を感じます。感謝しかありません。

本書の編者は日本キャリア教育学会となっていますが、実際に編集の作業を担ったのは日本キャリア教育学会の情報委員会の委員の先生方です。2019年に私が日本キャリア教育学会の常任理事として情報委員長に就任してから、現在の年4回ニューズレター発行のスタイルが始まりました。情報委員は、学会ウェブサイト更新やメールニュース配信の業務に加えて、ニューズレター発行の業務を担当しています。年度の統一テーマの設定、各季節号のタイトルの設定、著者候補の選定・打診、原稿の回収・校正（時には自身が原稿執筆も！）など、4年間の情報委員の努力がニューズレター原稿の量と質を担保していたことは間違いありません。情報委員長（当時）だった私を支えてくださった、副委員長（当時）の渡部昌平先生はじめ情報委員の先生方（京免徹雄先生、長尾博暢先生、橋本賢二先生、竹内一真先生、高丸理香先生、市村美帆先生、本田周二先生）には、この場を借りて御礼申し上げます。とくに、本田先生、市村先生、高丸先生の3名には出版が決まってからの編集作業において多大なるご尽力を賜りました。ありがとうございました。当時の情報委員会9名全員の名前を編者として掲載できなかったのは非常に残念ですが、最高のチームで素晴らしい仕事に取り組めたことは、私にとって非常に貴重な経験となりました。

出版を引き受けていただいた実業之日本社の編集担当である中込雅哉さんと宮脇葉子さんにも

感謝申し上げます。中込さんには、企画を持ち込んだ時から相談に乗っていただきました。親身になって考えてくれたり、こちらの意図や想いを汲み取ってくれたり、文字通り大変有難かったです。このご恩は一生忘れません。ありがとうございました。

最後に、日本キャリア教育学会（情報委員会）を代表して、本書を手に取ってくださった皆様に、お伝えしたいことがございます。日本キャリア教育学会のウェブサイトを訪問してみてください。ニューズレター以外にも、キャリア教育に関するイベント（研究大会、研究セミナー、講習会等）情報や研究コラム、キャリアに関連する図書の書評など他にも様々な魅力的コンテンツが掲載されています。本書に少しでも興味を持っていただいた方ならば、きっと満足していただけると思います。本学会は今後も日本におけるキャリア教育の普及と発展に努めてまいりますので、その動向を見守っていただき、応援していただきますよう何卒よろしくお願い申し上げます。

２０２３年５月

家島明彦

日本キャリア教育学会　情報委員会　副委員長（前委員長）

【本書の編集メンバー】※五十音順

家島明彦（大阪大学）
市村美帆（和洋女子大学）
京免徹雄（筑波大学）
高丸理香（お茶の水女子大学）
竹内一真（多摩大学）
長尾博暢（鳥取大学）
橋本賢二（リクルートワークス研究所）
本田周二（大妻女子大学）
渡部昌平（秋田県立大学）

[編者略歴]

日本《にほん》キャリア教育学会《きょういくがっかい》

日本キャリア教育学会（The Japanese Society for the Study of CareerEducation）は、キャリア教育、進路指導、職業指導およびキャリア・カウンセリング等に関わる研究と実践の充実・向上を図るために設立された学術研究団体である。1978年に設立された日本進路指導学会が2005年に日本キャリア教育学会に改称されて現在に至るが、その沿革としては1953年に誕生した日本職業指導学会、1927年に設立された大日本職業指導協会（日本進路指導協会）までさかのぼることができる。現在は学会誌『キャリア教育研究』を年2回発行するほか、ニューズレターを年4回発行している。また、日本学術会議協力学術研究団体としてキャリア・カウンセラーの養成・資格認定も行っている。2023年4月現在、会員数1,059名。

キャリア教育《きょういく》の射程《しゃてい》

2023年6月24日　初版第1刷発行

編　者／日本《にほん》キャリア教育学会《きょういくがっかい》

発行者／岩野裕一

発行所／株式会社実業之日本社

〒107-0062　東京都港区南青山6-6-22　emergence 2

電話（編集）03-6809-0452　（販売）03-6809-0495

[ホームページ] https://www.j-n.co.jp/

[進路指導net.] https://www.j-n.co.jp/kyouiku/

印刷・製本／大日本印刷株式会社

ISBN978-4-408-41682-3（教育図書）